UNIVERSITÉ DE FRANCE. — ACADÉMIE DE NANCY

LES FINANCES DE L'ÉTAT

ET

L'ADMINISTRATION FINANCIÈRE A ROME

SOUS LA RÉPUBLIQUE

EN DROIT ROMAIN

HISTORIQUE ET THÉORIE

DU

BUDGET DE L'ÉTAT

EN DROIT FRANÇAIS

THÈSES POUR LE DOCTORAT

PRÉSENTÉES

A LA FACULTÉ DE DROIT DE NANCY

PAR

René Guerrier de Dumast

Avocat à la Cour d'Appel

NANCY

TYPOGRAPHIE G. CRÉPIN-LEBLOND, PASSAGE DU CASINO.

1886

LES FINANCES DE L'ÉTAT

ET

L'ADMINISTRATION FINANCIÈRE A ROME

SOUS LA RÉPUBLIQUE

EN DROIT ROMAIN

HISTORIQUE ET THÉORIE

DU

BUDGET DE L'ÉTAT

EN DROIT FRANÇAIS

THÈSES POUR LE DOCTORAT

PRÉSENTÉES

A LA FACULTÉ DE DROIT DE NANCY

PAR

René Guerrier de Dumast

Avocat à la Cour d'Appel

L'acte public sur les matières ci-après sera présenté et soutenu
le Samedi 6 février 1886, à quatre heures du soir.

Président : M. Liégeois, professeur.

Suffragants : { MM. Lederlin, professeur-doyen, Garnier, May, } professeurs.

*Le Candidat répondra, en outre, aux questions qui lui seront faites sur les
autres matières de l'enseignement.*

NANCY

TYPOGRAPHIE G. CRÉPIN-LEBLOND, PASSAGE DU CASINO.

1886

FACULTÉ DE DROIT DE NANCY.

MM.

LEDERLIN, ✻, I ✿,	Doyen, Professeur de Droit romain, autorisé à faire le cours de Pandectes, et Chargé du cours de Droit français étudié dans ses origines féodales et coutumières.
JALABERT, ✻, I ✿,	Doyen honoraire.
LOMBARD (Ad.), ✻, I ✿,	Professeur de Droit commercial et Chargé du Cours de Droit des gens.
LIÉGEOIS, I ✿,	Professeur de Droit administratif et Chargé du cours d'histoire du Droit romain et du Droit français.
BLONDEL, I ✿,	Professeur de Code civil et Chargé du cours de Droit constitutionnel.
BINET, A ✿,	Professeur de Code civil et Chargé du cours de Droit civil approfondi dans se rapports avec l'Enregistrement.
LOMBARD (P.), A ✿,	Professeur de Code civil.
GARNIER, A ✿,	Professeur d'Economie politique.
MAY, A ✿,	Professeur de Droit romain.
GARDEIL,	Professeur de Droit criminel.
BEAUCHET, A ✿,	Professeur de Procédure civile.
BOURCART,	Agrégé, Chargé du cours de Pandectes, autorisé à faire le cours de Droit Romain.
GAVET,	Agrégé, Chargé du cours d'Histoire générale du Droit français public et privé.
CHRÉTIEN,	Agrégé, Chargé du cours de Droit international privé.
LACHASSE, I ✿,	Docteur en droit, secrétaire.

La Faculté n'entend ni approuver ni désapprouver les opinions particulières du Candidat. Le visa n'est donné qu'au point de vue de la morale et de l'ordre public. (Statut du 9 avril 1825, art. 81.)

DROIT ROMAIN

LES FINANCES DE L'ÉTAT

ET

LA LÉGISLATION FINANCIÈRE A ROME

Sous la République

BIBLIOGRAPHIE

Augustin (Saint). *La cité de Dieu*, Paris, 1570, 1 vol. in-fol.

Boissier (Gaston). *Cicéron et ses amis*, 3e édition, Paris, 1875, 1 vol. in-12.

Bouchard. *Etude sur l'administration des finances de l'Empire romain dans les derniers temps de son existence*, Paris (sans date), un vol. in-8°.

Cagniat (Léon). *Etude historique sur les impôts indirects chez les Romains*, Paris, 1882, 1 vol. grand in-8°.

Daremberg et Saglio. *Dictionnaire des antiquités grecques et romaines* (en cours de publication).

Desobry (Charles). *Rome au siècle d'Auguste*, 3e édition, Paris, 1870 ; 4 vol. in-8°, t. III.

Dupont (Albert). *De la constitution et des magistratures romaines sous la République*, Paris, 1877, 1 vol. in-12.

Dureau de la Malle. *Economie politique des Romains*, Paris, 1840, 2 vol. in-8°, t. II.

Duruy (Victor). *Histoire des Romains*. Paris, 1879-1885 ; 6 vol. illustrés grand in-8°, t. I, II et III.

Humbert (Gustave). *Des origines de la comptabilité chez les Romains*, Paris, 1880, in-8°.

Madvig. *L'Etat romain* (traduction Morel), Paris, 1882-1884. 4 vol. in-8°, t. IV.

Marquardt. *Romische staatsvervaltung*, Leipsig, 1876, in-8°, t. II.

Ménardière (de la). *De l'impôt du vingtième sur l'affranchissement des esclaves*, Poitiers, 1872, in-8°.

Mispoulet. *Les institutions politiques des Romains*, Louvain et Paris, 1882-1883, 2 vol. in-8°.

Mommsen. *Romisches staatsrecht*, 2ᵉ édition, Leipsig, 1877, t. II, I°, 1 vol. in-8°.

Person. *Essai sur l'administration des provinces romaines sous la République*, Paris, 1878, 1 vol. in-8°.

Willems. *Le Droit public romain*, 4ᵉ édition. Louvain, 1884, in-8°.

Willems. *Le Sénat de la République romaine*, Louvain et Paris, 1883-1885, 2 vol. (avec supplément) in-8°, t. II.

N. B. — Toutes les citations empruntées aux auteurs latins sont prises dans la collection Panckouke.

INTRODUCTION

—

« Depuis la déchéance des Tarquins jusqu'à l'avènement
d'Auguste, Rome a eu des magistratures ; elle n'a pas eu, à
proprement parler, de gouvernement. Elle n'a pas connu cette
loi qui s'est imposée à toutes les sociétés modernes de réserver
la haute direction des affaires à une autorité centrale capable
de former de longs desseins, de ménager l'avenir, de poursuivre
un but avec persévérance, d'y appliquer toutes les forces nationales, de subordonner toute la politique à une idée longtemps
étudiée et mûrie, d'assurer enfin l'unité de l'Etat. Au-dessus
des magistrats chargés des diverses branches de l'administration, il n'y eût pas à Rome d'autorité suprême responsable des
intérêts généraux et pouvant imprimer l'unité de direction aux
différents services publics (1) ». Le Sénat, malgré ses prérogatives très considérables, était privé du premier droit necessaire
à un gouvernement, celui d'initiative : car il ne pouvait s'assem-

(1) *De la constitution et des magistratures romaines sous la République*, par Albert Dupont, *Introduction*.

bler que dans certaines conditions et que sur la convocation d'un magistrat. Quant aux consuls, ils étaient deux à se partager l'autorité, et la courte durée de leur pouvoir les empêchait de réaliser ou même de préparer de sérieuses réformes.

Les rois donc ne furent pas remplacés; et c'est dans l'administration financière de la République, plus qu'ailleurs peut-être, que se font remarquer ce défaut d'autorité suprême et ce manque d'impulsion unique.

L'administration financière était répartie, à Rome, entre trois pouvoirs : le Sénat, la censure et la questure. Bien qu'en théorie, ces deux derniers fussent soumis à l'autorité et au contrôle du premier, nous verrons qu'en fait, ils en étaient à peu près indépendants. Personne n'avait le dernier mot, ce qui facilitait les abus : et ceux-ci étaient rarement réprimés, ce qui les encourageait.

La République romaine ne connut pas les budgets annuels des recettes et des dépenses. Non pas, cependant, qu'il lui eût été plus difficile de les établir, qu'à nos Etats modernes. Les recettes les plus importantes, c'est-à-dire celles qui étaient dues par les adjudicataires des *vectigalia*, étant fixées par le contrat d'adjudication pour un terme moyen de cinq annuités, et l'assiette des contributions extra-italiques perçues par les questeurs provinciaux, au nom des gouverneurs, étant rarement modifiée par le Sénat, il eût été facile d'en évaluer et d'en soumettre à l'approbation de celui-ci, le produit annuel. On ne le fit jamais (1). — Quant aux dépenses, pendant les premiers siècles, les ressources suffirent à y faire face. Plus tard, vers la fin de la République, si le Sénat ne fut pas obligé de créer de nouveaux impôts pour équilibrer les recettes et les budgets toujours croissants des dépenses publiques, c'est que les contributions de guerre et l'augmentation des produits des provinces

____

(1) *Le Sénat de la République romaine,* par P. Willems, t. II, p. 379.

pourvurent abondamment le Trésor. Aussi n'existait-il pas un budget complet et unitaire, ni surtout un budget des dépenses distribué par sections et voté annuellement par le Sénat (1).

La mise en ferme de la plupart des revenus de l'Etat et la supériorité des produits du domaine sur ceux de l'impôt constituent la seconde des grandes dissemblances qui séparent nos institutions de celles de la République romaine, en rapprochant celles-ci de ce qui fut jadis en vigueur chez nous, au Moyen-Age et sous l'ancien régime.

Malgré ces différences considérables, la division de notre sujet s'impose d'elle-même.

Dans un premier chapitre, nous nous occuperons de l'administration financière, c'est-à-dire que nous étudierons les prérogatives et les attributions financières du Sénat, des censeurs et des questeurs, en relevant ce que l'organisation de ces trois pouvoirs avait de défectueux ou d'incomplet.

Dans un second chapitre, nous passerons en revue les différentes sources des dépenses de l'Etat, montrant combien moindres elles étaient que de nos jours, et combien surtout on en laissait à charge aux individus, aux cités et aux provinces.

Enfin, dans un troisième et dernier chapitre, nous étudierons les recettes de l'Etat, recettes ordinaires et extraordinaires, tant à Rome et en Italie que dans les provinces : et nous aurons, à ce sujet, à parler des nombreux abus et des exactions cruelles que Rome commettait vis-à-vis de ses sujets et contre lesquels il n'existait que des recours illusoires.

De la sorte, après avoir étudié dans tous ses détails l'organisation de l'administration financière, montré comment elle acquittait les dépenses de l'Etat, quelles étaient celles-ci, de quelle manière et avec quelles ressources elle y faisait face, nous

______

(1) *Des origines de la comptabilité chez les Romains*, par M. Humbert, p. 22.

aurons passé en revue tout le mécanisme financier de la République romaine. Et chacun des chapitres comportant sa conclusion propre, nous n'aurons pas, sous peine de redites, à tirer de l'ensemble de cette étude une conclusion générale.

CHAPITRE PREMIER

L'administration des Finances

L'administration des finances, sous la République romaine,
était répartie entre le Sénat, les censeurs et les questeurs ; mais,
tandis que censeurs et questeurs ne possédaient que l'administration proprement dite, le Sénat avait la haute direction et la
gestion suprême des finances, pouvoir qu'il avait recueilli des
consuls, à la chute des rois (1). Malgré cette division des pouvoirs, « toute l'administration de la caisse et de la comptabilité
était concentrée à l'*œrarium* ou Trésor public, où étaient
conservés aussi les fonds de l'Etat et qui servait en même temps
de dépôt pour les archives (2) ». L'*œrarium*, considéré comme la
propriété exclusive de l'Etat, était le plus souvent désigné sous
le nom d'*œrarium Saturni* (3), parce qu'il se trouvait au Forum,
dans le temple de Saturne. Son établissement remontait à l'origine du gouvernement républicain : Valérius Publicola, consul
avec Brutus, après l'expulsion des rois, ayant, pour soutenir la
liberté, remis en vigueur un impôt de guerre (*stipendium*)
institué par le roi Servius et négligé pendant tout le règne de
Tarquin, ordonna que le temple de Saturne servirait désormais
à serrer les deniers publics (4).

---

(1) *Dictionnaire des antiquités grecques et romaines*, par Daremberg et
Saglio ; *verb. œrarium.*
(2) *L'Etat romain*, par Madvig., t. IV, p. 5. — *Römische Staatsverwaltung*,
par Marquardt, t. II, p. 293 et s.
(3) Suet., *Claud.*, 24 ; — Plin., X, *Ep.* 20.
(4) *Rome au siècle d'Auguste*, par Ch. Dézobry, t. III, p. 282.

C'était autour de l'*œrarium Saturni* que gravitait toute l'administration financière de la République et chacun des trois pouvoirs qui se la partageaient, avait sur lui, quoique à des degrés différents, une autorité étendue.

C'est ce que va nous montrer l'étude que nous allons faire de chacun d'eux en particulier.

I. — *Le Sénat*

A. — *Autorité financière du Sénat.* — Sans s'immiscer dans les détails de l'administration, ce qui lui eût été d'ailleurs impossible, le Sénat avait la haute surveillance de la comptabilité de l'*œrarium* (1), c'est-à-dire qu'il s'occupait de tout ce qui touchait aux recettes et aux dépenses de l'Etat et représentait le peuple romain pour toutes les opérations financières.

C'est lui qui votait les impôts et en ordonnait la perception (2) ; c'est sous son autorité que les censeurs mettaient en adjudication la ferme des travaux et des revenus publics (3) ; les contrats passés avec les compagnies concessionnaires n'étaient valables que s'il les approuvait (4) ; lui seul pouvait rompre les traités conclus si les adjudicataires manquaient aux conditions arrêtées, ou si des circonstances exceptionnelles

(1) Polyb., VI, 17.

(2) Tit. Liv., II, 9 ; XXIII, 31 ; XXIV, 11 ; XXVI, 36.

(3) Ce droit fut parfois étrangement dénaturé par la pression que les publicains exerçaient sur le Sénat. Ainsi, pour n'en donner qu'un exemple à son arrivée au pouvoir, Caton, trouvant les finances complètement dilapidées, afferma, pour les rétablir, les impôts à très haut prix et les travaux publics au rabais. Loin d'être encouragée, cette intégrité souleva de telles clameurs parmi les publicains, que le Sénat, gagné par la faction de Flamininus, cassa les baux et les marchés, ordonna de nouvelles adjudications et accorda des remises. (V. Tit. Liv., XXXIX, 44) ; ce qui était absolument contraire aux devoirs du Sénat et aux intérêts de l'Etat.

(4) Polyb., VI, 17.

venaient entraver le rendement normal des impôts. Il fixait (1)
les sommes allouées aux consuls et aux généraux pour les expéditions militaires et faisait ordonnancer les payements (2) ; il
allouait toutes les sommes qu'exigeaient les services publics, le
culte (3), les jeux (4), les grands travaux, l'entretien des édifices
et des voies de communication (5), etc. Il avait la faculté de
disposer des terres de l'*ager publicus* (6). Enfin, aucune dépense
à la charge du Trésor n'était faite qu'avec son autorisation et
sous son contrôle. Le consul seul pouvait puiser dans les caisses
de l'Etat sans s'y faire autoriser (7) : encore, ce droit ne lui appar-
tenait-il que s'il était présent à Rome.

On voit que le Sénat romain avait des pouvoirs analogues et
même supérieurs à ceux qui appartiennent, en matière de
finances, aux chambres modernes dans les pays constitutionnels (8). Mais ces pouvoirs étaient beaucoup plus étendus en
théorie qu'en pratique. D'abord, les consuls, comme nous venons
de le dire, pouvaient puiser dans les caisses de l'Etat sans autorisation de personne et sans avoir à rendre compte de l'argent
qu'ils y prenaient. Ensuite le Sénat n'avait pas seul le droit
d'établir des taxes et des impôts ; il le partageait, nous le verrons
plus loin, avec les censeurs. Enfin et surtout, ainsi que nous
allons le dire, son droit de contrôle était illusoire, puisqu'il
n'avait qu'une sanction platonique et que même, tel qu'il était,
il n'a pas su, ou n'a pas voulu en user sérieusement (9).

(1) Polyb., VI, 17.
(2) Cic., *In Vatinium*, 15.
(3) Tit. Liv., XXV, 12.
(4) Id., XXXIX, 5.
(5) Id., XLIV, 16. — Albert Dupont, *op. cit.*, p. 108.
(6) Daremberg et Saglio, *op. cit.*, v. *Agrariæ leges*, II.
(7) Polyb., VI, 15.
(8) *Les institutions politiques des Romains*, par Mispoulet, n° 108.
(9) *Des origines de la comptabilité chez les Romains*, par M. Humbert,
p. 147, note 215.

Quoi qu'il en soit, cette assemblée conserva ses prérogatives jusqu'à la fin de la République, sans opposition sérieuse de la part des comices. A l'origine, le concours de ceux-ci lui avait été nécessaire pour l'établissement des impôts ou la gestion du domaine ; mais, peu à peu, le peuple s'était désisté de ses droits et il n'empiéta que rarement sur les attributions du Sénat en matière de finances, car « la question financière n'était pas de celles qui alimentaient les luttes des partis politiques à Rome (1). »

Une fois les impôts établis et les sommes votées, ce n'était plus le Sénat qui s'occupait de dépenser celles-ci, de répartir ou de percevoir ceux-là ; c'était l'affaire des censeurs et des questeurs qui, sous une forme que l'on ne saurait préciser, avaient l'obligation de lui rendre compte de leurs actes et de leur administration (2), et de lui présenter un rapport sur lequel il statuait en dernier ressort. Ici commençait son rôle de contrôleur.

B. — *Contrôle financier du Sénat.* — Le droit administratif du contrôle appartenait sans conteste à l'autorité qui votait les dépenses, c'est-à-dire au Sénat (3). Mais, en fait, l'exercice de ce droit était peu redoutable.

Avant la loi *Julia*, les magistrats avaient la plus grande latitude pour libeller leurs comptes. Parfois même, la reddition qu'ils en faisaient était tellement succincte, qu'elle en arrivait à être insolente. Cicéron nous a conservé les propres termes dans lesquels Verrès avait fait la sienne, à la sortie de son questorat : « *Accepi vicies ducenta trigenta quinque millia quadringentos* « *XVII nummos ; dedi stipendio, frumento, legatis, proquæs-* « *toribus, cohorti prætoriæ, H-S mille sexcenta trigenta quin-* « *que millia quadringentos XVII nummos ; reliqui Arimini*

---

(1) *Le Sénat de la République romaine*, par Willems, t. II, p. 456.

(2) « *Senatum quærere de pecunia non relata in publicum, ità ut antea semper factum esset æquum censebant.* » Tit. Liv., XXXVIII, 54.

(3) Willems, op. et loc. cit.

« *H-S sexcenta millia* (1). » Quelle vérification et, partant, quel contrôle possibles pour des comptes si sommaires qui ne renfermaient ni détails, ni justifications d'aucune sorte ? Malgré cela, Verrès ne fut nullement inquiété et nous n'aurions rien su de lui, pas plus que de tous ses imitateurs, si, pour les besoins de la cause, Cicéron n'avait eu à compulser ses antécédents. Pour remédier à cette insuffisance de justification, la loi *Julia*, rendue sur l'initiative et pendant le consulat de Jules César dont elle prit le nom, exigea que les comptes sur lesquels le Sénat aurait à statuer et qui devaient être déposés dans les villes de province et au Trésor, à Rome, fussent accompagnés d'états détaillés et appuyés de pièces justificatives, *rationes confectas et consolidatas* (2). Comptes et pièces étaient *transmis* aux bureaux des questeurs du Trésor public, chargés de les recopier sur les registres officiels, mais ils ne leur étaient pas *soumis* : car ils n'avaient pas qualité pour porter des appréciations sur le fond. « Leur rôle était un rôle de comptables : ils enregistraient. Contrôle non seulement dépourvu de sanction, mais illusoire ! Rien n'était plus facile aux gouverneurs que de présenter des comptes en balance et les plus prévaricateurs n'y manquaient point (3). » Quant aux questeurs provinciaux, subordonnés aux gouverneurs, ils s'entendaient presque toujours avec eux et, de concert, présentaient des comptes plus ou moins fantastiques. Tout le monde le savait. C'était le vol organisé, toléré et, pourvu que les apparences fussent à peu près sauvées, toujours impuni. « Ce qu'il eût fallu vérifier et ce qu'il ne paraît pas qu'on ait vérifié jamais, c'est l'emploi des sommes indiquées, les dépenses fictives, les débours fantastiques et pour mémoire, les virements et tous les mille moyens par lesquels les magistrats éludaient un contrôle

(1) Cic., II° *In Verr.* I, 14.
(2) Id., *Ad fam.*, 275.
(3) *Essai sur l'administration des provinces romaines sous la République*, par M. Person, p. 311.

qui, du reste, ne demandait pas mieux que d'être éludé. Quand les bureaux du Trésor avaient tout au plus vérifié les additions et pris note des résultats financiers des diverses provinces, au point de vue de l'établissement du bilan de chaque exercice, les éléments de tout leur travail passaient ensuite sous les yeux du Sénat qui seul avait qualité pour apurer les comptes et se prononcer sur la gestion des gouverneurs (1) » et des questeurs.

Malheureusement, le Sénat n'avait à la disposition de son droit de contrôle et d'examen, aucune sanction effective. Il se trouvait dans l'alternative, ou de ratifier purement et simplement les comptes qui lui étaient soumis, ou de voter un blâme pour les magistrats qui les avaient rendus. « Mais son pouvoir n'allait pas au-delà, il ne pouvait prononcer ni amende, ni sentence pénale, car il n'avait pas de juridiction criminelle sur les citoyens (2). » Il n'en réclamait pas, d'ailleurs, car ceux qu'il aurait eus à juger, eussent été la plupart du temps, les fils, les frères ou les amis de ses membres, ou des membres mêmes de son ordre. L'autorité judiciaire compétente en matière de malversations ou de détournements des deniers publics fut, jusqu'au 1er siècle av. J.-C., les *comitia* et, à partir de ce moment, la *quœstio perpetua de peculatu*. Devant ces deux juridictions, le droit d'accuser les magistrats pouvait s'exercer sans l'autorisation et même malgré l'avis contraire du Sénat. Mais, tandis que devant les comices il était restreint aux magistrats, tout le monde avait la liberté de l'exercer devant la commission perpétuelle de péculat. Ces deux juridictions, d'ailleurs, pas plus que le Sénat, n'offrirent de garanties aux innocents, si l'on en juge par le procès de Rutilius condamné, malgré l'évidence de sa cause, par un tribunal exclusivement composé de ses ennemis (3) ; ou par celui de Metellus Numidicus, accusé de concussion, dont les

(1) M. Person, *op. et loc. cit.*
(2) Willems, *op. cit.*, t. II, p. 460.
(3) Cic., *De orat.*, I, 53 ; — Vel. Paterc., II, 13.

juges, au dire de Cicéron (1), détournèrent les yeux lorsqu'on leur présenta les livres de comptes, de peur de se trouver dans l'obligation de condamner un des leurs.

Il est donc permis de conclure avec M. Willems (2) que si le Sénat avait le gouvernement des finances publiques, il n'exerçait guère, quoiqu'il en eût le droit, le contrôle administratif et, qu'au cas où il aurait voulu l'exercer, il lui manquait la compétence judiciaire grâce à laquelle il aurait pu faire craindre et respecter ses sanctions.

II. — *Les censeurs*

Après le Sénat et au-dessous de lui, les premiers dépositaires du pouvoir financier étaient les censeurs.

Par leurs fonctions, ces magistrats, au nombre de deux, se trouvaient au sommet de la hiérarchie des magistratures. Bien que Cicéron ne leur attribue, en théorie, que le troisième rang, on ne conférait ordinairement la censure qu'à des consulaires, et c'est avec raison que Plutarque la désigne comme le faîte des honneurs (3). Du reste, tout spécialement en ce qui concerne les finances, ils avaient hérité des prérogatives des consuls, lorsqu'en 311 (4) (443 av. J.-C.) on avait enlevé à ceux-ci une partie de leur autorité.

(1) *Ad Attic.*, I, 17.
(2) Sur cette question du contrôle financier du Sénat, v. Willems, *op. cit.*, t. II, p. 457 à 463.
(3) *Cat. maj.*, 16.
(4) Cette date de 311 a été contestée par Mommsen (Rom. Staatsr., II, 1, p. 324, note 2) qui propose de reporter à 319 la séparation de la censure d'avec le consulat, en se fondant sur une interprétation des fastes qui aurait placé en 310 deux prétendus consuls transformés plus tard en censeurs. Mais cette conjecture qui a été vivement discutée, ne paraît pas assez justifiée pour prévaloir sur le texte formel des auteurs classiques (Tit. Liv., IV, 8 ; — Cic., *Ad fam.*, XI, 21 ; — Daremberg et Saglio, *op. cit.*, v. *Censor*).

Les censeurs avaient des attributions fort étendues et fort importantes qui les faisaient beaucoup ressembler à nos ministres des finances et des travaux publics (1). Leur charge, périodique comme toutes les magistratures de la République, avait la même durée que le cens, c'est-à-dire qu'elle était quinquennale ; mais ils en sortaient au bout de dix-huit mois, de telle façon que l'Etat était privé de leurs services pendant trois ans et demi par lustre, durant lequel laps de temps, les consuls ou les questeurs les remplaçaient (2).

Nous n'envisagerons ici que leur administration financière et nous nous occuperons successivement de leurs attributions financières, de la mise en ferme des revenus de l'Etat et des *societates publicanorum*.

A. — *Attributions financières des censeurs.* — L'autorité des censeurs en matière de finances paraît s'être développée spontanément par l'usage et à l'occasion du cens qui plaçait entre leurs mains la formation de ce que l'on peut appeler le budget des recettes principales de la République (3), et par la détermination qu'ils étaient obligés de faire de la part que chacun avait à payer du *tributum ex censu*, pour ceux qui étaient soumis au cens, et de l'*œs hordearium* pour ceux qui en étaient exempts. Ils avaient, en outre, le pouvoir d'établir certaines taxes et certains impôts, et c'est à une mesure de ce genre que Livius dut son surnom de *Salinator* (4). Ils étaient aussi chargés de l'adjudication au rabais des fournitures et travaux publics à faire pour le compte de l'Etat : cette opération se nommait *ultro tributa locare* (5) « parce que c'était l'Etat qui s'obligeait à payer la somme fixée par les enchères, dans les limites du

---

(1) Humbert, *op. cit.*, p. 31 ; — Mispoulet, *op. cit.*, n° 108.

(2) Mispoulet, *op. cit.*, n° 108 ; — Mommsen, *op. cit.*, II, 1, p. 402, 415 et 440.

(3) Daremberg et Saglio, *op. et loc. cit.*

(4) Tit.-Liv., XXIX, 37 ; XL, 51.

(5) Id.. XXXIX, 44. XLIII, 16 ; — Mommsen, *op. cit.*, II, 1, p. 433 à 454.

crédit total ouvert (*pecuniam attribuere*) aux censeurs par le Sénat, ordinairement sur le produit des *vectigalia* par eux loués (1) » ; ils *recevaient* ces travaux, une fois terminés. C'étaient eux, encore, qui procédaient à l'estimation des biens sur lesquels étaient assis les impôts (2), et qui étaient tout spécialement commis à la surveillance et à l'administration du domaine de l'Etat (3).

Ils possédaient ainsi une partie de l'administration du Trésor de la République (4). Mais, de beaucoup, la plus importante de leurs attributions, après la confection du cens dont elle n'était d'ailleurs qu'un corollaire, était la *locatio censoria* (5). C'est ainsi que l'on appelait le droit que le Sénat leur avait conféré de mettre en adjudication la ferme des principaux revenus de l'Etat : nous allons nous en occuper tout spécialement.

B. — *Mise en ferme des revenus de l'Etat.* — Alors que l'administration romaine laissait encore beaucoup à désirer, on ne pouvait songer à donner une direction unique et une impulsion suffisante à la gestion de tant de provinces si différentes les unes des autres par la race, les lois et les usages. La perception directe des revenus eût été presque impossible à réaliser, et, en tous cas, fort incertaine. Elle aurait exposé l'Etat à subir les chances diverses du recouvrement et à voir ses ressources arriérées ou perdues en partie, au moment même où, peut-être, il en aurait eu le plus besoin. Il était donc plus simple, sinon plus avantageux pour le Trésor et les particuliers, de tirer des contribuables une somme inférieure mais sûre et immédiatement disponible, en se déchargeant sur des intermédiaires des embarras de la perception. Voilà pourquoi la plus grande partie des reve-

(1) Daremberg et Saglio, *op. cit.*, v. *Censoria locatio*, II.
(2) Plutar., *Cato maj.*, 18.
(3) Daremberg et Saglio, *op. cit.*, v. *Censor.*
(4) Tit.-Liv., XXIV, 18 ; XLIV, 16.
(5) Mommsen, *op. et loc. cit.*, p. 428 à 433. — Marquardt, *op. cit.*, II, p. 239 et 261.

nus de l'Etat, chez les Romains, se concédaient à bail, après enchères publiques.

Leur adjudication avait lieu à Rome (1), entre les mains des censeurs, sous la présidence des consuls et presque toujours aux calendes de Mars, en même temps que celle des travaux publics. Tout le monde n'était pas admis à se porter enchérisseur : ce privilège était réservé à une partie de la classe des chevaliers, que l'on nommait les *publicains*. La durée du bail était d'un lustre, c'est-à-dire d'une durée égale à celle de la censure. Pour se rendre adjudicataire, on levait la main ; d'où, selon une étymologie de Festus, le nom de *manceps* donné au titulaire de la ferme : « *Manceps dicitur qui quid a populo romano emit conducitve, quia, manu sublata, significat se auctorem emptionis esse* (2). » Le preneur devait fournir caution et son répondant s'appelait *præs* : « *Qui idem præs dicitur, quia tam debet præstare populo quod promisit, quam is qui pro quo præs factus est* (3). » — « *Præs est qui populo se obligat, interrogatusque a magistratu si præs sit, ille respondet præs* (4). »

C. — *Societates publicanorum.* — c. — *Leur organisation.* — Les fermes de la République étaient trop considérables pour n'être prises que par quelques citoyens. Aussi, chaque adjudicataire, chaque *manceps*, tout en demeurant seul preneur en nom vis-à-vis de l'Etat, était-il presque toujours à la tête d'une compagnie, *societas publicanorum* (5), qui se constituait pour la perception des impôts.

Le nombre de ces compagnies dans lesquelles, à l'époque et au dire de Cicéron (6), tout citoyen avait des intérêts, était très

---

(1) Sauf la première dîme de Sicile, laquelle s'affermait à Syracuse, conformément à la loi de Hiéron que les Romains avaient laissée en vigueur dans son ancien royaume.

(2) Pomp. Fest., *De significatione verborum*, v. *Manceps*.

(3) Id., ibid., id.

(4) Id., ibid., v. *Præs*.

(5) Marquardt, *op. cit.*, II, p. 290.

(6) *Cicéron et ses amis*, par Gaston Boissier, 3ᵉ édit., p. 331.

considérable : celles-ci prenaient à ferme tous les impôts d'une province, celles-là, tel impôt séparément, etc. Mais toutes se ressemblaient par l'uniformité de leur organisation qui permettrait de les comparer à nos grandes administrations privées (1). Ces compagnies avaient leur centre à Rome. En dehors du *manceps*, que l'on désigne aussi quelquefois sous le nom de *princeps* (2), et qui en restait toujours le seul chef légal, elles étaient représentées à Rome par un de leurs membres qui portait le nom de *magister societatis* (3), dont les fonctions étaient annuelles et qui était chargé de la direction de la société. Ce *magister societatis* déléguait dans toutes les provinces où la compagnie avait des fermages, des *promagistri* (4), sortes de sous-directeurs, qui commandaient eux-mêmes à une foule d'agents subalternes (5), esclaves pour la plupart (6), chargés des détails de la perception (7), sous le nom de *coactores* (8), et du service de la comptabilité et des dépêches, sous le nom de *tabellarii* (9).

Ainsi organisées, les sociétés de publicains étaient presque comme un quatrième ordre dans la République (10). Sorties de l'ordre équestre (11), elles en formaient une division dont les membres, entièrement livrés à des affaires d'argent, déshonoraient par leur conduite dans les fermes, la chevalerie dont ils

(1) Mispoulet, *op. cit.*, n° 108.
(2) Cic., *Pro Planc.*, 9.
(3) Id., *Ad. Attic.*, V, 15; — Marquardt, *op. et loc. cit.*, p. 291.
(4) Id., *ibid.*, XI, 10 ; *Ad fam.*, XIII, 65 ; Marquardt, id., ibid.
(5) Id., *Ad fam.*, XIII, 9.
(6) Id., *In Verr.*, II, 177.
(7) Val. Max., VI, 9.
(8) Cic., *Pro Rabir.*, 11 ; *Pro Cluent*, 64.
(9) Id., *Ad attic.*, V. 15, 16, 21 ; — V. pour les détails, Macquardt, *op. et loc. cit.*, p. 289 et s. ; et Daremberg et Saglio, *op. cit.*, v. *Censoria locatio*, L.
(10) Plin., XXXIII, 2.
(11) Tac., *Ann.*, IV, 6.

faisaient partie. Car, bien que les frais de perception fussent à leur charge, et bien que ces frais fussent très considérables, les publicains et leurs sociétés retiraient de leurs fermes des revenus énormes, grâce aux effroyables exactions dont le régime entièrement arbitraire de la perception leur rendait l'accomplissement si facile.

c'. — *Leurs abus.* — Les contribuables étaient, en effet, traités sans merci ni pitié. De même que les villes et les particuliers, les provinces étaient forcées de s'endetter en empruntant à des taux fort élevés (1) aux banquiers romains (*feneratores*), derrière lesquels se dissimulaient parfois même des sénateurs. Comme cela ne suffisait pas encore à l'avidité féroce et à la cupidité malsaine des publicains, on vendait les trésors des cités, les richesses des temples et la jeunesse entière d'un pays, afin de libérer les villes, les provinces ou les rois. Quand Marius demanda des secours au roi de Bithynie, Nicomède lui répondit : « Vos publicains ne m'ont laissé que des enfants et des vieillards (2). » Parole profondément triste et qui est la honte du peuple qui la mérita.

A tous ces abus, à toutes ces exactions dont il serait trop facile de choisir des exemples parmi les nombreux cas relatés dans les auteurs latins, il n'y avait pas de remède, il n'y avait même pas de frein. L'ordre équestre était si puissant par ses richesses, par sa position et ses alliances dans la classe des nobles, qu'au lieu de réprimer ses excès et de punir ses crimes, on cherchait toujours à se l'attacher ou, tout au moins, à ne pas se l'aliéner. C'est ce que fit César, lors de son premier consulat, lorsque, préparant son élévation future avec l'esprit factieux d'un tribun, il leur remit un tiers des fermages

---

(1) L'*austère* Brutus plaçait son argent au taux de 48 0/0 (V. Gast. Boissier, op. cit., p. 333) : jusqu'où donc pouvait monter le taux demandé par ceux, et c'était la majorité, qui n'étaient pas « austères ? »

(2) Diod., fragment du liv. XXXVI, 3.

qu'ils redevaient à la République (1) ; et Cicéron lui-même disait : « *Illa causa publicanorum, quantam acerbitatem* « *afferrat sociis, intelleximus ex civibus, qui nuper in por-* « *toriis Italiæ tollendis, non tam de portoriis quam de non-* « *nullis injuriis portitorum querebantur. Quare non ignoro* « *quid sociis accidat in ultimis terris, quum audierim in* « *Italia quereles civium... Ut et publicanis satisfacias, et* « *socios perire non sinas, divinæ cujusdam virtutis esse* « *videtur... Quibus, tamen, si adversamur, ordinem de nobis* « *optime meritum..., et a nobis et a republica dijunge-* « *mus* (2). » Ailleurs encore il les défendait, disant : « *Si vec-* « *tigalia nervos esse reipublicæ semper duximus, eum* « *certum ordinem, qui exercet illa, firmamentum ceterorum* « *ordinum recte esse dicemus* (3). »

Il est vrai que les villes des provinces pouvaient, par l'inter-médiaire des délégués (*legationes*) adresser au Sénat des requêtes et des plaintes : mais la plupart du temps, il leur fallait payer pour être admises à la barre du Sénat et surtout pour obtenir l'objet de leur demande. Il est également vrai que l'on créa à Rome, en l'an 149 av. J. C., une commission perpé-tuelle spéciale (*quæstio perpetua de repetundis*) pour le crime de concussion qu'une série de lois (*leges Calpurnia, Acilia, Servilia, Cornelia, Julia,*) cherchèrent à réprimer ainsi que les abus de pouvoir et les exactions. Mais, de quoi pouvaient servir ces tribunaux et ces lois, quand non seulement on pouvait et on devait acheter ses juges, mais encore quand ceux-ci étaient exclusivement choisis parmi des adversaires, comme ce fut le cas pour Rutilius ? (4).

---

(1) Suet., *Cæs.*, 20.
(2) Cic., *Ad Quint frat.*, I, 1.
(3) Id., *Pro lege manil.*, 7. — Il ne faut pas oublier, non plus, que Cicéron sortait de l'ordre équestre.
(4) Vel. Patercul., II, 13. — Cic., *De Orat.*, I, 53.

L'on comprend, dès lors, la juste sévérité de Tite-Live disant :
« *Ubi publicanus est, ibi aut jus publicum vanum, aut liber-*
« *tatem sociis nullam esse* (1). » Mais, tout en partageant l'avis
du célèbre historien, il faut convenir que ces abus et ces exactions ne doivent pas être uniquement imputés aux publicains.
Il faut voir les choses de plus haut et reconnaître qu'ils provenaient en grande partie du système financier des Romains.
Comme le dit fort bien un auteur moderne, « avec la constitution fiscale des Romains, et les choses restant ce qu'elles étaient
sous la République, les publicains étaient un mal nécessaire. On
savait très bien à Rome qu'ils commettaient d'innombrables ini-
quités, qu'ils ruinaient les provinces et qu'ils tarissaient les
sources de la richesse publique. Mais l'administration romaine
ne pouvait ni se passer d'eux (2), ni les réformer, encore moins
leur substituer un système moins défectueux. Ils avaient eu et
conservaient leur raison d'être ; ils connaissaient leur importance. Ils ne valaient, du reste, ni pis, ni mieux que tout ce qui
les entourait (3). »

III. — *Les questeurs.*

Après le Sénat et les censeurs, les troisièmes et derniers
gérants de la fortune publique étaient les questeurs.

Les anciens faisaient dériver le nom de ces magistrats de leur
compétence financière (4), lui donnant pour origine le verbe
quærere, chercher, parce que c'étaient eux qui étaient chargés
de faire rentrer, de *rechercher* les impôts. Mais l'origine de
cette magistrature était restée fort obscure pour les Romains
eux-mêmes (5).

(1) XLV, 18.
(2) Tit. Liv., XLV, 18.
(3) Person, *op. cit.*, p. 198.
(4) *Dig.*, I, II, 2.
(5) Mommsen, *op. cit.*, II, 1, p. 511 à 522.

A l'inverse de la censure, la questure était le premier échelon des magistratures et c'est par elle que l'on débutait dans la carrière politique. Elle était accordée à l'élection, d'abord par les consuls (1) après la destruction de la royauté, plus tard, en l'an 307 de R., par le peuple assemblé en comices (2). Les fonctions de la questure étaient annuelles et, comme leurs titulaires pouvaient y parvenir dès l'âge de trente ans (3), — on avait pu même un moment y être élu à vingt-cinq ans (4), — le peu d'expérience de ces magistrats, joint à la courte durée de leur gestion, empêchait tout progrès de la comptabilité et ôtait à l'administration des finances l'autorité dont elle aurait eu besoin pour se perfectionner.

Du jour de l'élection des questeurs par les comices, ou à peu près, « la questure qui avait été une magistrature patricienne fut ouverte aux plébéiens (5), en conservant néanmoins les insignes des grandes magistratures patriciennes, la chaise curule et les licteurs, deux seulement, mais armés de faisceaux avec la hache. L'élection curiate ne devint indispensable qu'à l'époque où les questeurs durent suivre les armées, ce qui arriva soixante ans environ après l'expulsion des rois. Rome n'ayant fait jusqu'alors la guerre qu'autour d'elle, à tous ces petits peuples qui voulurent l'étouffer dès son berceau, les questeurs pouvaient, sans sortir de la ville, snrveiller les affaires de finances du dehors. Ils continuèrent à remplir ces doubles fonctions, en faisant de temps en temps de petits voyages aux armées, tant que la République ne porta pas ses armes trop loin ; mais, à mesure que le théâtre de la guerre s'éloigna, leurs absences durent être plus longues, et, de part et d'autre, les affaires en souffrirent. L'inconvénient était grave. On y remédia en créant deux ques-

(1) Tac., *Ann.*, XI, 22.
(2) Tit. Liv., IV, 43, 44, 54.
(3) Cic., *De offic.*, II, 17.
(4) Acad. des Inscript. et B.-Lettres, nouvelle série, t. XIII, p. 321.
(5) L'an 345. — Tit. Liv., IV, 54.

teurs spécialement pour Rome, et deux pour le dehors. Les premiers furent appelés *questeurs urbains*, et les autres, *questeurs provinciaux*. Lorsqu'aux tributs que payait déjà l'Italie, se joignirent les revenus des provinces, le nombre des questeurs fut porté à huit (1) ; une loi de Sylla l'éleva jusqu'à vingt, afin qu'ils servissent à recruter le Sénat (2) ; [après ce dictateur, il retomba à huit (3). »

A. — *Questure provinciale.* — On attachait plus de prix à la questure urbaine qu'à la questure provinciale. Celle-ci, outre l'exil momentané qu'elle imposait à ceux qui en étaient investis, n'accordait aux deux licteurs que les faisceaux sans hache (4), et l'on sait combien grande était l'importance que les Romains attachaient à cette distinction.

Le questeur provincial était l'un des agents secondaires qui aidaient le gouverneur ou proconsul dans l'accomplissement de ses fonctions : les premiers en dignité étaient les *légats*, dont les attributions n'étaient pas rigoureusement déterminées, mais qui devaient à leur chef l'appui de leurs bras et de leurs conseils : ordinairement celui-ci partageait avec eux l'administration de la province. Au-dessous et à côté d'eux, venait immédiatement le questeur, particulièrement chargé de tous les détails de l'administration financière. Il recevait du Trésor public l'argent nécessaire à la solde, à l'entretien des troupes et aux acquisitions à faire dans la province pour le compte de l'administration romaine : quelques impôts que l'on n'affermait pas aux publicains étaient levés par lui. Les Romains ne connaissant pas la division des pouvoirs, le questeur, principal agent financier, pouvait être appelé à de tout autres fonctions : son expérience et son zèle appartenaient au proconsul qui faisait de lui, au besoin, un juge,

---

(1) Tac., *Ann.*, XI, 22.
(2) Id., ibid.
(3) Dezobry : op. cit., t. III, p. 279.
(4) Spanheim, *De usu nummorum*, II, p. 164.

un administrateur ou un général. C'est en cela que ses fonctions qui, sous bien des rapports, ressemblent à celles de nos trésoriers-payeurs généraux, en différaient totalement. Le questeur avait, en outre, comme les édiles à Rome, une juridiction propre et le droit de faire certains édits. A la fin de l'année, il devait rendre compte de sa gestion financière et la loi *Julia* (ainsi nommée de son auteur Jules César) l'obligea de déposer son état de recettes et de dépenses à Rome, dans l'*œrarium Saturni*, après en avoir laissé copie dans deux villes de la province au moment où il sortait de sa charge.

Ce ne fut qu'à partir de Sylla que toutes les provinces, prétoriennes ou consulaires, reçurent un questeur. Par exception, la Sicile, à cause de la nature particulière de ses impôts et des complications de leur perception, en exigeait deux. Leur résidence officielle était auprès du gouverneur : ceux de Sicile résidaient l'un à Syracuse, l'autre à Lilybée. L'élection des questeurs provinciaux avait lieu en masse, par le peuple ; puis les élus tiraient au sort (1) les provinces où ils devaient aller. Ils ne pouvaient, en effet, ni choisir leur province, ni être demandés par les gouverneurs ; ce qui n'empêchait pas, d'ailleurs, que leurs relations avec ceux-ci ne fussent celles de père à fils, selon l'expression de Cicéron (2), car ils étaient nécessaires l'un à l'autre, tant pour la régularisation de leurs comptes, que pour le partage de leurs bénéfices illicites, comme nous le verrons.

B. — *Questure urbaine.* — Quant aux questeurs urbains, dont le nombre ne dépassa jamais deux, tandis que celui des questeurs provinciaux s'accrut et varia, leurs attributions étaient plus importantes, puisque c'était entre leurs mains que se centralisaient les recettes et les dépenses de tout l'Etat. Hiérarchiquement inférieurs aux consuls, ils n'en étaient pas moins *consulis participes omnium rerum consiliorumque* (3). A la

(1) Cic., ad *Quint.*, I, 1.
(2) Id., *Pro Planc.*, II.
(3) Cic., *II° In Verr.*, II, 1, 15.

fois receveurs, trésoriers et payeurs, ils surveillaient la rentrée des deniers publics, encaissaient les impôts et les tributs (1) et acquittaient les dépenses de l'Etat, principalement celles qu'entraînaient les travaux publics (2). C'étaient eux qui faisaient vendre, au profit du Trésor, la part du butin qui revenait à l'Etat (3), les biens des condamnés (4) et les portions du domaine dont le Sénat (5) ordonnait l'aliénation dans les circonstances difficiles (6). Ils étaient également chargés de l'approvisionnement de Rome (7) ; et c'était entre leurs mains que les fonctionnaires à la disposition desquels avaient été mises des sommes d'une certaine importance, par exemple les gouverneurs de province, rendaient compte de l'emploi de ces sommes et remettaient les reliquats qu'ils pouvaient avoir (8).

Cependant, leur inexpérience et leur renouvellement les empêchaient de comprendre leurs fonctions et de s'y attacher. Aussi, presque tous, jeunes nobles riches et avides de plaisirs, se déchargeaient-ils du côté sérieux de leur rôle sur leurs subalternes, les scribes et les greffiers du Trésor, qui étaient les véritables questeurs, et qui, du reste, faisaient tout leur possible pour les éloigner des affaires. Les scribes, — les scribes questoriens, comme on les appelait, — étaient préposés à la tenue des comptes (9) et formaient une corporation dont les offices s'achetaient et étaient perpétuels : tout commerce leur était interdit. Ayant continuellement entre les mains les livres des comptes, possédant les édits sur la matière, ils exerçaient une sorte de

(1) Tit. Liv., XXXIII, 42 ; XLII, 6.
(2) Cic., *Philipp.*, V, 7 ; XIV, 11 ; — Tit. Liv., XLIV, 16.
(3) Aul.-Gell., XIII, 23.
(4) Tit. Liv., IV, 15.
(5) Cic., *De leg. agrar.*, II, 14.
(6) Tit. Liv., XXVII, 46.
(7) Cic., *sur la rép. des Aruspices*, 20.
(8) Id., *I° In Verr.*, 14, 38, 39.
(9) Pomp. Fest., *De significatione verborum*, v. *Scribas*.

despotisme administratif sur les jeunes questeurs incapables de diriger une administration qu'ils n'avaient point étudiée, et, non-seulement ils se gardaient bien de leur en dévoiler le mécanisme, mais encore ils leur cachaient soigneusement tout ce qui aurait pu les éclairer. Aussi arrivait-il qu'ils profitaient de l'ignorance de leurs chefs pour se livrer à des malversations si fréquentes qu'elles étaient dégénérées en habitude (1). Les scribes portaient les recettes sur des registres particuliers appelés *pascua* : les dépenses étaient inscrites sur d'autres livres et ne s'acquittaient qu'après avoir été ordonnancées par un sénatus-consulte (2). Cette comptabilité était tenue par *doit* et *avoir* au moyen des *codices accepti et depensi* (3) ; et les questeurs transmettaient à leurs successeurs, dans ces registres officiels, les comptes généraux de leurs recettes et de leurs dépenses (4).

Out.e les scribes et les greffiers du Trésor, les questeurs avaient encore sous leurs ordres un nombreux personnel subalterne (5).

En somme, les questeurs urbains, dont les fonctions étaient *exclusivement* financières, avaient l'administration et la gestion du Trésor, c'est-à-dire des deniers de l'Etat, et en étaient les *caissiers*, tandis que les questeurs provinciaux avaient des attributions plus variées, et, au point de vue financier, étaient à la fois intendants des gouverneurs et représentants des questeurs urbains dans les provinces.

(1) Dezobry, *op. cit.*, t. III, p. 280.
(2) Polyb., VI, 15.
(3) Daremberg et Saglio, *op. cit.*, v. *Œrarium*.
(4) Willems, *op. cit.*, t. II. p. 457.
(5) Pour les détails, v. Dezobry, *op. cit.*, t. III, p. 282.

CHAPITRE SECOND

Les dépenses de la République.

C'est en étudiant les dépenses faites par l'Etat à l'époque républicaine, que l'on voit clairement apparaître la grande simplicité de l'administration financière à Rome, ainsi que l'immense égoïsme et la rapacité féroce du peuple romain. Cette simplicité, si différente de ce qu'elle fût à la fin de l'Empire, si différente surtout de notre moderne organisation, s'explique par cette seule raison que l'Etat n'accordait ses secours et ne donnait ses subventions qu'à un nombre très restreint de services. Quant aux provinces, elles donnaient tout et ne recevaient rien en retour, ou tout au moins, n'avaient droit à rien : car les bienfaits gratuits sont les seuls méritoires. Si les Romains protégeaient et administraient les provinces, c'était dans leur intérêt bien entendu de propriétaires et d'usufruitiers, et non pour le bien de leurs alliés et sujets qui devaient pourvoir eux-mêmes, avec des ressources spéciales et une administration indigène, à leurs propres besoins : voilà pour l'égoïsme et la rapacité.

Il n'y avait donc que très peu de branches de dépenses — cinq seulement — auxquelles l'Etat devait subvenir et encore recevait-il le concours de bien des particuliers qui y participaient pour une plus ou moins large part. Les dépenses se répartissaient entre le culte, les travaux publics, l'administration civile, la défense nationale et l'*annone*, sorte d'assistance légale. Mais ni l'instruction publique, ni les beaux-arts ne recevaient rien de l'Etat ; et ce qui, chez nous, constitue les diverses administrations des douanes, des forêts, de l'agriculture, des postes, etc., n'existait pas et, par conséquent, ne nécessitait aucune dépense.

A. — Les dépenses du culte étaient très faibles, malgré le nombre énorme et toujours croissant des divinités romaines ou étrangères qui avaient leurs temples à Rome, nombre tel qu'au dire de Saint Augustin, aucun Romain n'aurait pu les énumérer toutes (1). Cela tient à ce que les fonctions sacerdotales, purement honorifiques, n'étaient pas rétribuées, ce qui n'empêchait pas qu'elles fussent très recherchées, à cause des avantages énormes attachés à leur possession. Ainsi, les prêtres étaient exempts de la milice, tout en conservant le droit d'occuper une magistrature civile en même temps que la prêtrise (2). La plupart d'entre eux étaient somptueusement logés par la ville. Leurs fonctions étaient inamovibles (3). Quelques-uns même, comme le Flamine Dial, étaient affranchis du pouvoir paternel (4) et allaient de pair avec les grands magistrats. Mais si l'Etat ne leur allouait pas de traitement, il paraît probable qu'il leur faisait certains avantages pécuniaires assez considérables, que Tacite appelle *commoda sacerdotum* et que Suétone nous apprend avoir été augmentés par Auguste (5). Les pontifes, les prêtres, les augures, etc..., vivaient aussi des offrandes, des dons et des legs que la piété des fidèles déposait dans les temples ou laissait aux divinités, et qui constituaient parfois de telles masses de richesses que ces trésors garantissaient les temples de tout abandon et pouvaient au besoin devenir une ressource pour la République. Auguste y recourut même lorsqu'il commença la guerre civile (6). En dehors des trésors renfermés dans les

(1) *Cité de Dieu*, III, 12.
(2) Cic., *Pro domo*, I.
(3) Id., *De divinatione*, II, 35.
(4) Ulpian, 10, 5. — Gaïus, I, 130. — Tac., *Ann.* IV, 16.
(5) *Aug.*, 31.
(6) Appian., *Bell. civ.*, V, 24.

temples, la plupart des collèges de prêtres possédaient des biens assez considérables. A l'origine, Numa leur avait concédé, aux environs du mont Capitolin, des terres publiques qui restèrent en leur possession jusque vers le milieu du septième siècle, où le Sénat les fit vendre pour subvenir aux frais de la guerre contre Mitridate (1).

En quoi donc consistait les dépenses du culte, pour une administration qui, loin de coûter à l'Etat, lui rapportait au besoin et dont les membres n'étaient pas rénumérés (2)?

« Il ne restait guère qu'à pourvoir aux fournitures et aux préparatifs nécessaires à la célébration des actes religieux et des fêtes ordinaires ou extraordinaires (*lectisternia*), entre autres, à l'acquisition des victimes pour les sacrifices, des ustensiles et objets sacrés, à l'entretien du personnel subalterne qui coopérait aux sacrifices (*popæ victimarii*, etc.), des gardiens des temples (*ædïtui*), etc. Une rubrique importante comprenait les crédits affectés aux jeux célébrés à l'occasion de certaines fêtes religieuses (*ludi*), jeux qui étaient fixes (*stati*), ou extraordinaires (*votivi*) ; il est vrai de dire qu'à partir d'une certaine époque les magistrats chargés de la direction des jeux contribuaient aux frais dans une proportion plus forte que le Trésor public et supportaient ainsi la part la plus considérable des charges qu'entraînaient ces réjouissances dont le faste et la prodigalité sont blâmés par Tite-Live (3). Il faut y joindre les allocations pour

______

(1) Id., *Bell. Mithrid.*, 22

(2) L'Etat cependant devait pourvoir à l'entretien des Vestales qui ne recevaient pas, à proprement parler, un traitement, bien que Tite-Live appelle leur rétribution : *stipendium ex publico* (I, 20), mais une sorte d'indemnité de subsistance qui leur était moralement due, puisque, du jour où elles étaient consacrées à la déesse Vesta, elles cessaient entièrement d'appartenir à leur famille, à laquelle elles étaient enlevées d'autorité (Aul. Gell., I, 12), et dans laquelle elles perdaient le droit d'héritage (Aul. Gell., id., ibid.) — V. aussi Suet., *Aug.*, 31.

(3) VII, 2.

les chevaux de course (*quadrigæ vectigales*), dont l'achat et
l'entretien étaient mis en adjudication (1), puis les dons offerts
aux temples, surtout aux temples nationaux et plus rarement à
ceux des religions étrangères, comme par exemple à celui
d'Apollon de Delphes après la prise de Veiies. Les offrandes faites
aux temples romains étaient souvent achetées par les édiles,
avec l'argent provenant des amendes (*ex pecunia multa-
ticia*) (2). »

En résumé, les dépenses pour le culte public, restreintes à un
petit nombre d'objets, étaient presque insignifiantes (3).

B. — Il en était de même pour les travaux publics, bien que,
d'après Polybe, la plus forte partie des dépenses de l'Etat leur
fût consacrée (4).

Il est bon, cependant, lorsqu'on parle des travaux publics à
Rome, de faire certaines distinctions. A l'origine, sous les rois
et dans les commencements de la République, c'était bien l'Etat
qui se chargeait de les faire faire. Plus tard, quand Rome ayant
accompli ses principales conquêtes, vit ses grands citoyens aussi
opulents que des rois, la République ne fit presque plus faire de
travaux ; elle laissa ce soin aux riches. Puis, à partir d'Auguste
et sous ses successeurs, c'est-à-dire pendant la période dont nous
n'avons pas à nous occuper, les sénateurs et les grands citoyens
gagnés par le luxe et la corruption qui envahissaient le monde
romain, ne consentirent plus à employer leurs richesses, ou à
distraire partie de leurs revenus, pour le bien public. Dès lors,
ce fut l'empereur qui, soit avec les deniers de l'Etat provenant
de l'*ærarium*, soit avec ceux provenant du domaine impérial
(*fiscus*), soit même avec sa fortune personnelle (*res privata*),
dut subvenir aux travaux publics. Ceux-ci atteignirent alors un

(1) Ascon., *ad Cic. in toga cand.*, p. 117 ; Cic., *Phil.*, II, 25.
(2) Madvig, *op. cit.*, t. IV, p. 7.
(3) V. sur les dépenses du culte, Marquardt, *op. cit.*, t. II, p. 77 et s.
(4) VI, 13.

développement tel que déjà Auguste, à qui l'on avait donné le surnom de « fondateur ou restaurateur de tous les temples (1) », put se vanter, en mourant, de laisser de marbre une ville qu'il avait reçue de briques : « Urbem.... marmoream relinquere, quam latericiam accepisset (2). »

Tout à l'origine, quand le peuple était encore le maître souverain, c'était d'après un plébiscite que l'on élevait ou que l'on réparait les édifices publics (3). Plus tard, cette prérogative passa entre les mains du Sénat qui autorisait, par un sénatus-consulte, les censeurs et les édiles à mettre la construction ou la réparation des travaux aux enchères publiques. L'adjudication se faisait au rabais (4). « Chaque couple de ces magistrats recevait du Sénat une allocation déterminée qui devait être employée de cette façon et qui était mise soit à la disposition des deux censeurs agissant en commun, soit répartie entre eux deux. Nous ne savons rien toutefois de la manière dont étaient dressés les plans et devis servant de base au vote des crédits et à l'exécution successive des travaux ; nous ignorons également comment on assurait leur continuation lorsqu'ils devaient durer plus de cinq ans (5). » Nous savons seulement qu'en vertu de la *lex Puteolana*, l'adjudicataire recevait moitié de la valeur estimative à l'ouverture des travaux et moitié après leur entière confection (6), lorsqu'ils avaient été *reçus* par les censeurs (7) et *approuvés* par les commissaires spéciaux que le Sénat nommait *ad hoc* (8).

---

(1) *Templorum positor, templorum sancte repostor.* Ovid., *Fast.*, II, 63. — *Templorum omnium conditor aut restitutor,* Tit.-Liv., IV, 20.
(2) Suet., *Aug.,* 29.
(3) Appian., *Bel. civ,,* II, 27.
(4) Cic., *in Verr.*, I, 54.
(5) Madvig, *op. cit.*, t. IV, p. 9.
(6) Daremberg et Saglio, *op. cit.*, V. *Censor.*
(7) V. page 17.
(8) Tit. Liv., IV, 22 ; XLV, 15.

Quant aux travaux publics entrepris par des particuliers, soit dans un but de générosité, soit avec le désir de se rendre populaires ou de faire passer leur nom à la postérité, ils allégeaient réellement de beaucoup les dépenses du Trésor. Mais, contrairement à ce qui se passe de nos jours, l'immeuble, une fois construit, donné à l'Etat et livré à l'usage public, restait, pour l'entretien et les réparations, à la charge du donateur et de ses héritiers (1). Malheureusement pour les finances de l'Etat, il arrivait très fréquemment que cette charge n'était pas acceptée par la postérité du donateur et que l'édifice tombait en ruine. Alors, de deux choses l'une, ou on l'abandonnait complètement à son triste sort, ou l'Etat se chargeait de sa réparation. C'est ainsi que souvent lui incombaient des dépenses qu'il n'aurait pas eu à faire sans la soi-disant générosité des particuliers. C'était même là, à vrai dire, la seule charge un peu lourde qui, vers la fin de la République, grevat le budget des travaux publics, puisque, « abstraction faite de la construction du Capitole, on ne connaît aucun monument public qui ait été élevé aux frais de l'Etat pendant toute la période qui s'étend de la guerre sociale à la fin des guerres civiles (2). » Un autre détail caractéristique, c'est qu'alors que chacun avait la liberté d'entreprendre la construction d'un édifice public, personne n'avait le droit d'en restaurer un qui ne fut pas l'œuvre de sa famille. Pour pouvoir le faire, il fallait obtenir la permission du Sénat, bien que les descendants du fondateur eussent refusé, ou fussent hors d'état de s'acquitter de ce devoir (3).

C. — Avec l'administration civile et la défense nationale, nous arrivons à parler des deux sources de dépenses qui présentent le plus de différences avec celles de nos institutions qui y correspondent.

---

(1) Duruy, *op. cit.*, t. III, p. 761, note 1.
(2) Madvig ; *op. cit.*, t. IV, p. 11.
(3) Tac., *Ann.*, HI, 72.

Chez les modernes, les fonctions publiques, pour la plupart, procurent des traitements à leurs titulaires : à Rome, non-seulement elles étaient gratuites, mais elles imposaient des dépenses, parfois même très considérables, à ceux qui en étaient revêtus. Dans les fêtes et dans les jeux que leurs charges les obligeaient à donner, les magistrats romains, par vanité ou par ambition, rivalisaient entre eux, à qui déploierait le plus de magnificence. Comme l'Etat n'y contribuait que pour une somme fort minime, cette magnificence les eût ruinés, s'ils ne l'avaient fait payer par leurs administrés, auxquels ils imposaient des charges illégales et faisaient subir toutes sortes d'exactions. « Mais, par une conséquence tout aussi naturelle des idées d'alors et du genre de vie simple et parcimonieuse qui était celui des Romains des anciens temps, le magistrat, et surtout le général envoyé en mission hors de Rome, vivait avec sa suite aux frais de l'Etat et était pourvu, non-seulement de tout ce que nous désignons sous le nom d'équipement, mais encore, dans les époques reculées, de tous les moyens nécessaires pour représenter et même pour avoir, vis-à-vis des étrangers, un train de maison conforme à son rang... Tout ce matériel acheté aux frais du Trésor était mis à la disposition des magistrats proprements dits, d'abord, puis à celle des gouverneurs de provinces et de tous ceux qui remplissaient au dehors une mission officielle (1) ». Pour les gouverneurs notamment, *proconsules*, afin qu'ils n'aient rien à demander aux populations et que les citoyens pauvres que leurs vertus rendaient dignes des honneurs y pussent prétendre aussi bien que les riches, la République pourvoyait amplement à tous les besoins de leur charge. Au matériel qui leur était fourni, le Trésor public ajoutait une somme d'argent appelée *viatique* (2), dont ils avaient la disposition libre et entière pour les dépenses de leur mission. Ces

---

(1) Madvig. ; *op. cit.*, t. II, p. 82.
(2) Cic., *in Pis.*, 35.

meubles, ces équipages, ce viatique et les prestations en nature
qu'ils avaient le droit d'exiger sur leur route, tout cela était
compris sous la dénomination générale de *vasarium* (1). Dans
les huit jours qui suivaient leur retour à Rome, ils étaient tenus
d'en rendre compte et d'en verser le reliquat au Trésor, entre les
mains des questeurs urbains, comme nous l'avons vu (2). Sur ce
vasarium étaient prises les gratifications que le gouverneur
jugeait convenables pour les tribuns militaires, les préfets et
les officiers attachés à sa personne.

On voit d'après cela que si, en théorie, les fonctions administratives étaient purement honorifiques, en réalité, ceux qui en
étaient investis vivaient aux dépens de l'Etat et en recevaient
même des allocations dont l'importance était très considérable :
nous savons que Pison fut envoyé en Macédoine avec un *vasarium* de dix-huit millions de sesterces (3), et que le reliquat de
celui de Cicéron, lorsqu'il revint du gouvernement de la province de Cilicie, fut d'un million de sesterces (4).

L'Etat donc, s'il ne donnait pas de traitements à ses fonctionnaires, n'en était pas moins tenu de dépenser pour eux de très
fortes sommes sous le titre de gratifications, d'indemnités de
déplacement, de frais de route et de représentation. Il est à peu
près impossible d'évaluer ce que ce chapitre du budget pouvait
coûter annuellement à l'Etat ; car, à côté de ce que l'Etat payait,
se trouvait ce que ces magistrats avaient su extorquer à leurs
administrés : et ce n'est certes pas, de leurs deux sources de
revenus, la moins considérable.

« Seul, tout le personnel de bureau et de service (*apparitores*),
à partir des *scribœ*, recevait un salaire et, dans les provinces,
une indemnité de subsistance (*cibaria*) payables, à Rome au

---

(1) Cic., *in Pis.*, 35.
(2) V. p. 26.
(3) Environ 3,500,000 francs. — Cic., *In Pis.*, 35.
(4) 195,000 francs. — Cic., *Ad Attic.*, VII, 1.

Trésor, en province à la caisse du questeur. Il faut y ajouter l'acquisition de mobilier et les fournitures de bureau : *tribunalia, subsellia, tabulæ,* etc. Nous possédons fort peu de renseignements sur les détails et n'avons aucune notion de la somme totale à laquelle pouvaient s'élever ces dépenses. En ce qui concerne les employés, le salaire payé directement par l'Etat était certainement très modeste, surtout dans les anciens temps ; la part à fournir par les réquisitions était peut-être plus largement calculée (1). »

D. — Chez toutes les nations, les dépenses occasionnées par la défense nationale s'appliquent à l'armée et à la marine.

A Rome, il en était différemment, et le service de la marine était presque exclusivement laissé à la charge des alliés. Le Romain n'aimait pas la mer ; et les glorieuses victoires qui signalèrent la première des trois guerres puniques ne purent triompher de sa répugnance. C'était parmi les populations maritimes de l'Italie du sud, de la Sicile, de la Grèce, de l'Asie, que se recrutaient les équipages de la flotte. Les villes de la côte étaient chargées de fournir les vaisseaux, à raison d'un par cité, sauf les commandes extraordinaires. Les colonies romaines maritimes, telles que Ostie, Fregenœ, Castrum novum, Pyrges, Antium, Terracina, Minturnes, Sinesse devaient, il est vrai, le service sur mer. Mais, en fait, elles s'en dispensaient souvent, grâce à la complicité et à la connivence des tribuns eux-mêmes ; et les armements, équipages, service et entretien retombaient sur les villes alliées.

Il ne restait donc à la charge de l'Etat que l'entretien des armées de terre, ce que l'on peut appeler les dépenses militaires proprement dites, dont l'importance a beaucoup varié.

De même qu'autrefois en France, il n'y avait pas à l'origine, à Rome, d'armées permanentes et régulières. Les troupes et les

____

(1) Madvig ; *op. cit.*, t. IV, p. 12.

cohortes subvenaient à leur entretien et ne recevaient de l'Etat ni solde, ni armément. Ce fut, pour la première fois, en l'an 405 de Rome, dans une guerre contre les Volsques, que le Sénat décréta qu'une paye prise sur le Trésor public, *stipendium de publico* (1), serait fournie aux soldats. D'après M. Duruy, cette première solde qui permit d'avoir des armées permanentes, n'était même pas entièrement aux frais du Trésor : les riches se seraient chargés d'en payer la plus forte part (2). Quoi qu'il en soit, cette prérogative, qu'ils avaient probablement réclamée comme un honneur, ou dans le dessein de se rendre populaires, paraît avoir été bien vite abandonnée par eux. « On n'établit d'abord la paye que pour l'infanterie, parce que ce n'était, en réalité, qu'un moyen de subsistance. La cavalerie, composée des citoyens les plus riches, pouvait s'en passer. Cependant, elle fut admise à ce bienfait trois ans plus tard, pendant une guerre contre les Véiiens. Mais, par compensation, dès ce moment, les cavaliers durent se monter à leurs frais (3) », tandis qu'auparavant ils recevaient un léger subside (*œs equestre* et *hordearium*) (4). La paye fut, à l'origine, de trois as par jour pour le fantassin et de neuf as pour le cavalier (5). (Disons tout de suite que, dès que la cavalerie fut fournie par les auxiliaires, la triple solde cessa de lui être donnée). Malgré une mesure du Sénat qui, un peu plus tard et à la suite d'une altération des monnaies, la porta à cinq as, ce qui ne fit qu'augmenter sa valeur nominale sans rien ajouter à sa valeur réelle, la solde resta la même jusqu'à Jules César qui la doubla en la portant à dix as pour les deux armes (6). La solde des officiers, depuis le grade inférieur

(1) Tit.-Liv., IV, 59, 60.
(2) Duruy, *op. cit.*, t. I, p. 226.
(3) Dezobry, *op. cit.*, t. IV, p. 196.
(4) Daremberg et Saglio, *op. cit.*, v. *Œs hordearium.*
(5) Environ 0,30 et 0,90 centimes.
(6) Environ 0,52 centimes.

jusqu'au grade le plus élevé, était toujours du double de celle du grade précédent (1).

De même que dans notre organisation militaire, le soldat romain ne touchait pas intégralement sa paye ; on lui en retenait une partie pour acquitter le prix des fournitures que l'Etat lui donnait : vivres, armement, équipement, etc. Mais il arrivait souvent, en pays de conquête, que ces fournitures étant exigées du peuple vaincu, la retenue n'avait pas lieu.

« En outre, l'Etat avait à pourvoir à tous les besoins de l'armée qui ne concernaient pas personnellement le soldat, à l'acquisition des tentes, des machines de guerre, etc..., à la construction et à l'équipement des vaisseaux de guerre et de transport, dépenses dont l'importance a varié considérablement aux différentes époques, selon la force des armées, l'éloignement du théâtre de la guerre et le genre de combat. Tous les impôts levés dans les provinces, les réquisitions qui y étaient faites, ainsi que le butin, couvraient en bonne partie ces frais, et souvent même les dépassaient. Nous manquons à cet égard de toutes les données nécessaires pour établir des chiffres précis (2) ». Il est non moins difficile d'établir à combien se montait la solde des troupes : la légion, composée d'abord de 3,000 hommes, vit élever son effectif à 3,500 par le roi Servius (3). César, au moment de la guerre des Gaules, le porta à 5,000, et, au commencement du règne d'Auguste, il se trouvait être de 6,000 (4). D'autre part, le nombre des légions variait, et, à côté d'elles se trouvaient les auxiliaires et les compagnies d'ouvriers, nombreux personnel organisé sur le même pied que les troupes régulières et dont l'entretien devait être assez onéreux pour le Trésor.

---

(1) Pour tous ces chiffres et ces détails, v. Dezobry, *op. cit.*, lettre CIX.
(2) Madvig, *op. cit.*, t. IV, p. 13.
(3) Tit.-Liv., VII, 25 : 3,200 fantassins et 300 cavaliers.
(4) Tac., *Ann.*, I, 32.

Il faut ajouter, cependant, que la plupart de ces charges et de ces dépenses n'avaient lieu qu'en temps de paix, et qu'aussitôt la guerre déclarée, elles cessaient d'incomber à l'Etat. Les *Commentaires* de César nous font voir à chaque page comment les Romains procédaient en campagne. L'art de l'intendance, le problème de l'entretien et du ravitaillement des armées consistaient à prendre dans le pays, partout où il y a, tout ce dont on a besoin. L'habitant s'arrangera du reste. Nous y voyons, en effet, à chaque instant, les Gaulois, amis et ennemis, fournir, les uns spontanément et de bonne grâce, les autres sur sommation, les blés et autres denrées nécessaires à l'armée. Mais jamais, en aucun endroit, il n'est question de payer, de tenir compte des fournitures livrées, de donner décharge. On ne trouve pas davantage trace d'appels de fonds adressés à l'*œrarium*, preuve certaine, entre mille, que la guerre nourrissait la guerre, et qu'une fois en pays ennemi, on vivait à ses dépens.

E. — Les quatre sources de dépenses que nous venons d'examiner rapidement, le culte, les travaux publics, l'administration et l'armée, bien que l'on soit dans l'impossibilité de les évaluer exactement, ne s'élevaient certainement pas, sous la République, à un chiffre de beaucoup supérieur à celui des dépenses de l'*Annone*. L'annone était le vers rongeur des finances romaines ; et, à cause de son importance et du développement si rapide qu'elle prit, il nous faudra entrer, à son sujet, dans plus de détails.

L'annone était, à l'origine, une administration chargée de veiller à la subsistance de Rome. Par les grandes provisions de blé dont elle se rendait acquéreur, pour les revendre ensuite sur le marché et sans aucun but de gain, elle conjurait les famines et la cherté du pain. De plus, par l'abondance des grains qu'elle entretenait sur la place et par la modicité du prix auquel elle les offrait aux consommateurs, elle empêchait les particuliers de se livrer à la spéculation et de hausser le prix du blé.

L'annone formait une administration fort étendue et des plus importantes. Elle avait à sa tête un magistrat, appelé *Préfet de l'Annone*, qui prenait rang immédiatement après les consuls (1) et était nommé par le Sénat. Pendant presque toute la durée de la République, ses fonctions ne furent que temporaires : c'est seulement à la fin du principat d'Auguste qu'elles devinrent perpétuelles. « Auparavant, en temps de disette ou quand on la prévoyait, alors seulement le Sénat nommait un Préfet de l'annone, qu'il commissionnait pour acheter des blés au dehors et ramener à tout prix l'abondance dans la ville. Ces commissions étaient confiées aux personnages les plus importants de la République ; Pompée en fut investi pour cinq ans, avec quinze lieutenants pris parmi les sénateurs, et un pouvoir immense qui lui permettait de disposer de toutes les ressources du Trésor public, de lever des troupes, d'armer des flottes, et de commander dans les provinces au-dessus même de leurs gouverneurs.

« Ces magistratures extraordinaires n'étaient plus compatibles avec la dictature de César ; aussi institua-t-il, sous le nom de *Préteurs* et d'*Ediles céréals*, quatre magistrats (deux de chaque espèce) chargés de veiller à ce que la ville ne manquât pas de blé. Il réserva ces deux magistratures aux patriciens, soit pour flatter les grands, soit peut-être aussi pour rappeler au peuple qu'il devait toujours chercher des patrons parmi les patriciens. La fonction des préteurs consistait à juger sommairement les affaires litigieuses relatives à l'annone.

« Après lui, la procurature de l'annone reparut : Brutus et Cassius l'occupèrent l'an sept cent dix-sept de Rome. Elle fut toujours la grande ressource, la consolation du peuple dans les temps de pénurie : il la considérait comme une sorte de dictature fromentaire, seule capable de le sauver (2). »

L'annone était, en outre, protégée par une loi spéciale, punis-

---

(1) Tac., *Ann.*, XI, 31.
(2) Dezobry, *op. cit.*, t. III, p. 407.

sant tous ceux qui auraient essayé, par des moyens quelconques, de faire hausser le prix du blé (1).

Tant que l'administration de l'annone resta ce que nous venons de dire, une administration de prévoyance, tout fût pour le mieux : si elle n'était d'aucun revenu pour l'*œrarium*, elle ne lui causait, en revanche, que très peu de dépeuses. C'était, d'ailleurs, le Sénat qui fixait le prix du blé (2), et il le fixait de manière à concilier à la fois l'intérêt de l'Etat et celui du peuple. Plus tard, quand la création du Tribunat eût opposé une digue au pouvoir des patriciens, les distributions à bas prix devinrent fréquentes et les tribuns s'en servirent comme d'un puissant moyen d'influence. Ils enlevèrent même au Sénat, pour le donner au peuple, le droit de taxation du prix du blé. Dès lors, cette modicité du prix des grains, jointe à l'accaparement du prix des terres par les riches, fit que les distributions de blé (*frumenta-tiones*) devinrent obligatoires. Le peuple s'accommodait fort bien de l'existence facile qui lui était procurée à si bon compte et les anciens habitants de la campagne romaine et de l'Italie, chassés de leurs terres par l'envahissement de la grande propriété, venaient chercher à Rome un asile et des vivres que l'Etat devait leur assurer, sous peine de voir éclater les révoltes et les sédi-tions. Cet état de choses était tellement entré dans les mœurs, qu'à son arrivée au Tribunat, Caïus Gracchus voulut le régula-riser. Pour cela, il proposa une loi connue sous le nom de *Lex Sempronia*, établissant que le blé serait distribué tous les mois aux citoyeus de Rome, y habitant, au prix extraordinairement bas d'un demi as (*semis*), plus un tiers d'as (*triens*), soit cinq sixièmes d'as, le *modius* (3). Chaque citoyen, en vertu de la même loi, avait droit à cinq *modii* par mois (4).

(1) *Digeste*, loi 2, XLVIII, 12.
(2) Tit. Liv., II, 34.
(3) Plus de 8 litres pour 0,07 centimes, soit moins de 0,01 centime le litre !
(4) Plus de 43 litres.

Malgré les critiques très sévères qu'elle souleva dès son apparition, et les attaques qu'elle supporta pendant son application, la *Lex Sempronia*, cependant, sous d'autres noms et avec des fortunes diverses, subsista jusqu'à la fin de l'Empire : preuve évidente qu'elle était devenue une de ces tristes nécessités qui enchaînent à jamais un gouvernement et qu'il est obligé de subir sans pouvoir s'en délivrer. Cicéron, en en parlant, dit : « *Fru-* « *mentariam legem C. Gracchus ferebat. Jucunda res plebi* « *romanœ ; victus enim suppeditabatur sine labore. Repu-* « *gnabant boni, quod et ab industria plebem ad desidiam* « *avocari putabant, et œrarium exhauri videbatur* (1). »

Les prévisions dont parlait Cicéron, devaient rapidement se réaliser et le jour n'était pas éloigné où la vie du bas peuple de Rome allait se résumer dans les trois mots célèbres : *panem et circenses* (2).

(1) Cic., Pro Sextio, XLVIII.

(2) Voici quelle est l'opinion de M. Duruy sur la *lex Sempronia* et la vente du blé à bas prix : « Cette mesure, dit-il, à laquelle le Sénat avait eu recours très souvent, était une conséquence de l'idée même que les Romains se faisaient, et avec eux toute l'antiquité, des droits de la victoire. D'après ces idées, le vaincu devait, pour le rachat de sa vie, une portion de son revenu qu'il donnait par l'impôt, et une portion de ses terres qu'il abandonnait au domaine public du vainqueur. De ces terres et de cet argent, celui-ci faisait deux parts : l'une réservée pour les besoins de l'Etat ; l'autre réclamée au nom de ceux qui, étant, malgré leur dénuement, le peuple souverain, avaient le droit d'appliquer par un vote, au soulagement de leur misère, ces biens acquis en commun sur les champs de bataille et dont les riches prétendaient avoir seuls la jouissance. Or, l'*ager publicus* était maintenant assez étendu, les revenus tirés des provinces, assez abondants pour que l'Etat pût distribuer aux citoyens, soit de la terre, soit du blé. A ceux qui consentaient à partir pour une colonie lointaine, Caïus donnait de la terre ; à ceux qui préféraient rester à Rome, il donnait du blé. Sa loi n'était donc qu'une forme particulière de ces lois agraires qu'il faut considérer comme aussi légitimes alors, qu'elles seraient iniques aujourd'hui. Si elle n'avait pas été portée plus tôt, c'est qu'on n'en avait pas eu besoin tant que la classe des petits propriétaires avait préservé Rome du paupérisme. Mais les institutions changent avec les mœurs : par la formation d'un peuple famélique, l'assistance de l'Etat devint une

D'après la loi *Sempronia*, tout citoyen romain, riche ou pauvre, avait droit aux distributions de blé ; mais il fallait s'y présenter en personne, comme le fit un jour le consul Pison (1). Cette obligation devait certainement empêcher les riches de venir tendre la main ; mais, grâce à un subterfuge — les affranchissements conditionnels, — ils touchaient indirectement ce qu'ils n'osaient venir réclamer eux-mêmes. Et, à partir de cette époque, les affranchissements furent si fréquents qu'en évaluant à trois mille leur moyenne annuelle, on est peut-être encore au-dessous de la réalité (2). Aussi, la charge occasionnée par ces distributions à vil prix était si lourde pour l'*œrarium* « qu'elles dissipaient par des largesses immenses (3) », que, trois ans après son apparition, la *lex Sempronia* était abolie.

nécessité sociale que le second Caton, un des chefs de l'aristocratie, reconnut lui-même lorsqu'il reprit la loi de Caius pour la rendre plus libérale. Cette assistance que nous donnons à nos pauvres par esprit de charité, la société romaine l'accordait aux siens par esprit de justice, d'une justice telle, du moins, qu'on la concevait en ce temps-là. » (*Op. cit.*, t. II, p. 416.)

L'opinion du savant historien peut être très vraie au point de vue théorique et philosophique : je la crois, néanmoins, absolument erronée.

En réalité, les distributions de blé, d'abord à vil prix, puis gratuites, n'avaient qu'une cause : la nécessité d'étouffer la révolte du bas peuple, toujours prêt à se soulever. Il fallait calmer cette classe infime, composée d'hommes libres, trop fiers pour travailler parce qu'ils étaient libres et citoyens, trop pauvres pour vivre sans travail, que l'accaparement des riches chassait de la campagne, et à qui le développement prodigieux de de l'esclavage avait enlevé les modestes emplois qui sont, dans nos sociétés modernes, l'apanage de la bourgeoisie et de la classe ouvrière. Cicéron rapporte, d'ailleurs, sur l'attestation du tribun Philippe, qu'il n'y avait pas, à Rome, au VIIᵉ siècle, deux mille citoyens qui eussent une fortune indépendante : « Non esse in civitate duo millia hominum, qui rem habe- « rent. » (*De offic.*, II, 21.)

Les *frumentationes* étaient donc la conséquence forcée de l'état social des Romains, et l'esprit de justice, pas plus que l'esprit de charité, n'a pu être le mobile qui les a fait établir chez un peuple et dans un temps où l'injustice et l'inégalité étaient le fondement des institutions.

(1) Cic., *Tuscul.*, III, 20.

(2) V. Duruy, *op. cit.*, t. II, p. 307.

(3) Cic., *Tuscul.*, III, 20.

Elle fut remplacée par une loi *Octavia*, — ainsi appelée du nom du tribun qui la fit passer, — laquelle n'admit plus aux distributions de l'annone que les nécessiteux. Cette loi fit encore des mécontents ; mais, malgré cela, elle resta en vigueur plus de trente ans. Puis, la législation subit plusieurs variations de peu d'importance : on réduisit la quote-part mensuelle, puis on la rétablit au chiffre primitif ; on fit revivre une année la loi *Sempronia* ; puis Sylla supprima totalement les *frumentationes* qui furent peu après rétablies. Enfin, en l'an 58 av. J.-C., à la suite d'une loi proposée par le tribun P. Clodius, les distributions devinrent complètement gratuites et furent restreintes aux plébéiens prolétaires. C'était par là que l'on aurait dû commencer, car c'était le seul moyen de donner à l'administration de l'annone un caractère vraiment digne d'elle, en la transformant en assistance publique légale. Les distributions générales étaient une ruine pour le Trésor ; la taxe, si faible qu'elle fût, demeurait onéreuse pour les indigents, tandis qu'elle était insignifiante pour les riches ; et la classe intermédiaire, à qui seule elle aurait pu être utile, n'existait plus à Rome.

A dater de la loi *Clodia*, la gratuité des distributions resta acquise et la législation ne varia plus que sur la qualité et le nombre des citoyens qui purent y prétendre (1). Etant donné que l'on n'y admettait plus que les nécessiteux, il fallut en établir des listes et surtout souvent les réviser, parce que les abus et les fraudes grossissaient à chaque instant le nombre de ceux qui se prétendaient tels. Avant Jules César, le nombre des citoyens admis aux distributions gratuites était de trois cent vingt mille environ ; il fut réduit par lui à cent cinquante mille, et reporté à deux cent mille sous Auguste. Les quantités distribuées chaque

---

(1) Après avoir été d'abord limitées aux citoyens habitant Rome, les *frumentationes* s'étendirent peu à peu à ceux habitant les environs, puis aux villes voisines, puis, enfin, sous Nerva, en l'an 850 de Rome, à toutes les villes de l'Italie.

année par ce prince formaient un poids de cent soixante-deux
millions de livres qui, à raison de quinze centimes l'une, repré-
sentaient une dépense annuelle de vingt-trois millions, quatre
cent mille francs (2), somme énorme pour l'époque. Cette
dépense, il est vrai, n'était pas toute entière à la charge de
l'*œrarium*, car les blés distribués par l'annone avaient deux
sources différentes : une partie était réellement achetée par l'Etat,
une autre provenait des contributions en nature imposées à certaines provinces, telles que l'Egypte qui, depuis la bataille
d'Actium, époque de sa réduction en province romaine, fournissait gratuitement à Rome le cinquième de ses récoltes, et la
Sicile qui en devait le dixième et que, pour cette raison, Caton
le censeur avait surnommé le « magasin de la République, la
« nourrice du peuple romain (2). »

Mais ce qui restait entièrement et d'une manière positive à la
charge de l'Etat, c'étaient, outre les frais généraux de garde,
ceux d'emmagasinage tant à Rome, que dans les pays de production, ceux de transport, de déchargement, etc : frais peu
considérables ; car les opérations qui y donnaient lieu devaient
être faites par des esclaves : il n'y avait donc, probablement, que
quelques surveillants subalternes à rétribuer. Nous n'avons, du
reste, aucune donnée précise sur ce sujet.

Outre les approvisionnements qu'elle avait à faire pour les
frumentationes, l'administration de l'annone pourvoyait Rome

---

(1) *Etude sur l'administration des finances de l'Empire romain, dans
les derniers temps de son existence*, par M. Bouchard, p. 135.

(2) « *Cellam penariam reipublicæ, nutricem plebis romanæ* » (Cic., II°.
In Verr., II, 2). — A l'appui de ce mot de Caton, Cicéron ajoute au même
endroit : « *Nos vero experti sumus, Italico maximo difficillimoque bello,*
« *Siciliam nobis non pro penaria cella, sed pro ærario illo majorum*
« *vetere ac referto fuisse : nam, sine ullo sumptu nostro, coriis, tunicis,*
« *frumentoque suppeditato, maximos exercitus nostros vestivit, aluit,*
« *armavit.* » — Ce texte est un nouvel et irréfutable argument à l'appui de
l'opinion que nous avons émise, disant que parfois les dépenses militaires
ne coûtaient rien au Trésor. — V. p. 39.

de tout le blé qui s'y consommait. Mais les dépenses qu'elle faisait de ce chef, étant couvertes par le produit de la vente des grains, il n'y a pas à s'en occuper.

En résumé, les dépenses que l'on peut inscrire au budget de la République romaine, ne grevaient pas le Trésor d'une charge bien considérable, parcequ'un grand nombre d'entre elles étaient directement payées en nature ou en argent par les provinces, comme nous l'avons vu pour l'administration civile, la défense nationale et l'annone, ou par les particuliers, comme pour le culte et les travaux publics, et aussi, parce que l'Etat ne subvenait en rien à celles qui ne concernaient pas Rome.

L'empire romain, en effet, n'était qu'une agglomération immense de municipes indépendants, dont la presque totalité des charges et des dépenses étaient restées communales. Nous verrons, en étudiant le chapitre des recettes, que ce qui les constituait formait autant de dépenses pour les provinces, les cités et les individus : qu'à côté de ces charges imposées par l'Etat et pour ainsi dire légales, ces provinces, ces cités et ces individus étaient obligés de pourvoir aux besoins de leurs administrations locales et aux traitements de leurs magistrats indigènes : « que, quand les provinciaux avaient répondu aux exigences des gouverneurs, de leurs agents et des publicains, quand ils avaient payé tous les impôts, fourni toutes les corvées, satisfait à toutes les réquisitions dont le prix ne leur était pas toujours remboursé, ils n'en avaient pas fini avec l'avarice romaine; et qu'il fallait encore recevoir avec de grands et coûteux honneurs les nobles qui traversaient leurs villes ; entretenir par des dons renouvelés le zèle des patrons ; prévoir de loin les élections et gagner le futur élu (1) ».

Il est donc absolument impossible d'évaluer, même approxi-

____

(1) Duruy, *op. cit.*, t. II, p. 618.

mativement, l'étendue des dépenses de l'Etat romain. Tout ce
que l'on peut affirmer, c'est que Rome absorbait à elle seule la
majeure partie des capitaux et des forces vitales des peuples qui
lui étaient soumis, sans les faire jamais profiter de ce qu'elle en
recevait, et que la République romaine a été l'assujettissement
politique, l'exploitation acharnée et écrasante des territoires
provinciaux au profit d'une aristocratie avide et corrompue,
d'une plèbe fainéante et famélique, tous ensemble s'intitulant le
peuple-roi, les maîtres du monde. Albéroni disait avec autant de
justesse que de profondeur : « L'Espagne est à l'Europe ce que
« la bouche est au corps : tout y passe et rien n'y reste. » Telle
fut l'Italie romaine dans les deux derniers siècles de la République.

CHAPITRE TROISIÈME.

Les recettes de la République.

Le système financier de la République était non moins simple pour les recettes que pour les dépenses.

Les recettes étaient *ordinaires* ou *extraordinaires*. Celles-ci, que l'on ne réalisait que dans certaines circonstances, ou que quand le besoin s'en faisait sentir, étaient, en réalité, tout à fait exceptionnelles. Quant aux premières, elles provenaient des deux mêmes sources que dans nos sociétés modernes, le domaine et l'impôt ; avec cette différence toutefois que, tandis que chez nous le produit de l'impôt est de beaucoup supérieur à celui du domaine, à Rome, sous la République, c'est l'inverse qui avait lieu.

PREMIÈRE PARTIE.

RECETTES ORDINAIRES.

SECTION I.

Produits du Domaine.

A. — *Ager publicus.* — 1° *En Italie.* — Le domaine de l'Etat, à Rome, se composait presque exclusivement des territoires conquis sur les peuples vaincus ; c'en était tout au moins la seule partie productive, car le rapport des édifices publics, des routes, etc..., qui faisaient également partie du domaine, était complètement nul ; aussi, nous n'aurons pas à nous en occuper.

Au moment de la conquête, les Romains prenaient pour eux toutes les terres royales et quelquefois les biens communaux, ou même la totalité des terres de certaines villes qui, par leur courage et leur patriotisme, avaient mérité de la part du vainqueur un traitement plus sévère. Ces terres faisaient échute au domaine du peuple romain et en subissaient toutes les conditions. L'Etat les affermait ou les exploitait directement. Le montant intégral de leur bail, ou leur produit tout entier entrait dans l'*ærarium*. C'est à ce domaine que l'on donnait le nom d'*ager publicus*, et c'est de lui que parlait Cicéron, lorsqu'il disait aux Romains : « *Fundun pulcherrimum populi romani, caput vestræ pecu-* « *niæ, pacis ornamentum, subsidium belli, fondamentum* « *vectigalium, horreum legionum, solatium annonæ* (1). » Toutes ces expressions si énergiques employées par l'orateur romain n'avaient rien d'exagéré, car le produit de l'*ager publicus* constituait bien « le revenu le plus considérable de l'Etat, celui qui faisait face au plus grand nombre des charges publiques, à peu près comme le domaine des rois de France, au commencement de la troisième race (2). »

Mais, de ce que, par suite du droit de conquête, les terres annexées devenaient toutes la propriété du peuple romain, il ne s'en suivait pas qu'elles fussent toutes soumises au même régime : il faut distinguer.

Quelques-unes, sous le nom de *scriptuarius ager*, se composant de pâturages publics où les particuliers envoyaient leurs bestiaux moyennant une taxe établie proportionnellement au nombre de têtes de bétail, restaient la propriété absolue de l'Etat. Cette taxe prenait indifféremment le nom de *scriptura*

______

(1) *Agrar. cont. Rullum*, II, 29.
(2) Dureau de la Malle, *op. cit.*, t. II, p. 417.

ou de *capitatio animalium*, et était perçue par des publicains spéciaux, dits *scriptuarii* ou *pecuarii*. Elle constituait, dans l'ancienne République, un des plus importants revenus de l'Etat que l'envahissement de la grande propriété et le dépeuplement des campages firent peu à peu décroître et tomber à rien : les grands propriétaires n'ayant pas besoin des terres de l'Etat pour faire paître leurs immenses troupeaux, et les petits propriétaires n'existant plus. Aussi, l'une des lois agraires, la loi *Thoria* (1) abolit la *scriptura* en Italie, ou plutôt constata sa disparition faute de pâturages. Elle subsista cependant dans les provinces, où elle était affermée pour des sommes importantes, au dire de Pline et de Cicéron (2).

D'autres terres étaient distribuées aux vétérans qui s'étaient distingués à la guerre, ou à la plèbe indigente et séditieuse de Rome. Ces prolétaires, ainsi transformés en propriétaires fonciers, devenaient ce que l'on appelait des colons. Les colons étaient redevables envers le Trésor d'une certaine redevance annuelle, *vectigal*, établie lors de la concession pour bien montrer que malgré la donation qu'il en avait faite, l'Etat restait propriétaire du fonds : cette redevance fut également abolie par la loi *Thoria*. Quant aux vétérans, ils payaient aux anciens propriétaires des terres qu'on leur avait assignées, une petite rente qui est nommée dans le Digeste *modicum honoris gratia datum* (3). Ces distributions gratuites n'eurent qu'un temps. D'abord, au fur et à mesure que les revenus de l'Etat diminuaient en Italie, on comprit la nécessité de les augmenter dans les provinces : aussi, vendit-on sur enchères, au plus offrant, par les soins des questeurs et sous le nom d'*agri quœstorii* les terres qui, auparavant, étaient distribuées. Puis, surtout, *l'ager publicus* était fort diminué à la fin de la République.

(1) Rendue en l'an 642 de Rome.
(2) Plin., XVIII, 1. — Cic., *De lege agr.*, I.
(3) Loi 15, § 2, Dig. Liv. VI, tit. I. — V. Dureau de la Malle, *op. cit.*, t. II, p. 411.

D'autres terres, aussi, étaient laissées aux indigènes : mais, alors, leur caractère était changé. Par le fait même de la guerre, les habitants des provinces, au lieu de la propriété, n'avaient plus que la possession du sol provincial : « *In eo solo dominium* « *populi romani est..., nos autem possessionem tantum et* « *usumfructum habere videmur* (1). » Ils étaient des fermiers perpétuels et le signe de cette diminution du droit était le tribut qu'ils devaient, eux, les *détenteurs*, payer au *propriétaire* véritable, le peuple romain (2) : et cela, par opposition au sol italique qui était franc de tout impôt. Il en résulta que, dans les provinces, la propriété privée elle-même, *ager privatus vectigalisque*, fut placé sous le rapport des impositions dans une position analogue à celle de l'*ager publicus* d'Italie, dont les détenteurs étaient redevables envers l'*œrarium* d'un tribut, *vectigal, tributum ex censu.*

Ces trois catégories de terres de l'*ager publicus* comprenaient la majeure partie des terres arables et fertiles. Le reste, plus les terres en friche, incultes, non productives et boisées demeurait la propriété personnelle de l'Etat et formait alors la quatrième et dernière catégorie des terres conquises. C'étaient celles-là dont l'Etat permettait l'occupation et la culture à ceux qui avaient la bonne volonté de la tenter : de là leur nom d'*agri occupatorii* ou *arcifinales* (3). L'Etat avait raison en agissant de la sorte. Si cette portion de l'*ager publicus*, — de beaucoup la plus considérable de toutes, — était restée en entier bien commun, on n'en aurait tiré qu'un mince profit : tandis qu'en en affermant une partie, on accroissait à la fois sa valeur et les revenus publics. Ces terres, alors, furent désignées sous le nom d'*agri vectigales* (4). Comme propriétaire, l'Etat

(1) Gaius, *Inst.*, II, 7.
(2) Marquardt, op. cit., t. II, p. 178, note 5.
(3) Siculus Flaccus, *De condit. agror.*, p. 138.
(4) Suet., *Cæs.*, 20.

reçut de ses fermiers le dixième de tous les produits, *decuma ;* et cette dîme fut, jusqu'à l'époque de la guerre de Veies, avec la redevance des troupeaux, *scriptura,* dont nous avons déjà parlé, le principal revenu de Rome : de là, l'importance de toutes les questions relatives à l'*ager publicus.*

« Mais les fermiers, dans l'origine, étaient tous patriciens, et le Sénat, oubliant les intérêts de l'Etat pour ceux de son ordre, négligea peu à peu de faire payer la dîme et les redevances. C'était le signe, cependant, qui distinguait ces *possessions précaires* et toujours révocables des *propriétés quiritaires.* Aussi, le signe disparaissant, les fermes se trouvèrent changées en propriétés (1) » ; et les patriciens se vendaient, se transmettaient ces possessions comme s'il se fût agi de véritables propriétés : ils en concédaient même à leurs clients. « De là sorte, l'Etat perdit doublement, par la diminution des redevances payées au Trésor et par celle du domaine public transformé en domaines privés, sans que, pour ces terres usurpées, le possesseur payât le *tributum ex censu* qui était levé sur toute propriété quiritaire (2). »

Ce sont là les seules possessions que les tribuns voulurent frapper dans les lois agraires. On voit donc qu'ils étaient loin, comme on l'a prétendu à tort, de chercher à attenter à la propriété privée. Tiberius Gracchus et son frère Caïus, Licinius, Sextius, etc... ne voulurent qu'une chose et ne poursuivirent qu'un but : empêcher l'absorption du domaine public au détriment de l'Etat et au profit des citoyens riches et puissants. Ils désiraient aussi, se souvenant de l'origine de l'*ager publicus* conquis en commun sur les champs de bataille par les citoyens romains à qui il appartenait par portions égales, rétablir dans le *fait,* l'égalité qui existait dans le *droit* de la possession. Là était leur erreur : les maux qu'ils cherchaient à détruire sont de

---

(1) Duruy, *op. cit.,* t. I, p. 161, 162.
(2) Idem, *ibid.,* id.

ceux que la sagesse humaine ne saurait guérir. L'inégalité est trop dans la nature, pour ne pas se retrouver dans la société. A Sparte, où cette égalité fut poursuivie avec une énergie sauvage, même aux dépens de la morale et de la liberté, la plus monstrueuse inégalité sortit des lois de Lycurgue.

Certes, les lois agraires, chez les Romains, ne s'appliquant qu'aux terres publiques, étaient aussi justes que nécessaires : justes, puisque le domaine de l'Etat étant le domaine *public*, *ager publicus*, chacun y avait un droit égal à celui de son voisin ; — nécessaires, parce que l'on comprenait déjà, lorsqu'on les proposa, que la grande propriété, ayant de nombreux esclaves à sa disposition, serait l'anéantissement des classes ouvrière et bourgeoise qu'elle remplacerait par une plèbe fainéante et famélique à la charge de l'Etat : et c'est ce qui arriva. « Mais leur exécution blessait presque toujours des droits consacrés par le temps. D'ailleurs, à quel signe reconnaître un domaine public quand les bornes avaient été déplacées et que la dîme n'était plus payée ? Comment retrouver une propriété de l'Etat au milieu de terres possédées héréditairement depuis un siècle et plus, ou vingt fois vendues, léguées, données en dot, laissées en héritage ? Les riches savaient bien quelles innombrables difficultés devait rencontrer, dans son application, la loi *Licinia*, lorsque, après dix ans, ils l'acceptèrent. Ils savaient aussi comment l'éluder, en émancipant leurs fils avant l'âge, pour leur attribuer les cinq cents arpents permis, ou en faisant passer à un prête-nom ce qu'ils auraient dû rendre à l'Etat. L'exemple de Licinius, condamné lui-même, en 357, à une amende de dix mille as pour avoir possédé mille *jugera* de terres domaniales, dont cinq cents sous le nom de son fils émancipé, prouve combien les contraventions étaient nombreuses, puisque l'inventeur de la loi, un consulaire, pouvait, sans trop de honte, l'éluder. Le domaine continua donc d'être envahi par les grands qui commencèrent, en s'appropriant l'Italie, les colossales fortunes que l'aristocratie anglaise pourrait seule aujourd'hui nous faire comprendre. En 291, il fallait déjà deux mille travailleurs à un consul pour défricher ses bois (1). »

La loi *Licinia*, cependant, malgré les difficultés qu'elle rencontra dans son application, fit rentrer dans le domaine public bien des terres qui furent partagées entre les citoyens, en vertu de *leges agrariæ* (2).

Un peu plus tard, et environ après la seconde guerre punique, les domaines publics nouvellement acquis ne furent plus laissés à l'*occupatio* ni à la *possessio* des premiers occupants qui, selon l'ancien usage, auraient contracté des espèces de baux emphythéotiques, *locationes in perpetuum*; au contraire, ils furent loués pour un nombre limité d'années, afin d'empêcher toute espèce de discussion sur les droits respectifs de l'Etat et de ses fermiers. C'est ce qu'on fit notamment pour l'*ager campanus* (3), pour lequel, sur l'initiative du Sénat, le peuple décida *ut censores agrum campanum fruendum locarent* (4).

Tout ce que nous venons de dire ne s'applique qu'au domaine public situé en Italie. Mais, lorsque les armées romaines eurent franchi les mers et les monts et conquis de nombreuses provinces, il se forma un autre *ager publicus populi romani*, dont la condition réelle est assez difficile à établir.

Avant de nous en occuper, il nous faut encore dire un mot d'une partie de l'*ager publicus* d'Italie, à laquelle on avait donné le nom d'*ager trientius tabuliusque*. Elle comprenait des terres situées dans un rayon de cinquante milles autour de Rome et que l'Etat avait été obligé de donner, faute d'argent, à ses

---

(1) Duruy, *op. cit.*, t. I, p. 282, — Sur Licinius; v. Tit.-Liv., VII, 16.

(2) Ce serait une erreur de croire que l'expression de *leges agrariæ* ne s'appliquait qu'aux fameuses et célèbres lois des Gracches, de Licinius, etc.; en général, toute loi ayant pour but la distribution, la vente, la confiscation de terres, était une *lex agraria*.

(3) Plutar., *Tib. Gracchus*, 8.

(4) Tit.-Liv., XXVII, 11.

créanciers, en payement d'un emprunt extraordinaire contracté par lui pendant les guerres puniques, par l'intermédiaire de commissaires spéciaux, les *tres viri mensarii*. Le rembourse-ment en numéraire devait se faire en trois termes, dont le dernier ne put avoir lieu, et c'est pourquoi ces terres, ayant été remises en payement d'un tiers de la dette publique, furent nommées *trientius tabuliusque ager*. Il en restait encore des traces au VII⁰ siècie de Rome (1).

2° *Dans les provinces*. — Dans les provinces et suivant les principes, la propriété du sol avait été retenue en droit pour l'Etat romain, mais la possession avait été laissée aux anciens propriétaires. Le domaine de l'Etat comprenait, dès lors, ce qu'on a appelé le *sol provincial*. Les possesseurs de ce sol ne pouvaient transmettre que la possesion telle qu'elle leur avait été laissée ou concédée, alors même que l'aliénation avait lieu au profit d'un Romain : « *Nemo dat quod non ipse habet.* » Mais, entre eux, ils entretenaient des rapports de propriétaires à propriétaires. Ce n'était que vis-à-vis de l'Etat qu'ils n'étaient que des possesseurs. Loin d'être seulement des contribuables qui doivent au Trésor une redevance, un impôt, ils reconnais-saient dans l'Etat un propriétaire. Ce dernier pouvait les dépouil-ler de la jouissance qu'il leur laissait, en les déchargeant, bien entendu, du payement de la redevance.

Le recouvrement de ces redevances se faisait par l'intermé-diaire des fermiers généraux, les publicains (2). Il y eût cepen-dant quelques exceptions : le Sénat autorisa les Espagnols, César, les Asiatiques, Paul-Emile, les Macédoniens à lever eux-mêmes leurs contributions (3).

Cette redevance foncière, *vectigal*, n'était pas acquittée par-

<hr>

(1) V. Daremberg et Saglio, *op. cit.*, v. *Ager publicus*, II.
(2) Cic., II⁰, *In Verr.*, III, 6, 7. — *Ad Attic.*, I, 17.
(3) Tit.-Liv., XLIII, 2. — Appian., *Bel. cor.*, v. 4. — Plutar., *Paul.-Emil.*, 28.

tout de la même manière. Là, comme à tous les autres points de vue, la politique romaine était de mettre des degrés dans la servitude, pour que le joug pesant d'une manière inégale, les peuples ne se trouvassent point rapprochés par une commune oppression contre la domination étrangère (1). Quelques provinces payaient une contribution fixe en argent, *stipendium* ; quelques autres, un cens annuel très variable, *tributum* ; quelques villes, même, n'acquittaient point d'impôts : on les disait *immunes* (2). Enfin, la plupart des provinces fournissaient aux publicains la dîme, *decuma*, c'est-à-dire une quote-part des fruits des récoltes. Nous aurons, du reste, à revenir sur ce sujet en nous occupant de l'impôt foncier qui, pour les provinces, se confondait avec la redevance due par l'*ager publicus*.

Vers la fin de la République, « la totalité ou la presque totalité de l'*ager publicus* cultivé ou utilisé comme pâturage public dans l'ancienne Italie disparut par suite du partage des terres et de la fondation des colonies, ou fut abandonnée aux possesseurs, — dans les limites indiquées, — à des conditions qui lui faisaient perdre complètement son ancien caractère, puisqu'elles consistaient à supprimer la redevance dont l'*ager publicus* était grevé (3). » En effet, Sylla distribua toutes les terres confisquées sur les villes qui s'étaient déclarées contre lui, et, en l'an 59, César, alors consul, réussit malgré une vigoureuse opposition (4) à faire voter une loi sur le partage de l'*ager Campanus et Stellas* et d'autres territoires qui devaient être achetés, derniers débris de l'ancien domaine public. « Dès lors, à l'exception de petites parcelles restées disponibles par hasard. il n'y eut plus

(1) Strabon, VIII, p. 385.
(2) Cic., *In Verr.*, III, 6.
(3) Madvig, *op. cit.*, t. IV, p. 38.
(4) Suet., *Cæs.*, 20.

d'*ager publicus* que dans les provinces ; les taxes qu'il rapportait se confondent avec les recettes de l'impôt frappant la propriété privée et le sol provincial dans son ensemble (1). »

De la sorte, se trouva réalisé ce phénomène unique dans l'histoire du monde : un peuple, les Romains, un pays, l'Italie s'affranchirent de tout impôt et rejetèrent sur les autres nations devenues leurs tributaires, les charges dont ils s'étaient exemptés et dont le produit, cependant, leur aurait été plus que jamais nécessaire.

B. — *Domaine autre que l'ager publicus.* — L'*ager publicus* ne comprenait pas seulement les différentes classes d'*agri* (*vectigales, scriptuarii, quæstorii. occupatorii, arcifinales,* etc...) dont nous venons de parler. Il se composait aussi de mines, de carrières, de salines, de lacs, d'étangs, de forêts, etc..., toutes propriétés qui rapportaient ou pouvaient rapporter au Trésor, ainsi que nous allons le voir rapidement.

1° — *Mines, carrières et salines.* — Il n'y avait, sous la République, que très peu de mines faisant partie du domaine public. A l'origine, il y en avait plusieurs en Italie qui, d'assez bonne heure (vers le IV\ :sup siècle, croit-on), cessèrent d'être exploitées, par ordre du Sénat (2). Mais, sur les territoires conquis, les Romains en possédaient quelques-unes d'un rendement assez considérable et dont l'exploitation était presque toujours affermée. On peut citer, entre autres, les mines d'argent de Carthagène qui rapportaient au Trésor 25,000 drachmes ou deniers par jour (3). Quant aux mines qui étaient restées la propriété de particuliers, — et c'était, de beaucoup, le plus grand nombre, — leurs produits, *metalla,* étaient astreints envers l'Etat à une redevance dont on ne connaît pas la valeur exacte, mais qui devait varier suivant la nature des produits, l'emplacement et le rapport de la mine.

(1) Madvig, *op. cit.*, T. IV, p. 41.
(2) Plin., *Hist. nat.*, III, 138 ; XXXIII, 78.
(3) Diod. de Sic., V, 36.

Les carrières et les salines étaient soumises au même régime que les mines.

2° — *Lacs et étangs*. — Les lacs et les étangs étaient également affermés ; mais leurs revenus n'étaient pas très considérables et certains d'entre eux, seuls, à cause de la renommée des poissons ou des huîtres qu'ils fournissaient, étaient d'un certain rapport. Servius mentionne expressément (1), dans le golfe de Baies, les lacs Averne et Lucrin « *qui, olim, propter copiam piscium, vectigalia magna prœstabant* (2). »

3° *Forêts*. — Les forêts, à l'origine, ayant presque toutes un caractère sacré, étaient demeurées exclusivement à l'Etat. Peu à peu, on les comprit dans les distributions de terres : nous avons vu qu'en 291, il fallait déjà 2,000 travailleurs à un consul pour défricher ses bois (3), preuve évidente que, dès cette époque, la propriété privée en possédait beaucoup. Il ne paraît pas, du reste, que, dans l'antiquité, l'Etat ait attaché une grande importance à ce qui concernait les bois, ni qu'il ait cherché à tirer des forêts domaniales le profit qu'on en tire aujourd'hui. Le bois n'entrait que pour une faible part dans les constructions domestiques et le chauffage n'en exigeait pas beaucoup. Le peu de cas que l'on faisait de cette source de revenus explique la très grande rareté des textes concernant les forêts : aussi, peut-on dire, sans exagération, qu'à part un détail fourni par Denys

(1) *Ad Virg. Georg.*, II, 161.

(2) On voit d'après ce texte : 1° que cette source de revenus ne dura pas longtemps. — 2° qu'elle fut un moment très productive, ce qui n'étonne nullement, quand on sait que des surmulets, le poisson le plus estimé des gourmets romains, ont été payés cinq mille, six mille, sept mille, huit mille et jusqu'à trente mille sesterces ! (1,328 francs ; — Senec., *Ep.* 95. = 1,594 fr. ; — Juven., *Sat.*, IV, 15. = 1,859 fr. ; — Macrob., *Saturn.*, II, 12. = 2,125 fr. ; — Plin., IX, 17) = 7,968 fr. ; (ce dernier prix atteint par trois barbeaux.) — Suet.. *Tib.*, 34). Ce qui justifie le cri de Caton le censeur disant qu'il est bien difficile de préserver de sa ruine une ville où le poisson se vend plus cher qu'un bœuf ! (Plutar., *Cato maj.*, 8).

(3) V. page 54.

d'Halicarnasse qui nous apprend que la poix provenant de la grande *silva sila*, abandonnée aux Romains par les Bratiens, était affermée à une société de publicains (1), on ignore absolument tout quant au mode et au produit de l'exploitation des forêts de l'Etat, sous la République.

SECTION II.

Produits de l'impôt.

Les impôts formaient, à Rome, la seconde source des recettes ordinaires de l'Etat.

Pour en faciliter l'étude, on peut leur appliquer, quoiqu'elle n'existât pas autrefois, la division que nous établissons aujourd'hui en impôts directs et impôts indirects.

A. — *Impôts directs*. — Le seul impôt direct que les Romains aient connu, n'était pas un impôt foncier frappant la propriété immobilière : c'était un impôt général s'appliquant à toute la fortune du citoyen et la grevant proportionnellement à sa valeur évaluée sur les listes du cens. Cette évaluation embrassait tout : maisons, terres, mobilier, esclaves avec le produit de leur travail, etc. De sorte qu'à cette époque où l'industrie était si peu développée et où la principale richesse consistait dans la propriété foncière, la terre se trouvait indirectement frappée comme faisant partie d'un tout imposable. C'est à tort que certains auteurs (2) ont désigné comme seuls biens imposables les *res mancipi* ; c'étaient tous les biens sur lesquels on avait la propriété du droit civil, *dominium ex jure quiritium*, qui étaient *censui censendo :* car nous avons la preuve que des *res nec mancipi*, l'argent monnayé ou brut, par exemple, étaient

____

(1) XX, 15. — V. Madvig., *op. cit.*, t. IV, p. 43.
(2) Marquardt, *op. cit.*, t. II, p. 160.

imposables (1). On se basait, pour évaluer les fortunes, sur les déclarations faites par les propriétaires eux-mêmes, pour qui elles étaient obligatoires et qui avaient tout intérêt à ne pas tromper les censeurs, parce que des peines très sévères avaient été édictées contre ceux qui auraient voulu se soustraire à cette obligation ou frauder la loi. Le roi Servius avait menacé des chaînes et de la mort tous ceux qui ne se soumettraient pas au cens (2). Sous la République, la seule peine était la réduction en esclavage.

L'impôt sur la fortune se nommait *tributum ex censu* (3). C'est improprement qu'on l'appelle impôt, car il n'en possédait pas un des caractéres essentiels : la permanence. Ce n'était qu'une contribution irrégulière et variable qu'on ne demandait aux citoyens que selon les besoins du Trésor. « Une fois qu'on avait fixé la somme totale qu'il s'agissait de réunir, elle était répartie entre tous les citoyens pour être payée par eux à raison d'un as ou plus par mille as (*milia æris*) de fortune (4). Le terme de *tributum simplex* paraît avoir désigné la contribution d'un pour mille, et il n'est pas difficile, d'après cela, de comprendre ce qu'on entendait par *stipendium duplex* (5). C'était le Sénat qui ordonnait la levée du tribut (6) ; mais si les tribuns y opposaient leur *veto* (7), une loi devenait sans doute nécessaire ; nous ne connaissons toutefois aucun exemple d'une loi pareille soumise au peuple. Nous manquons de toute information détaillée sur le fonctionnement et le mode de perception du *tributum* (8). »

(1) Mispoulet, *op. cit.*, n° 107, note 2.
(2) Tit.-Liv., I, 54.
(3) V. dans Varron (*De lingua latina*, IV, 36) la définition qu'en donne cet auteur.
(4) Tit.-Liv., XXXIX, 44.
(5) Idem, XXIII, 31. — Tite-Live dit: *Tributum duplex*). — V. aussi Marquardt, *op cit.*, t. II. p. 160.
(6) Id., *Ibid.*, id.
(7) Id., V. 10 et 12.
(8) Madvig., *op. cit.*, t. IV, p. 46.

Une des meilleures preuves que l'on puisse donner que cette redevance n'était pas permanente, c'est que, depuis le premier lustre fermé par Servius jusqu'à celui clos par Vespasien, l'an 826, l'on ne compte dans cette période, qui est de six cent cinquante ans, que soixante-quinze clôtures de lustres (1), au lieu de cent trente que l'on devrait trouver si les choses avaient eu lieu régulièrement : la clôture du lustre devant suivre le cens, et le cens devant, aux termes des édits du roi Servius (2), être fait tous les cinq ans.

Avant la conquête des provinces, ce *tributum* était demandé assez régulièrement à cause des faibles ressources du Trésor et de la fréquence des guerres : « *Apud majores nostros*, dit Cicéron, *sæpe fiebat propter ærarii tenuitatem assiduitatemque bellorum* (3). » Vient la conquête, et avec elle un accroissement considérable des ressources de l'Etat, les Romains songent tout d'abord à s'affranchir des charges qui leur pèsent et à les reporter sur les provinces vaincues. Plus tard, les Alpes franchies, les mers traversées, les Italiens jouissent du même droit, des mêmes immunités d'impôts que les Romains eux-mêmes : il en était ainsi vers la fin de la République. Cette immunité de l'impôt territorial prit le nom de *jus italicum*.

Ce fut après la conquête de la Macédoine par Paul-Emile (4) que, pour la première fois, le Sénat déclara que le Trésor n'avait plus besoin de l'impôt des citoyens (5). Mais il ne le supprima pas pour cela et lorsque, plus tard, au moment des guerres d'Octave et d'Antoine, il fallut se procurer de l'argent, ce fut au *tributum* que l'on en demanda. L'exemption d'impôt dont avaient bénéficié Rome et l'Italie avait duré cent vingt-cinq ans.

(1) Censorin., *De Die natali*, 18.
(2) Tit. Liv., I, 42, 43, 44. — Censorin., *idem*, ibid.
(3) *De offic.*, II, 21.
(4) 167 av. J.-C. — 585, de Rome.
(5) Plin., *Hist. nat.*, XXXIII, 17, 56

On se trouva de nouveau, sous les triumvirs, dans la nécessité d'y recourir. Malgré ces deux retours à l'ancienne législation, il est certain que l'impôt régulier sur la fortune ne fut pas rétabli et que le *tributum ex censu* ne fût plus employé que comme expédient dans les temps de crise.

Tel était le seul impôt direct qui ait jamais pesé sur le citoyen romain (1). Voyons, à présent, quel était celui que l'on exigeait des provinces et des peuples tributaires ou alliés.

Les territoires que la République assujettissait hors de l'Italie étaient rangés dans trois grandes classes, sous la dénomination de *provinces, pays libres* ou *fédérés, royaumes alliés* ou *amis.*

Le mot de *province* indiquait l'état d'assujétissement absolu. Il signifiait que la République prétendait exercer sur le sol et sur les habitants du pays des droits illimités, dérivant de la conquête : « *Provinciæ appellabantur, quod populus romanus « eas provicit, id est ante vicit* (2). » Ainsi le sol provincial appartenait, en principe, au peuple romain qui pouvait, à sa guise, le confondre tout entier dans l'*ager publicus*, en dépossédant les habitants, ce qu'il faisait quelquefois ; qui pouvait aussi n'en confisquer qu'une partie et laisser aux anciens propriétaires la jouissance du reste ; c'était le cas le plus ordinaire. Quant aux terres confisquées, ainsi que nous l'avons déjà dit,

---

(1) Cette assertion n'est pas tout à fait exacte. Car les veuves et les femmes non mariées et les *orbi*, c'est-à-dire les impubères orphelins, étant exempts du cens comme incapables du service militaire furent soumis à un impôt direct, appelé *æs hordearium*, parce que son produit était destiné à l'entretien des chevaux payés par l'Etat. Etabli par Tarquin l'Ancien, maintenu par Servius, il fut supprimé par Valérius Publicola, puis rétabli par Camille en 402 (av. J.-C.) ; ce dernier l'étendit aussi aux célibataires ayant passé un certain âge, sous le nom d'*æs uxorium*. (V., sur ces deux impôts, Daremberg et Saglio, *op. cit.*, v. *æs hordearum* et v. *æs uxorium*.)

(2) Pomp. Fest., *De significat. verborum*, verbo *provinciæ*.

elles étaient concédées ou affermées comme domaine public, soit à des traitants italiens, soit à des habitants du lieu, quelquefois à des communautés et à des villes de la même province ou d'une autre, le plus souvent à des colons, et l'Etat en percevait les fermages.

Le régime des *territoires libres* ou *fédérés* contrastait, par la douceur ordinaire de ses règlements, avec celui des provinces ; il avait pour base l'*autonomie* ou la faculté de conserver les anciennes lois, quelquefois même de s'en faire de nouvelles. Cette liberté, *très relative dans la pratique*, avait pour correctif le payement du tribut ordinaire et des redevances extraordinaires en argent et en vivres, que les représentants de la République dans ces cités libres, étaient chargés de percevoir.

Enfin, les rois amis ou alliés, *reges amici, socii*, formaient une classe de hauts tributaires à qui Rome avait imposé, suivant les circonstances de leur soumission, des redevances plus ou moins fortes en troupes et en argent. Leur situation semblable d'ailleurs, en beaucoup de points à celle des peuples libres, était à peu près sans garantie.

Tel était le régime légal des contrées extra-italiques.

Evidemment, il valait mieux en droit qu'en fait, car, dans la réalité, il n'y avait pas de différence entre les peuples conquis et les peuples alliés. Malgré ces dénominations diverses, tous étaient également tributaires du peuple romain, aux yeux duquel l'impôt prit dès le début et garda perpétuellement, les caractères d'une charge imposée par des vainqueurs à des vaincus, ou ceux de la reconnaissance du droit de propriété du peuple romain sur le sol dont il ne leur laissait plus que la jouissance (1).

L'impôt direct, dans les provinces et les pays soumis, se présente sous des aspects multiples : les dîmes, *decumæ, vectigal, vectigal certum* ; la contribution de guerre payable par annui-

____

(1) Marquardt, *op. cit.*, t. II, p. 178, note 5.

tés, *stipendium* ; l'impôt en nature transformé, *pecunia vectigalis* ; l'impôt une fois fixé, *tributum*. Tout cela sous des formes diverses et variées, n'était autre chose que l'impôt foncier des Romains, *tributum ex censu*, qui, comme nous l'avons déjà dit (1), se confondait pour les provinciaux, avec la redevance due pour l'*ager publicus*.

Le plus ancien et le plus répandu, parmi tous ces modes d'impôts employés par les Romains hors de l'Italie, était la dîme, *decuma*, que des publicains spéciaux étaient chargés de percevoir : on les appelait, pour ce motif, *publicani decumani*. « Il consistait, en théorie du moins, à prélever sur les produits de la terre le dixième du revenu net. Les prélèvements s'exerçaient, non seulement sur les blés, mais encore sur le vin, l'huile, les menues graines, les fruits. Il est impossible de déterminer, même approximativement, ce que pouvait rendre un pareil impôt, puisqu'il était proportionnel au rendement agricole. Il est cependant hors de doute que, par lui-même, il eût été assez léger pour les populations, sans les autres charges qui venaient s'y ajouter par surcroît et surtout, sans les abus et les fraudes de la perception (2). » En fait, la dîme était un des plus lourds impôts que l'on puisse imaginer. D'abord, il arrivait qu'on l'exigeait deux et même trois fois. Ensuite, les publicains obligeaient à verser les blés à des distances souvent fort éloignées du lieu de la production ; il suffisait pour cela, qu'ils y trouvassent un intérêt quelconque ; d'où, une augmentation de dépenses pour le contribuable. Souvent aussi, on laissait le produit de la dîme s'avarier légèrement en route, afin, tout en le gardant, d'avoir un prétexte pour en exiger un nouveau, ou tout au moins, pour demander un supplément. Tous procédés déplorables rapportés en maints endroits par les auteurs, et qui réduisaient le cultivateur à la dernière misère, en ne lui laissant même pas de quoi vivre.

(1) Voir pages 56 et 57.
(2) Person, *op. cit.*, p. 170.

« Après qu'une première dîme est levée, en vertu de la loi et
« des traités, dit Cicéron, et qu'ensuite une seconde dîme est,
« dans l'intérêt de notre subsistance, exigée en vertu de régle-
« ments plus récents ; lorsqu'en outre, on achète chaque année
« des grains au nom de la République ; lorsqu'enfin on exige du
« blé pour la provision des magistrats et des lieutenants, quelle
« si petite partie de ses récoltes peut-il donc rester au laboureur
« ou au propriétaire, dont ils puissent disposer pour leur con-
« sommation, ou pour en tirer un revenu (1) ? »

On comprend, d'après cela, que les propriétaires aient cherché
à s'affranchir d'une si lourde charge, en offrant de lui substituer
d'autres redevances. Ainsi, les Espagnols et presque toute
l'Afrique carthaginoise qui devaient l'impôt en nature, au lieu
de livrer annuellement une somme de fruits proportionnelle à la
récolte, servaient, à leurs risques et périls, une quantité une fois
fixée : c'est ce que Cicéron appelle *vectigal certum, quod sti-
pendiarium dicitur* (2). — D'autres donnaient en argent l'équivalent de la dîme ; ils la rachetaient par une redevance fixe,
pecunia vectigalis. Cette redevance fixe, soit en produits du sol,
vectigal certum, soit son équivalent en argent, *pecunia vectigalis*, était établie en Macédoine, en Achaïe et à Cyrène. — La
Sicile payait la dîme en nature, suivant l'ancienne loi de Hiéron :
omnis ager Siciliæ..... decumanus est. (3). — Il en était
de même pour la Sardaigne qui fournissait, de plus, un tribut
analogue au *tributum ex censu* des citoyens romains, et
calculé, comme lui, sur la fortune de chacun. — En Asie, en

____

(1) « *Hinc quum unæ decumæ lege et conditione trahantur ; alteræ
« novis institutis propter annonæ rationem imperentur ; ematur præte-
« rea frumentum quotannis publice ; postremo etiam in cellam magistra-
« tibus et legatis imperetur : quid aut quantum præterea est, quod aut
« liberum possit habere ille arator ac dominus in potestate suorum fruc-
« tuum, aut in ipsis fructibus solutum ?* » (IIᵉ, *In Verr.*, III, 98).
(2) IIᵉ *In Verr.*, III, 6. — Marquardt, *op. cit.*, t. II, p. 182.
(3) Cic., Idem, ibid., id.

Grèce et en Gaule, les deux systèmes de la dîme et du *vectigal* furent successivement employés.

Cette extrême diversité dans l'établissement d'un impôt qui, au fond, était toujours le même, et dans la nature de son rendement, fait qu'il est à peu près impossible, non seulement de déterminer ce que chaque province payait à Rome, mais surtout d'évaluer le total général de l'impôt direct perçu par les Romains. M. Dureau de la Malle, cependant, a cru pouvoir estimer à quarante millions de francs ce que la République, au temps de la dictature de Sylla et même à la fin du vii⁰ siècle, percevait chaque année *en numéraire* (1) ; mais il est resté muet sur la valeur, même approximative, de l'impôt perçu en nature.

Ajoutons, en terminant sur ce point, que la dîme, le *vectigal*, etc..., en un mot, cet impôt sous toutes ses formes, était dû non seulement par le provincial, mais encore par tout propriétaire de biens extra-italiques. Ainsi, même après l'exemption du *tributum* accordée aux Romains et à l'Italie, tout citoyen romain possédant des biens fonds dans une province, — et il y en avait beaucoup dans ce cas, — était soumis à l'impôt foncier (2).

B. — *Impôts indirects.* — Les impôts indirects qui, dès le commencement de l'Empire et surtout vers sa fin, prirent un développement très rapide et très considérable que la diminution puis la disparition du domaine public rendirent nécessaire, étaient peu nombreux sous la République ; si peu nombreux même que l'on n'en compte que deux : le *portorium* et la *vicesima manumissionum*, le premier frappant principalement les provinces, le second fonctionnant plus particulièrement à Rome et en Italie.

a. — Le plus important et, à coup sûr, le plus ancien de ces

(1) *Op. cit.*, t. II, p. 402.

(2) « *Tot Siculi, tot equites romani.* » Cic., *II⁰ In Verr.*, III, 12. — « *Septitio, honestissimo homine equitique romano... affirmante se plus decuma non daturum.* » Id., *ibid.*, 14.

deux impôts indirects de la République romaine était le *porto-rium*.

A proprement parler, le *portorium* était un impôt de trans-port établi sur les marchandises qui circulaient à travers le territoire romain et qui devait être exigé au moment où elles passaient à certains endroits déterminés. Il répondait, à la fois, à ce qui est ou fut chez nous la douane, les octrois et les péages. Mesure essentiellement fiscale, aucune idée économique, aucune idée de protection contre la concurrence commerciale de l'étran-ger n'a présidé à son institution, ni à ses modifications. La preuve la plus certaine en est qu'il frappait aussi bien l'impor-tation que l'exportation des marchandises, non pas seulement au passage des frontières, mais encore à celui des fleuves, à l'entrée des ports, à l'embranchement des routes ou aux barrières des chemins.

Il est impossible de préciser le temps où le *portorium* fut établi : mais on sait que cette taxe existait du temps des derniers rois et qu'elle n'était alors qu'une sorte d'octroi pour la ville de Rome. Lors de l'établissement de la République, les consuls, dans un but de popularité et sur la proposition de Valérius Publicola, en affranchirent le peuple romain : « *portoriis...plebs liberata,* » dit Tite-Live (1). C'est là, la première mention qui soit faite de cet impôt. Trois siècles après, en l'an de Rome 573, le besoin d'argent pour la guerre le fit rétablir (2). Les deux Gracches s'en occupèrent, Tiberius pour en augmenter les tarifs, Caïus pour créer de nouvelles douanes : « *nova constituebat portoria* (3) ; » et, « au commencement du premier siècle avant J.-C., non seulement un droit de douane existait dans les prin-cipaux ports de l'Italie, mais dans l'intérieur du pays et sur les grandes routes, existaient des péages qui entravaient le com-

(1) II, 9.
(2) Tit.-Liv., XL, 51.
(3) Vell. Paterc., II, 6.

merce et livraient sans cesse les voyageurs aux perquisitions et à la cupidité des fermiers.

« Dans les provinces, le même régime était établi. Loin de supprimer, après leur victoire, les *portoria* qui existaient déjà dans les pays soumis, les Romains, fidèles à la politique qu'ils suivaient en toute circonstance, avaient eu soin de les conserver ; mais les bénéfices que produisaient ces impôts passèrent désormais dans le Trésor de la République. C'est ainsi que la Sicile, une fois conquise, commença de fournir à Rome, grâce à ses *portoria* seuls, d'abondantes sommes d'argent (1), et que l'Asie, exploitée par les traitants de Rome, versait chaque année dans la caisse de l'Etat de grandes richesses (2). Aussi, le moment sembla venu de supprimer le *portorium* en Italie ; c'est ce que fit la loi *Cœcilia* (3) proposée par le préteur Q. Cœcilius Metellus en 694 de Rome (60 av. J.-C.) (4). » Cette abolition, d'ailleurs, fut de courte durée. César, nous dit Suétone, rétablit en Italie les douanes sur les marchandises étrangères, *peregrinarum rerum portoria instituit* (5), en attendant que les seconds triumvirs les rétablissent sous leur forme ancienne.

Le *portorium* fut certainement une des grandes ressources de l'*œrarium* : mais à combien se montait son produit, c'est ce qu'il est impossible de dire. Il existait, en effet, une très grande variété dans les tarifs : telle province payait plus que telle autre ; telle marchandise moins que telle autre, etc. De plus, tandis qu'en principe toutes les personnes, tous les animaux et toutes les choses en circulation y étaient soumis, il se trouvait à cette règle de nombreuses exceptions, dont la principale était établie en faveur des objets affectés à l'usage personnel des individus.

(1) Cic., II°, *In Verr.*, II, 75.
(2) Id., *De lege agra.*, II, 29.
(3) Dio. Cass., XXXVII, 51. — Cic., *Ad Quint frat.*, I, 1.
(4) *Etude historique sur les impôts indirects chez les Romains*, par M. Cagnat, p. 7 et 8.
(5) *Cæs.*, XLIII.

La seule preuve que l'on puisse donner de l'importance du revenu du *portorium*, outre les deux textes sus-mentionnés de Cicéron, c'est qu'après l'avoir deux fois supprimé en Italie, on y revint deux fois dans les moments de gêne.

b. — Le second et dernier des impôts indirects qui furent en vigueur sous la République, est la *vicesima manumissionum*, ou impôt du vingtième sur les affranchissements.

Voici, d'après Tite-Live (1), comment il prit naissance. Le consul Cnæus Manlius, chargé de la guerre contre les Falisques, était à Sutrium (2). Ayant convoqué ses soldats par tribus, il porta une loi dans le camp, ce qui était sans exemple. Cette loi avait pour objet d'établir, au profit du Trésor public, un impôt du vingtième sur la valeur ʼde tous les esclaves qui seraient désormais affranchis. Comme le Trésor n'était pas riche et que l'on pressentit dans ce nouvel impôt une source assez considérable de revenus, le Sénat ratifia la loi et l'impôt, malgré l'illégalité des circonstances dans lesquelles l'un avait été établi et l'autre rendue (3). Cette mesure, à la différence de celle qui fit établir les *portoria*, n'avait pas seulement un but fiscal : elle tendait, comme plus tard la loi restrictive du nombre des affranchissements, à protéger les vrais citoyens contre le débordement et l'envahissement toujours croissant de la nouvelle classe sociale des affranchis (4). La preuve en est, qu'établi de très bonne

(1) VII, 16.

(2) Aujourd'hui, Sutri, petite ville aux environs de Viterbe.

(3) *Patres, quin ea lege haud parvum vectigal inopi ærario additum esset, auctores fuerunt.* Tit.Liv., VII, 16.

(4) Nous retrouvons la même idée dans notre histoire, au Moyen-Age. Les premiers anoblissements, qui, en somme, n'étaient que des *affranchissements de roture*, furent « octroyés » gratuitement et pour services rendus· Peu à peu, leur nombre se multipliant dans une proportion telle que la Chevalerie s'en émut, on les soumit au payement d'une redevance parfois très considérable, non pas tant pour en tirer un bénéfice que pour tâcher d'en ralentir la progression. — Plus tard, il est vrai, la noblesse ayant déjà perdu de son importance et de son prestige, le payement des lettres d'anoblissement ne fut plus considéré, notamment sous Louis XIV, que comme une source de revenus.

heure (1), cet impôt est le seul qui ne fut ni suspendu ni supprimé pendant toute la durée de la République et qui continua
à être perçu même après la réforme financière de Metellus. C'est
ce que nous apprend Cicéron, dans le passage suivant : *« Por-*
« toriis Italiæ sublatis, agro campano diviso, quod vectigal
« superest domesticum præter vicesimam ? (2). »

La *vicesima manumissionum* présente cette singularité
qu'elle était, à la fois, recette ordinaire et recette extraordinaire : recette ordinaire, en ce qu'elle était perçue régulièrement sur chaque affranchissement ; — recette extraordinaire,
en ce que son produit, au lieu de figurer dans les revenus courants, était mis à part *in sanctiore ærario* (3), sous le nom
d'*aurum vicesimarium* (4), pour n'être dépensé que dans des
circonstances urgentes et exceptionnelles, *ad ultimos casus ser-*
vabatur (5). C'est ainsi, qu'en 543, pendant la neuvième année
de la seconde guerre punique, le Sénat, à bout de ressources, vida
le *sanctius ærarium* et y trouva quatre mille livres pesant d'or,
quatuor millia pondo auri (6). On avait déjà dû recourir à cette
mesure, durant la première expédition contre Annibal, pendant
laquelle les nécessités n'avaient pas été moins extrêmes. La
seconde fois, le Trésor ne renfermait donc que l'impôt de trente
ou quarante années. Avec ce renseignement, et, étant donné que
que quatre mille livres d'or représentent environ 4,500,000 francs
de notre monnaie, on arrive à calculer approximativement le
rendement annuel de la *vicesima* et le produit de chaque affranchissement. Voici comment : « Caton payait un vigoureux esclave
1,300 francs, et les Achéens avaient racheté les légionnaires ven-
dus par Annibal au prix de 460 francs par tête ; en prenant une

(1) En 398 de Rome.
(2) *Ad Attic.*, II, 16.
(3) Tit. Liv., XXVII, 10.
(4) Idem, ibid., id.
(5) Idem, ibid., id.
(6) Idem, ibid., id.

moyenne, on aura 880 francs, dont le vingtième sera 44 francs, ce qui donnerait environ trois mille affranchissements annuels (1) », et 132,000 francs par an.

Dans quels cas et par qui la *vicesima manumissionum* était-elle payée ?

Sous la République, tous les affranchissements y étaient soumis ; ce ne fut que plus tard, sous Auguste et Tibère, par suite des lois *Ælia Sentia* et *Julia Norbana*, que certains affranchissements, dits « restreints », parce qu'ils ne conféraient pas le droit de cité, furent exempts du payement de l'impôt du vingtième (2).

Le vingtième (5 0/0) était calculé sur la valeur de l'esclave et, afin d'éviter les fraudes, cette valeur était fixée par le *vicesimarius*, par le receveur même de l'impôt.

Etait-ce le maître ou l'affranchi qui la payait ? Les deux cas sont également vraisemblables, car les termes dont se sert Tite-Live sont vagues (3). Cependant, en principe, c'est à l'affranchi qu'incombait le poids de l'impôt : c'était à lui de profiter, s'il le pouvait, de la faveur que lui faisait son maître. Mais, en pratique et dans la plupart des cas, celui-ci donnait à l'esclave, soit directement si l'affranchissement était entre-vifs, soit indirectement par legs ou par l'intermédiaire des héritiers s'il avait lieu par testament, le moyen d'acquitter la *vicesima manumissionum* (4).

---

(1) Duruy, *op. cit.*, t. II, p. 307.

(2) V. Burman, *De vectigalibus populi romani*, ch. X, p. 157.

(3) VII, 16.

(4) V. sur cette question : *De l'impôt du vingtième sur l'affranchissement des esclaves*, par M. de la Ménardière ; Poitiers, 1872,

SECONDE PARTIE.

RECETTES EXTRAORDINAIRES.

Dans notre organisation moderne, la plus grande partie des recettes extraordinaires provient d'emprunts. A Rome, sauf quelques cas très rares (1), on ignora ce procédé sous la République. Dans les moments de gêne, et quand toutes les ressources étaient insuffisantes, l'Etat différait ses payements et tout était dit.

En revanche, l'Antiquité, comme le Moyen-Age, avait une source de revenus extraordinaires que nous n'avons plus : le butin.

Le butin était très considérable. Partant de ce principe que les pays conquis, les provinces, devenaient l'entière propriété du vainqueur, les Romains les considéraient comme des fermes auxquelles ils faisaient rendre tout ce qu'elles pouvaient donner et les traitaient, — c'est le mot même de Cicéron, — *quasi prædia populi romani* (2). Il se composait de tout ce qui avait été pris, volé ou pillé en pays ennemi, tant en vases, étoffes et meubles précieux, qu'en armes, qu'en chevaux et qu'en argent. Paul Emile, à son retour de Macédoine rapporta, rien qu'en argent monnayé, près de 13,000,000 de francs (3) ; et Pompée, lors de son troisième triomphe, sous le consulat de Pison et de Messala (4), versa au Trésor près de 105,000,000 de francs (5) ;

(1) V. Mispoulet, *op. cit.* n° 108.
(2) Cic., II° *In Verr.*, III, 18.
(3) Dezobry, *op. cit.*, t. III, p. 162.
(4) Plutar., *Pomp.*, 45.
(5) Tant en or et argent monnayés qu'en pierreries, Pompée versa au Trésor vingt mille talents (104,333,100 fr.), sans compter ce qui avait été donné à l'armée, dont les soldats les moins généreusement traités avaient reçu 672 sesterces (118 fr. 77 c.) — Dezobry, *op. cit.*, t. III, p. 164.

aucun général, jusqu'alors, « n'avait fait entrer dans les coffres publics des sommes aussi considérables (1) ».

Le butin était, soit rapporté à Rome où, après avoir orné les triomphes, il était gardé en nature dans le temple de Saturne, sous la dénomination spéciale de *Trésor du butin* (2), soit vendu sur place aux enchères, *sub hasta* (3), par les soins du questeur (4) qui en recevait le prix (5) et le versait ensuite à l'*ærarium* (6). Deux parts, cependant, en étaient distraites ; l'une pour être distribuée aux soldats, ce qui donna naissance aux *donativa* dont l'Empire abusa comme des *frumentationes,* mais qui, comme elles, sont d'origine républicaine ; — l'autre, sous le nom de *manubiæ.* devenait la propriété du général (7).

A côté du butin, on trouve aussi les contributions de guerre qui permettaient aux armées, ou de vivre un certain temps à la charge des pays conquis, ou de poursuivre, aux frais de ceux-ci, la guerre dans d'autres régions (8).

On peut ranger aussi parmi les recettes extraordinaire, « les héritages tels que celui du roi Attale de Pergame qui, par son testament, avait institué le peuple romain héritier de sa fortune (9). » Il est évident que des recettes de cette nature ne devaient se présenter que fort rarement.

Enfin, sans parler du produit de la *vicesima manumissionum* qui, comme nous l'avons dit précédemment (10), constituait une

(1) *Vell. Patercul.*, II, 40.

(2) Dezobry, *op. cit.*, t. III, p. 281.

(3) Tit. Liv., IV, 29, 53.

(5) Cic., *Epit. famil.*, II, 7. — Polyb., X, 16.

(4) Idem, ibid., 53.

(6) Tit. Liv., IV, 53 : *Venditum* (le butin) *sub hasta consul in ærarium redigere quæstores jussit.*

(7) Cic., *De lege agrar,* II, 22.

(8) V. notamment *Cæsar, De Bello civ.*, III, 32, où il est question de contributions levées par Scipion, en Afrique, lors de la guerre civile contre César.

(9) Madvig., *op. cit.*, t. IV, p. 58.

(10) V. page 70.

ressource suprême pour les temps de crise, on peut considérer encore comme recette extraordinaire, la vente, dans les besoins pressants, des domaines de l'Etat. C'est ainsi que « durant la deuxième guerre punique, le revenu ordinaire et le produit de la *vicesima* ne pouvant suffire à l'entretien des armées, le Sénat fit vendre une partie des terres de la Campanie appartenant au domaine, avec l'obligation, pour les acquéreurs, de payer un as de rente annuelle et en se réservant la faculté de réméré (1). Il en fit autant, à une autre époque, du domaine public dans la Sabine (2). »

Telles étaient, en résumé, les diverses sources des revenus de la République.

Les impositions directes, jointes aux produits que fournissaient les domaines, supportaient la plus grande partie des dépenses du gouvernement central. Des deux seuls impôts indirects, l'un, en effet, fut un moment suspendu en Italie et l'autre était considéré comme formant une réserve. Mais, dans les deux derniers siècles de la République, ces ressources diminuèrent. « Après la conquête de la Macédoine, les citoyens romains furent affranchis de l'impôt territorial. Les lois agraires, portées successivement par des tribuns ambitieux, attaquèrent les domaines de la République et en firent la propriété d'une populace séditieuse. Bientôt, le tribun du peuple, Spurius Thorius, par une loi que Cicéron juge imprudente et pernicieuse (3), abolit toutes les redevances établies sur les terres du domaine public qui avaient été concédées aux colons. Enfin, Jules César, dans son consulat, dépouilla la République du territoire de la

(1) Tit. Liv., XXVIII, 46 ; — XXXI, 13. Tite-Live dit *plusieurs* as par arpent.
(2) Dureau de la Malle, *op. cit.*, t. II, p. 410.
(3) *In Brut.*, 36.

Campanie, le seul domaine qui lui restât alors en propriété (1). »
Ajoutons que pendant la grande moitié du dernier siècle avant
J.-C., le *portorium* fut supprimé à Rome et en Italie ; et que,
les pays les plus riches étant déjà soumis, les dernières conquêtes ne rapportaient presque plus rien.

Pour toutes ces causes, donc, les revenus de l'Etat allèrent en
décroissant.

Ce serait en vain, cependant, que, parmi elles, l'on en cher-
cherait une qui ait eu pour but le soulagement des provinces et
la diminution de leurs impôts. Au contraire, il semble qu'au fur
et à mesure que Rome et l'Italie s'affranchissaient de toutes
charges, celles des provinciaux et des peuples tributaires aient
été en augmentant. Pour les Romains de cette époque, les provinces étaient encore et toujours des pays conquis. Il y avait
trop peu de temps qu'on les avait soumises pour que le souvenir
de leur défaite se fût effacé. On supposait qu'elles ne l'avaient
pas oublié, ce qui entraînait à se méfier d'elles : en tout cas, on
s'en souvenait et l'on se croyait toujours armé contre elles de ce
terrible droit de la guerre contre lequel personne n'a réclamé
dans l'antiquité. Les biens du vaincu appartenant tous au vainqueur, loin de s'accuser de leur prendre ce qu'on leur enlevait,
on croyait leur donner ce qu'on ne prenait pas, et, peut-être, au
fond du cœur, s'estimait-on généreux de leur laisser quelque
chose. Les provinces étaient donc regardées comme les domaines
et la propriété du peuple romain, *prœdia agri fructuarii populi
romani,* et on les traitait en conséquence. « Le monde entier,
Gaulois, Espagnols, Hellènes, Asiatiques, s'épuisait et mourait
à la peine pour trois cent mille plébéiens oisifs et deux ou trois
milliers de capitalistes. Entretien et solde des milices indigènes
de terre et de mer, fournitures de vaisseaux, de matériel, de
subsides, réquisitions ordinaires et extraordinaires, contributions de toute nature, tel était le prix éventuel dont Rome fai-

(1) Dureau de la Malle, *op. cit.,* t. II, p. 430.

sait, à chaque instant, payer sa protection. Quant aux charges qu'on pourrait appeler régulières, parce qu'elles constituaient un surcroît de misères sur lequel le contribuable pouvait compter, si bien elles étaient tolérables en principe et au commencement, peu à peu les provinciaux les virent s'aggraver et devenir intolérables, par suite de l'âpre rapacité des publicains et de la complicité des magistrats. Le résultat fut la misère, la dépopulation, et, bientôt, la ruine des contrées jadis les plus fertiles de l'Ancien Monde (1). »

Ce fut l'empire qui sauva les provinces. Dès la dictature de César, dès le principat d'Auguste, elles respirèrent : c'était un nouvel ordre de choses qui commençait pour elles ; et, nous le voyons dans Tacite, elles en saluèrent l'avènement. « Elles « tenaient en juste défiance le gouvernement du Sénat et du « peuple, à cause des querelles des grands et de la cupidité des « magistrats et elles n'attendaient plus des lois aucun secours, « impuissantes qu'elles les voyaient contre la violence, la brigue « et la vénalité (2). » Tout changea, le jour où l'Empereur, investi de la puissance proconsulaire perpétuelle, devint par là le centre de toute l'administration et le souverain unique et réel des provinces dont le plus grand mal avait été, jusqu'alors, le nombre, la variété et le renouvellement incessant de maîtres éphémères. Ceux-ci, dans leur intérêt personnel, abusaient de leur situation pour s'enrichir rapidement aux dépens de leurs administrés. L'empire, également dans son intérêt, ménagea les provinces. On connaît le mot célèbre de Tibère : « Un bon berger tond son troupeau, il ne l'écorche pas (3). » Mais, quel que fût le mobile du gouvernement impérial, et malgré l'augmentation des impôts qu'il apporta avec lui, les provinces gagnèrent à n'avoir plus à satisfaire que l'ambition, l'avarice, ou la cupidité d'un seul.

(1) Person, *op. cit.*, p. 379.
(2) *Ann.*, I, 2.
(3) Suet., *Tib.*, 32.

Le régime financier de l'Etat romain, d'ailleurs, par la réorganisation du Trésor, par la création d'impôts nouveaux et l'abolition ou la disparition des anciens, subit une transformation non moins complète que celle du régime politique. L'ordre administratif, que les Grecs n'avaient point connu et que la République avait mal pratiqué, s'établit. La centralisation des pouvoirs s'accentua, laissant moins de place aux abus et aux exactions de tous, si elle n'arriva pas à empêcher ceux du maître suprême, l'*imperator*. Le bénéfice du *jus italicum* et, avec lui, l'exemption des charges qu'il conférait à ceux qui en jouissaient, disparut, supprimé qu'il fut, en 292, par Dioclétien. Il arriva même un jour, sous Caracalla, où le fameux titre protecteur, jadis si envié, de citoyen romain fut abandonné à tous les sujets de l'Empire, parce qu'il était, lui aussi, soumis à l'impôt.

TABLE DES MATIÈRES.

—

DROIT FRANÇAIS

HISTORIQUE & THÉORIE

DU

BUDGET DE L'ÉTAT

BIBLIOGRAPHIE

Almanach de Gotha, année 1885.

Annuaire de législation étrangère, t. VI, IX, XI, XII.

Anonyme. — *Dissertation historique et critique sur la Chambre des Comptes*, Paris, 1767.

Anonyme. — *Réflexions politiques sur les finances et le commerce*; La Haye, 1740, 2 vol. in-12, t. I.

Archives parlementaires (1re et 2e série).

Audiffret (Le marquis d'). *Système financier de la France*; 2e édition, Paris, 1854, 4 vol. in-8°.

Bailly. *Histoire financière de la France*, Paris, 1830, 2 vol. in-8°.

Bergeret (Gaston). *Mécanisme du budget de l'Etat*, Paris, in-8°.

Carné (Le comte L. de). *Les fondateurs de l'unité nationale*, Paris, 1848, 2 vol. in-8°.

Carné (Le comte L. de). *La Monarchie française au XVIIIe siècle*, Paris, 1859, in-8°.

Clamageran. *Histoire de l'impôt en France*; Paris, 1867, 3 vol. in-8°.

Correspondence relative to the budgets of various countries, London, 1877, in-12.

Desmarets. *Mémoire sur l'administration des finances depuis le 20 février 1708 jusqu'au 1er septembre 1715* (publié dans les *Annales politiques*, année 1715).

Desmousseaux de Givré. *Législation du budget : 1° ses origines et ses variations ; 2° la préparation du budget ; 3° le vote (1re partie) ; 4° le vote (suite)* ; 4 broch. in-8°, Paris, 1869-71.

Economiste français, (collection de l').

Forbonnais. *Recherches sur les finances de la France de 1595 à 1721*, Bâle, 1758, 2 vol. in-4°.

Froumenteau. *Le Secret des finances de France*, Paris, 1581, in-8°.

Hume. *Essai sur le crédit public.*

Journal des Economistes (collection du).

Journal officiel (collection du).

Leroy-Beaulieu (Paul). *Traité de la science des finances ;* 3e édition, Paris, 1883, 2 vol. in-8°, t. II.

Le Trésor de la Rocque. *Les finances de la République*, Paris, 1884, 1 vol. in-12.

Moniteur (collection du).

Nervo (Le baron de). *Les finances françaises sous l'ancienne monarchie*, Paris, 1863, 2 vol. in-8°.

Nervo (Le baron de). *Les finances françaises sous la Restauration*, Paris, 1865, 4 vol. in-8°.

Revue des Deux-Mondes (la).

Stourm (René). *Les finances de l'ancien régime et de la Révolution*, Paris, 1885, 2 vol. in-8°.

Tocqueville (de). *L'ancien régime et la Révolution ;* 7e édition, Paris, 1866, in-8°.

Vuitry (Ad.). *Le régime financier de la France avant 1789*, Paris, 1878, 1 vol. in-8°.

PREMIÈRE PARTIE

HISTORIQUE DU BUDGET DE L'ÉTAT

Les finances de la France jusqu'en 1870

AVANT-PROPOS

—

L'étude de l'histoire financière de la France est tout à la fois
pleine d'intérêt et d'enseignement et hérissée de difficultés.

Elle est pleine d'intérêt et d'enseignement parce qu'à toutes
les époques et sous tous les gouvernements, le vieux proverbe
qui dit que *l'argent est le nerf de la guerre* est et sera toujours
vrai. L'on ne peut pas chercher à se rendre compte de la façon
dont les recettes ont été perçues et dépensées, sans découvrir
aussitôt le fort et le faible des hommes et des choses. Si les institutions ont souvent changé, surtout depuis un siècle, les mobiles avoués ou secrets qui font agir le pouvoir sont bien demeu-
rés les mêmes : l'ancien régime, si différent du nôtre par les
prétentions de l'esprit, lui est en tout analogue par les habitudes
invétérées du caractère ; et je ne sais point d'occasion plus favorable que celle que nous présente cette étude, pour rappeler aux
hommes de la révolution qu'ils n'ont pas inventé tout ce qu'ils
admirent et que la France ne date pas de 89, — comme aux
hommes de l'ancien régime que leurs anathèmes devraient
retomber aussi souvent sur ce qu'ils vénèrent que sur ce qu'ils
méprisent.

Elle est hérissée de difficultés, car elle exige, plus que toute autre étude, une absolue neutralité. Quoiqu'il soit toujours pénible de relever les torts des vaincus pour les étaler au grand jour, nous n'en avons pas moins cherché, parce que c'était notre devoir, à faire ressortir les nombreux et grands abus du régime financier qui gouvernait la France avant la Révolution. Mais cette constatation nécessaire nous a permis de relever les fautes et les abus non moins graves des gouvernements contemporains. Nous croyons avoir gardé envers les uns et les autres une stricte impartialité, cherchant en cela à faire mentir le mot célèbre de M. Dupin : « La guerre aux finances est un auxiliaire de la guerre aux institutions (1). »

(1) *Plaidoyers*, t. XI, p. 220.

CHAPITRE PREMIER

Origines du budget.— Les Finances avant 1789.

Le mot célèbre du baron Louis : « Faites-moi de bonne politique et je vous ferai de bonnes finances », ne peut s'appliquer qu'aux gouvernements représentatifs. Dans un gouvernement absolu, en effet, politique et finances ne sont pas intimement unies et la prospérité de celles-ci peut ne pas atteindre au degré de prospérité de celle-là : l'histoire de la France sous l'ancien régime nous en fournit une preuve éclatante.

Pendant plus de huit siècles, la monarchie a poursuivi deux grands buts : l'unité de la France au dedans et sa suprématie au dehors. On sait de quel succès fut couronnée l'obstination persévérante et patriotique des souverains, des ministres et des capitaines, tels que l'abbé Suger, Saint-Louis, Duguesclin, Louis XI, Henri IV et Richelieu, « hommes principes dans lesquels se condensa la vie de tous et qui résument, sous ses formes les plus saisissantes, le long drame de l'histoire nationale (1) ». De conquête en conquête, le chétif domaine de Hugues Capet s'était agrandi, transformé, et, en 1789, était devenu ce beau royaume de France, uni et compact, pacifié à l'intérieur, affranchi de tout joug étranger, libre enfin, et ne

(1) *Les fondateurs de l'unité nationale*, par le comte de Carné, Introd., p. L

relevant que de lui-même. Bien plus, malgré l'Empire, à qui une suprématie purement nominale et de tradition donnait le pas sur les gouvernements de l'Europe, la France était la reine des nations : reine véritable par sa civilisation raffinée, par ses mœurs polies et élégantes, par sa culture intellectuelle et artistique, par l'éclat de sa diplomatie, par la valeur de ses armées. — Mais quelle ombre à ce brillant tableau, que le triste état de la situation financière ! c'était là le ver rongeur qui minait la France et qui, le premier, ébranla l'édifice suranné de ses institutions (1).

Ce n'était pas, hélas ! des dernières années de la monarchie que datait le mal ; il remontait bien loin, si loin même que l'on peut dire qu'il a toujours existé. Si l'on embrasse, en effet, d'un seul regard l'ensemble de l'ancien régime pendant et depuis la féodalité, « on est frappé du petit nombre et de la courte durée des époques qui ont laissé la trace d'une administration régulière et d'un bon état des finances. On ne peut signaler que le règne de Charles V, — la dernière partie du règne de Charles VIII, — le règne de Henri IV et le ministère de Colbert ; et sur ces quatre périodes de quinze à vingt ans chacune, et ne comprenant pas ensemble plus de soixante et dix ans, il en est trois dont la prospérité financière tient moins à la sagesse des souverains et à l'habileté de leurs conseillers, qu'au rétablissement de la paix extérieure et de la tranquillité intérieure, succédant à la guerre, aux luttes des partis, à l'anarchie (2) ».

Ce n'est pas à dire que l'on n'a pas essayé, et à maintes reprises, d'apporter un remède au mal : au contraire. Mais les réformes financières, opérées à diverses époques sous l'an-

---

(1) « Le déficit est la première cause de la Révolution ». Rapport de M. Montesquiou à l'Assemblée nationale sur les finances avant l'Assemblée. — *Moniteur* du 11 sept. 1791.

(2) *Régime financier de la France avant 1789,* par M. Vuitry : Avant-propos.

cienne monarchie, furent malheureusement et fatalement éphémères.

Comme on l'a fort bien dit (1), elles avaient toutes un vice
commun, celui d'être tentées en dehors de tout concours d'une
véritable représentation nationale, qui seule eût été pourvue
d'une autorité assez grande pour assurer leur durée. Nous n'aurons
donc pas à les examiner dans leurs détails, car leurs résultats
furent de si peu d'importance et eurent une si faible étendue,
que leur étude nous entraînerait inutilement loin de notre sujet.

Il n'y eut jamais, à proprement parler, de « *budget* » en
France, avant 1789.

Sous la monarchie féodale, la raison en est simple : elle n'avait
pas de revenus *royaux*, elle n'avait que des revenus seigneuriaux. Le roi n'avait de plus que le premier de ses grands vassaux, que son titre qui ne lui donnait la plupart du temps qu'une
supériorité nominale. Il était simple seigneur, jouissant seulement des revenus de son domaine (2), revenus sur lesquels il
devait d'abord acquitter les charges de là propriété : le surplus

(1) *Législation du budget*, par M. Desmousseaux de Givré, N° 1.

(2) Voici ce que disait déjà, à la fin du siècle dernier, Rousselot de
Surgy, dans l'*Encyclopédie méthodique* (Finances, v. Domaines, p. 586.) :
« Les revenus de nos rois ne consistaient que dans *leurs domaines,* que l'on
peut diviser sous neuf espèces : 1° les produits de justice des bailliages et
prévôtés royales qu'ils donnaient quelquefois à ferme aux baillis et aux
prévôts ; 2° les produits de leurs terres domaniales ; la gruerie, le cens et
autres droits *seigneuriaux* ; 4° la régale ; 5° les droits d'entrée et de
sortie ; 6° la monnaie ; 7° les droits de procuration ou de gîte ; 8° les Juifs ;
9° les redevances dues par les vassaux dans quatre cas extraordinaires,
savoir : quand le roi faisait son fils aîné chevalier ; quand il mariait sa
fille aînée ; lorsqu'il survenait une guerre ; lorsqu'il était fait prisonnier...
Il ne faut pas croire que ces neuf articles produisissent des sommes bien
considérables, car nos rois ne les percevaient que dans leur propre
domaine qui n'était pas d'une grande étendue, si on le compare au reste
de la France. Les seigneurs des grands fiefs jouissaient chez eux des
mêmes droits, sans en excepter celui de faire battre monnaie. »

lui servait à l'entretien de sa maison, de sa famille, de sa cour ; et, enfin, ce qui, ces dépenses une fois payées, pouvait lui rester, allait grossir *le trésor*, ressource suprême à laquelle on n'avait rien trouvé de mieux à substituer, à défaut du crédit que l'on ignorait et des impôts qui n'existaient pas encore. Le trésor servait à défrayer les expéditions militaires, à payer la dot des filles, la chevalerie des fils, le sacre, etc..., toutes dépenses extraordinaires et qui ne se présentaient, sauf la première, qu'à de rares intervalles.

L'impôt, ai-je dit, n'existait pas ; et, en effet, si par impôt on entend « la contribution exigée de chaque citoyen pour sa part dans les dépenses publiques (1) », on ne pourrait rien relever de tel, puisque les services publics n'étaient encore qu'à l'état embryonnaire. L'armée, d'abord, ne demandait rien au roi ; chacun de ses vassaux, à son exemple, fournissait un certain nombre d'hommes avec leur équipement, dont les frais ainsi que leur entretien pendant la campagne, étaient à leur charge. L'Eglise, avec ses immenses revenus et ses droits féodaux subvenait aux frais du culte et à ceux, bien restreints alors, de l'enseignement. Pas de représentation diplomatique habituelle. L'administration locale était fort simple et peu dispendieuse ; le roi, ou le seigneur, concentrant en ses mains tous les pouvoirs était à lui-même son propre justicier, et longtemps les prévôts suffirent à faire rentrer dans ses coffres les revenus du roi. « Ce n'est donc pas comme roi, c'est comme seigneur, comme possesseur ou suzerain de fiefs que le prince percevait des cens sur ses tenanciers, des tailles sur ses serfs, des droits de mutation et de franc fief ; qu'il mettait la main sur les biens vacants, les épaves et les trésors ; qu'il succédait aux aubains et aux bâtards ; qu'il recueillait le produit des mines, celui des forêts et celui de la pêche ; que, juge et administrateur, il avait les émoluments des greffes et du sceau, le profit des amendes et des confiscations ; qu'il se

____

(1) Vuitry, *op. cit.*, p. 412.

faisait des juifs un objet de revenus ; qu'il taxait les consomma-
tions ou imposait des charges spéciales au commerce ou à l'industrie ; qu'il réclamait des droits de gîte, des corvées, le service
militaire, et que, dans des cas extraordinaires mais déterminés,
il levait l'aide féodale (1). »

Ces impôts, ces droits, ces taxes, ces redevances avaient donc
un caractère exclusivement seigneurial, essentiellement privé ;
et, bien que par suite de l'augmentation du domaine royal, les
perceptions se soient beaucoup et rapidement accrues, bien que
l'on ne puisse pas comparer le produit des deux cent soixante-
trois prévôtés de Philippe le Hardi à celui des seize prévôtés de
Hugues Capet, on peut dire néanmoins que la nature des recettes
ne changea pas. A la fin du xiiie siècle, le roi n'avait toujours
que des revenus seigneuriaux, dont il jouissait comme seigneur
et non comme roi, et il n'était pas un seul de ses grands feuda-
taires qui ne les perçût tous au même titre.

Un autre caractère de ces revenus était leur fixité : les perceptions, bien que d'origine et de principes si différents, étaient
réglées par *la Coutume*, et il n'était pas loisible au roi de leur
faire produire plus suivant ses besoins : c'est donc une différence
essentielle avec nos budgets modernes, dont le caractère principal est de présenter une grande élasticité.

On peut s'étonner, en présence de ces données, de voir que le
déficit, si fréquent de nos jours, alors que nous avons à notre
disposition les ressources mobiles de l'impôt, de l'emprunt et du
crédit, ne se présentait pas au Moyen-Age, où on les ignorait.
Le trésor cependant se vidait plus vite qu'il ne s'emplissait : ses
ressources étaient maigres ; car, bien que l'on ne puisse pas
fixer d'une façon certaine la fortune d'un roi de France à cette
époque, on peut dire que les revenus féodaux, les seuls avons-
nous vu, auxquels il eût droit, n'étaient pas bien considérables.
Que pouvaient, par exemple, rendre les douanes, alors que les

(1) Vuitry, ibid., p. 411.

Français ne faisaient presque aucun commerce ? Quel pouvait être le produit de la monnaie *légitimement administrée*, dans un temps où l'or et l'argent étaient d'une rareté extrême ? Les droits de gîte méritent à peine d'être mis en ligne de compte. Il y avait plus d'utilité dans les taxes sur les juifs ; mais ce n'était pas là un revenu annuel, c'était une ressource éventuelle que l'on gardait pour les moments de besoins pressants : tantôt on les chassait du royaume, tantôt on les y rappelait pour un certain nombre d'années, permission qu'ils payaient fort cher au roi et dont ils ne savaient que trop se dédommager sur ses sujets (1). Seuls, le cens et la taille qui, par la suite, à cause des abus auxquels ils donnèrent lieu, devinrent les plus odieux des impôts, procuraient quelques ressources. Mais ce n'était guère qu'au moyen de l'aide féodale, *l'aide aux quatre cas*, véritable origine de l'impôt, que le roi équilibrait ses recettes et ses dépenses.

Ses revenus n'augmentaient pas cependant dans la proportion de l'agrandissement de son domaine : la perception en devenait plus difficile en même temps que les besoins généraux croissaient. La tendance à la transformation des troupes locales et levées pour un temps déterminé, en milices générales et permanentes, entraînait aussi de nouvelles charges qui, depuis lors, ont toujours été en croissant, mirent sans cesse les finances en déficit, et sont devenues dans les temps modernes et de nos jours une plaie inhérente à tous les budgets (2). Aussi, les revenus

(1) Cet expédient fiscal, bien propre au Moyen-Age et qui eût dû disparaître avec lui, lui a cependant survécu, et on le voit reparaître en 1615, pour la dernière fois il est vrai, dans un édit du 23 avril qui expulse les juifs du royaume. (V. Isambert, XVI, p. 76.)

(2) Pour n'en donner qu'un exemple tout récent, les dépenses militaires de l'Europe entière, telles qu'elles ont été présentées au Congrès de la paix, en 1849, s'élevaient au total de 1,443,347,000 francs, et, moins de trente ans après, le budget militaire *ordinaire* de la France atteignait le chiffre bien dépassé depuis, de 721,578,000 francs, juste la moitié des dépenses de toute l'Europe en 1849 !...

héréditaires du *domaine* ne suffisant même plus aux dépenses civiles du gouvernement, la royauté se vit dans l'obligation de faire appel à la nation, lui demandant de venir à son *aide* en lui fournissant l'argent dont le trésor manquait pour faire face aux exigences de la guerre. C'est ce qu'explique fort bien Macaulay, dans le passage suivant : « Dans les monarchies du Moyen-Age, dit-il, si la puissance de l'épée appartenait au souverain, celle de l'argent appartenait à la nation. A mesure que les progrès de la civilisation rendirent plus formidable l'épée du souverain, l'argent de la nation lui devint de plus en plus nécessaire (1). »

On convoqua donc souvent, soit des Etats généraux, soit des Assemblées de notables pour leur demander d'établir un impôt. C'était la conséquence, logique et directe, du principe que consacra plus tard la Révolution française dans l'art. 14 de la déclaration des droits de l'homme : « Tous les citoyens ont le droit de constater par eux-mêmes ou par leurs représentants la nécessité de la contribution publique, de la consentir librement, d'en suivre l'emploi et d'en déterminer la quotité, l'assiette, le recouvrement et la durée. » Car il est à remarquer que ce principe, si souvent violé dans la pratique, sous l'ancien régime, ne fut jamais méconnu en théorie, à aucune époque de notre histoire : « *Il tenait aux lois primitives de l'Etat* (2). » Philippe de Commines, dans ses *Mémoires*, disait déjà qu' « il n'y a ni roi, ni seigneur en terre, qui ait pouvoir, *outre son domaine*, de mettre un denier sur ses sujets, sans octroi et consentement de ceux qui doivent payer, sinon par tyrannie et violence (3). » — C'est ce qu'un siècle plus tard, Henri IV, celui de nos rois qui a eu le plus de souci des finances de l'Etat, répétait en disant

_____

(1) *Hist. d'Angleterre.* — Citation empruntée à M. Desmousseaux de Givré.

(2) Paroles du premier président du Parlement de Paris, à Louis XVI, en 1787, dans un lit de justice.

(3) Ch. XIX, t. IV, p. 132. — Collection Michaud.

« que les levées de deniers pour produire bien et jamais mal, ne devaient se faire que par le commun consentement des peuples qui les payaient (1). » On eut donc recours aux représentants des trois états. Comme l'argent qu'on leur demandait avait pour but de se défendre contre les envahissements de l'ennemi, ils ne le refusaient jamais, mais ils eurent toujours soin de stipuler formellement qu'ils ne votaient l'imposition que pour la durée de la guerre et, qu'aussitôt après, elle ne pourrait être maintenue que par une nouvelle décision de l'Assemblée.

C'est surtout aux Etats généraux de 1355, convoqués par le roi Jean, que l'on voit apparaître d'une façon bien formelle l'intention arrêtée des représentants de surveiller sévèrement l'emploi de l'*aide* votée. D'abord tout le monde dut y être assujetti ; ainsi apparaissait pour la première fois ce grand principe qui depuis est devenu la base de nos finances : l'égalité devant l'impôt (2). Puis on stipula que, si la guerre cessait avant la fin de l'année, l'impôt cesserait d'être levé et que ce qui resterait en caisse serait employé aux travaux publics des provinces qui

---

(1) Sully, *Æconomies royales*, ch. CLXXXVI.

(2) On oublie trop volontiers aujourd'hui que le service de l'épée était le plus dur et le plus onéreux des impôts et que la noblesse seule le payait : ainsi, pendant la guerre de Trente ans, les gentilshommes, suivant le dire d'un contemporain « pour se trouver en bon équipage dans les armées, avaient tellement prodigué leurs biens, que la plupart en étaient très incommodés, jusqu'à souffrir des condamnations en leurs personnes et des saisies en leurs biens. » Et, à l'origine, et jusqu'au milieu du xviie siècle, l'exemption d'impôts dont bénéficiait la noblesse, n'était qu'une juste compensation des services militaires qu'on en exigeait. — V. à ce sujet dans *la Revue historique*, tome XXII, un très curieux article de M. G. d'Avenel, sur « *la fortune de la noblesse sous Louis XIII.* » — Quant au clergé, il payait, souvent par des dons énormes, le droit d'être exempté de l'impôt : ainsi, pour n'en prendre qu'un exemple, en 1701, le clergé, outre les 1,500,000 livres de sa subvention annuelle, s'engagea à payer pour la capitation 4 millions pendant chacune des huit années suivantes ; en 1710, il se racheta complètement de cette redevance, par un don de 24 millions, alors qu'il en avait déjà fait un gratuit de 10 millions, en 1695, lors de l'établissement de cet impôt. — V. Forbonnais, t. II, p. 84, 85, 129 et 219.

l'avaient fourni. — Cet état de choses dura un siècle encore : ce ne fut, en effet, qu'en 1438, lors de la création par les Etats généraux, d'une taille permanente affectée à une armée permanente, que l'impôt, dans sa forme moderne, apparut en France.

Cependant les anciens produits féodaux du domaine royal étaient encore considérés comme formant seuls le revenu ordinaire du roi, et l'impôt, bien que perpétuel était toujours réputé une ressource extraordinaire. Revenus et impôt avaient chacun leur administration séparée, fonctionnant côte à côte et indépendante l'une de l'autre. Charles VII, qui cependant avait remanié entièrement l'organisation financière, ne crut pas pouvoir réunir les deux services, qui pendant plus d'un siècle continuèrent à être séparés ; et la grande époque financière de l'établissement de l'impôt se termina sans que la levée d'un tribut public ait pris le caractère d'une institution normale et d'un fait accompli (1). Ce ne fut qu'au commencement du XVI° siècle, en 1522, que François Ier réunit enfin l'administration du domaine et celle de l'impôt, dont les produits, d'origines différentes, étaient devenus également indispensables au gouvernement depuis près de deux siècles : et cette réunion donna à la gestion des finances la forme qu'elle conserva sans changement important jusqu'en 1789. — L'existence de ces deux administrations témoigne de celle d'une comptabilité assez avancée : dès avant saint Louis on en trouve des traces et sous le règne de ce monarque elle fonctionnait déjà d'une manière très régulière, ainsi que le prouvent les comptes de son trésorier, Jean Sarrazin, qui les tenait par *doit* et *avoir*, et ceux d'Alphonse de Poitiers, comte de Toulouse (2). Les prévôts, puis, quand ils devinrent insuffisants, les baillis et les sénéchaux percevaient tous les revenus et acquit-

----

(1) V. à ce sujet, dans les *Mémoires de l'Académie des sciences mor. et polit.*, t. II, p. 595, un intéressant travail de M. Mignet, sur la *formation territoriale et politique de la France.*

(2) V. l'ouvrage de M. Boutaric, *St-Louis et Alfonse de Poitiers.*

taient les dépenses locales. Des uns et des autres, ils tenaient un tableau régulier ; ils apportaient l'excédant des revenus à Paris, à trois époques fixes : la Saint-Remi, la Chandeleur et l'Ascension. Il y eut même un temps où les deniers étaient apportés au Temple, entre les mains du chevalier du Temple, qui était le gardien particulier du trésor du roi.

A côté de la comptabilité, se trouvait le contrôle représenté par une Chambre des comptes, assemblée permanente, chargée de vérifier et d'apurer les comptes de recettes et de dépenses, et par une Chambre de justice, assemblée temporaire, destinée à rechercher les malversations commises dans l'administration ou dans la gestion des finances, et à en punir les auteurs. Celle-ci, d'ailleurs, n'était convoquée qu'aux époques de troubles financiers ou d'exactions flagrantes et son origine est de beaucoup postérieure à celle de la cour des comptes, car on peut regarder comme la première chambre de justice qui ait été établie, la commission qui condamna Enguerrand de Marigny, surintendant des finances et coadjuteur au gouvernement du royaume sous Philippe-le-Bel, à être pendu, en 1315, à Montfaucon (1). Quant à la chambre des comptes, bien que la désignation de *Camera compotorum* n'apparaisse pour la première fois qu'en 1309, dans un mandement royal, son origine est très ancienne. Sous les trois premières races, le conseil des rois, sous le nom de parlement, jugeait les différends des partis et connaissait des revenus du domaine. Quelques auteurs prétendent que, lorsque ce conseil fut rendu sédentaire, il fut divisé en deux portions : que celle qui demeura chargée de l'exercice de la justice conserva le nom de *Parlement*, et que l'autre qui continua à connaître des recettes et de la comptabilité, prit celui de *Chambre des comptes*. C'est

---

(1) Et encore, ainsi que le fait malicieusement observer un auteur du XVIII° siècle, cette première chambre de justice aurait dû recevoir le nom de chambre d'*injustice*, puisqu'elle condamna, sans l'entendre, le ministre que des vengeances et des haines personnelles firent périr, mais dont la mémoire fut réhabilitée.

probablement en s'appuyant sur cette opinion, qu'en 1780, dans un mémoire solennel, la chambre des comptes pouvait dire : « Il ne peut subsister de royaume sans finances, ni de finances sans comptabilité ; il y a donc toujours eu une chambre des comptes, comme il y a toujours eu une cour pour rendre la justice. On ne trouve pas plus les lettres de création de ces cours que celles de la Monarchie : l'une et l'autre datent du même jour. » Comme le fait remarquer M. Leroy-Beaulieu, à qui il est emprunté, (1), ce passage est un peu ambitieux et se ressent de l'esprit de corps. Il a cependant ceci de vrai, que dès 1262, dans une ordonnance de saint Louis, il est fait mention des *gens de compte* (2) et que même avant saint Louis, cette institution existait (3).

(1) *Traité de la science des finances,* t. II, p. 7.

(2) « Ceux qui auront reçu les biens des villes pendant cette année, viendront à Paris aux gens du roi, qui sont les *gens des comptes,* aux octaves de la saint Martin ensuivant, pour rendre compte de la recette et de la dépense. » *Abr. chronologique* du président Hénault, Paris 1768. — T. 1ᵉʳ, p. 200.

(3) V. le contenu d'une lettre de M. de Saint-Just, maître des comptes, à M. le Chancelier, en date du 27 septembre 1339, dans la *Dissertation historique et critique sur la Chambre des comptes,* Paris 1767, p. 201.

Je trouve même dans un manuscrit inédit et très précieux, écrit au siècle dernier, par M. de Longeaux, conseiller maître à la Cour des comptes de Bar, manuscrit actuellement en ma possession et intitulé : *Description chronologique et généalogique des présidens, conseillers-maîtres et auditeurs et gens de la Chambre du conseil et des comptes du duché de Bar, depuis 1425 jusqu'en la présente année 1748, avec le blason de leurs armes et l'origine de leur noblesse, mise en ordre par M. de Longeaux, membre de cette compagnie,* je trouve dans un *avant-propos* les passages suivants qui viennent à l'appui de l'opinion ci-dessus énoncée et indiquent d'une façon détaillée le rôle d'une *Cour des comptes* sous l'ancien régime :

« Par la description que je me suis proposé de faire des chefs et des « membres qui ont composé et composent encore aujourd'hui le corps de la « chambre du conseil et des comptes du duché de Bar, seulement depuis trois « siècles jusqu'à présent, ceux qui ne sont pas au fait de l'histoire de cette « province, s'imagineront peut-être que cette époque n'est pas éloignée du « temps de son origine. La vérité est néanmoins, que les premières fonc- « tions de ce tribunal ont pris leur naissance dans un siècle bien plus « reculé : — (Il est vrai que l'on ne trouve pas les titres de son établisse-

Le mécanisme de l'administration des finances, à cette époque, nous est connu, grâce aux ambassadeurs extraordinaires de la République de Venise, auprès de Charles VII. Voici ce qu'ils en disent dans la relation qu'ils font au Doge de leur voyage en France : « Chaque année, en janvier, se réunissent les administrateurs généraux des finances, qui sont : celui de France, celui de Dauphiné, celui de Languedoc et celui de Bretagne ; tous ont un receveur général et trois contrôleurs par province. Tréso-

« ment ; mais on a des chartes du comte de Bar Thiébault II, qui com-
« mença son règne en 1240, qui prouvent qu'il existait déjà) ; — il y a même
« apparence qu'elles lui ont été attribuées par les premiers comtes de Bar
« dès le X* siècle, non seulement pour l'audition des comptes et la régie
« des affaires de leur domaine, mais encore pour leur tenir lieu de conseil
« d'Etat. Du moins, je puis avancer, sans témérité, qu'il était honoré de
« cette dernière prérogative lors de l'érection du comté de Bar en duché
« (1354), ce qui s'est continué pendant tout le temps que sa capitale a été le
« séjour le plus ordinaire de ses princes, comme il est suffisamment justi-
« fié par quantité de titres et documens authentiques renfermés dans les
« archives de cette compagnie, dont les officiers qui la formaient sous
« leurs règnes étaient par eux désignés en ces termes : « *Les gens de notre*
« *Conseil et des comptes de notre duché de Bar.* » De là vient qu'encore
« aujourd'hui, ce tribunal porte à bon droit le nom de *chambre du conseil*
« *et des comptes*, qui lui a toujours été conservé depuis que le duché de
« Bar a été soumis avec celui de Lorraine, sous la même dénomination, en
« honneur et mémoire de ce qu'il était auparavant...
    « Il me reste à dire en quoi ont consisté et consistent aujourd'hui les
« fonctions attribuées à ce tribunal.
    « Comme *Chambre du conseil*, la police générale lui était attribuée sur
« tout le duché ; et, dans les matières importantes qui s'y réglaient, le
« prince y faisait appeler, outre ses secrétaires ordinaires, les baillis de
« Bar et de St-Mihiel, avec quelques seigneurs ou principaux officiers de la
« Couronne, souvent même des prélats ou gens d'Église constitués en
« dignité, lesquels en souscrivaient les règlemens et décisions, conjointe-
« ment avec les présidens, conseillers et auditeurs.
    « Comme *Chambre des Comptes*, tout le temps que les domaines ont été
« en régie, ce tribunal en avait nuement la connaissance et l'administra-
« tion dans l'étendue du duché de Bar, soit pour la direction d'iceux, soit
« pour l'audition des comptes des receveurs généraux et particuliers des
« dits domaines, comme de leurs contrôleurs, ensemble de ceux des

riers de Sa Majesté, ils font un calcul des revenus et des
dépenses pour les besoins de l'année suivante, considérant
d'abord la dépense. Ils appliquent, pour le déficit, un impôt
général à toutes les provinces du royaume, duquel impôt ni
prélats, ni gentilshommes ne payent chose aucune, mais seulement le peuple. Si bien que par les revenus ordinaires de la
taille, ils viennent à faire face aux dépenses prévues pour
l'année suivante. Puis, si durant cette année survient quelque

« prévôts et gruyers de tout le duché ; tous lesquels officiers et leurs
« subalternes étaient tenus de se faire recevoir en ladite Chambre et y
« prêter serment, ce qui se pratique encore aujourd'hui à l'égard des der-
« niers, sans interruption depuis plus de trois siècles ; de même qu'en ce
« qui concerne la réception et vérification des aveux et dénombrements de
« tous les vassaux dudit duché : l'entérinement et l'enregistrement des
« lettres de noblesse, graduations, réhabilitations, souffrances, confirma-
« tions, érections, amortissements, etc... : l'enregistrement de tous édits,
« ordonnances, déclarations, et, particulièrement sur le fait des monnaies,
« eaux et forêts et autres parties des domaines, avec autorité de les faire
« publier, afficher et faire tenir la main à leur exécution : la révision et
« vérification des comptes des receveurs des hôtels de ville ; et enfin,
« depuis l'année 1698, — et cette dernière attribution n'est qu'une suite de
« celle que ce tribunal avait anciennement de procéder à la répartition
« des aydes généraux et subsides imposés sur tous les lieux contribuables
« du duché ; ce qui se justifie par les comptes des domaines où il est dit
« que cette imposition se faisait de l'ordonnance de nosseigneurs de la
« Chambre du Conseil et des Comptes, à Bar, — depuis l'année 1698, la
« répartition de la subvention et autres impositions ordonnées sur tous
« les lieux contribuables dépendant du dit duché, avec juridiction conten-
« tieuse en dernier ressort sur le fait des dites impositions ; comme il
« l'avait pareillement sur le fait des gabelles et les appellations des
« grueries, avant que la connaissance lui en eût été interdite ou suspen-
« due, à l'instigation des Cour souveraine et Chambre des comptes de
« Lorraine. »

Il est vrai que la Chambre du conseil et des comptes du Barrois
n'était pas soumise aux lois françaises, mais les mœurs et les usages des
deux pays étaient trop semblables pour que l'on ne puisse pas conclure
qu'il y a non seulement fort peu de différence, mais, au contraire, beaucoup
d'analogie entre son ancienneté et son rôle, et l'ancienneté et le rôle des
Cours des comptes de France.

guerre ou toute autre occasion inattendue de faire dépense, on fait surgir quelque autre impôt, ou bien on diminue les pensions, de manière que, par cet autre moyen, on se prévaut de la somme nécessaire en toutes occasions. » C'était, on le voit, à peu de chose près, notre façon d'agir actuelle.

Mais bientôt, les revenus ainsi obtenus joints à ceux du domaine, ne suffisant plus, on imagina d'autres moyens de s'en procurer. Sous le règne de François Ier apparurent trois mesures très énergiques, quoique d'une valeur et d'un caractère bien différents : les édits bursaux, la création de la dette publique et la vénalité des offices, en même temps que s'opérait (1522) la réunion des deux administrations chargées, l'une des revenus du domaine, l'autre des revenus de l'Etat. Un trésorier général fut placé à la tête de l'administration unique des finances et commis à la garde du trésor central, appelé Epargne : il devait avoir deux registres, l'un pour les recettes et l'autre pour les dépenses et être prêt à les montrer à toute heure ; de plus, au commencement de chaque année, il avait à présenter au roi un tableau des recettes probables de l'année qui s'ouvrait : c'était une sorte de *budget* ou *état de prévoyance*, semblable à celui dont on voit déjà trace sous Philippe-le-Bel (1).

Les édits bursaux furent une innovation désastreuse, dont les funestes effets se firent sentir en France, quelquefois d'une manière excessive jusqu'en 1789. Par eux, le pouvoir royal

(1) En 1314, il avait été arrêté qu'il serait établi deux budgets : l'un pour lesdépenses ordinaires, l'autre pour les dépenses extraordinaires. — Les recettes ordinaires, provenant des ressources de Normandie, de Rouergue, Périgord, Querci, Auvergne, étaient destinées aux dépenses ordinaires, telles que maison du roi, pension, émoluments des grands corps de l'Etat, car il y avait déjà un Etat. — Les recettes extraordinaires, provenant des autres provinces, des amendes de l'Echiquier, de droits divers, allaient au Louvre, où un trésorier particulier était chargé de fournir sur ce fonds à toutes les dépenses extraordinaires et imprévues. — V. *Les finances françaises sous l'ancienne monarchie*, par le baron de Nervo, t. Ier, p. 35.

créait arbitrairement des taxes sans le concours de l'Etat, ni de représentants quelconques du pays ; de plus, et malheureusement, ils n'étaient soumis qu'à la vaine formalité de la vérification et de l'enregistrement au Parlement où à la cour des aides.

Presque en même temps, la dette publique apparut. Jusque-là les emprunts, bien que très fréquents (1), avaient été temporaires et remboursés plus ou moins exactement, soit en capital, soit en intérêts ; mais les guerres (2), le luxe de la cour et les pensions toujours croissantes que le roi donnait à ses favoris, obligèrent « le chancelier Duprat, aidé du surintendant des finances, à inaugurer la création de rentes perpétuelles payables sur le produit d'une taxe imposée au bétail vendu à Paris. La première émission de ces rentes fut de 200,000 livres : l'intérêt servi était de 8 0/0. Ces rentes, très exactement payées prirent faveur, et ainsi se fonda cette grande institution de la dette publique,

(1) Davila, dans son *Hist. des guerres civiles de France* (édition de 1657), parle à chaque instant des emprunts très considérables que l'on était forcé de faire aux princes étrangers : V. p. 189, 206, 639, 846, etc.

(2) Les dettes publiques, sous leurs diverses formes, sont pour la plupart résultées de l'excès et de l'urgence des dépenses de la guerre qu'on no pouvait acquitter avec les produits de l'impôt. — Les emprunts, cependant, étaient inconnus dans l'antiquité, et les anciens n'en faisaient pas moins la guerre, sans, pour cela, aliéner toutes leurs ressources pécuniaires. Hume, dans son *Essai sur l'argent,* convient même qu'après la conquête de l'Egypte, l'argent était aussi abondant à Rome, que, de son temps, dans les principaux Etats de l'Europe. Une différence essentielle séparait, au point de vue de l'organisation militaire, l'antiquité des temps modernes. Le service était personnel, rarement ou peu rétribué, ce qui, nécessairement, aboutissait à une grande modicité de dépenses, et, nous voyons dans Tacite (Annales, liv. 4) que, sous les Empereurs, les dépenses d'une armée composée de vingt-cinq légions, formant cent vingt-cinq mille hommes, ne dépassaient pas quarante millions de francs, et que toutes les dépenses étaient comprises dans cette somme. Mais il faut dire aussi que, si les armées se contentaient de la modique rétribution qu'elles recevaient de leur pays, c'est qu'elles comptaient sur le *butin,* bénéfice inconnu de nos jours.

depuis si merveilleusement développée, et d'une garantie si sûre, lorsqu'elle ne dépasse point les forces d'un Etat (1). »

A ces deux moyens vint se joindre un troisième expédient, la vénalité des offices, dont les conséquences ne contribuèrent pas peu, moins de trois siècles après, à faire tomber la royauté. Cette création donna lieu à des abus inouïs : en fort peu de temps, on vit sortir de terre une armée de fonctionnaires nouveaux, qui, après avoir eu grand'peine à se procurer la somme nécessaire à l'achat de leur charge, s'empressèrent, par mille moyens vexatoires et odieux, de redemander au peuple, mais centuplé cette fois, l'argent qu'ils venaient de débourser. Voici d'ailleurs comment, quelques années après, s'en exprimait au roi un auteur contemporain : « Il y a en France, pour l'exercice de la justice, cinq ou six mille officiers plus qu'il ne faut ; vous y avez cinq ou six mille maîtres des comptes, auditeurs, contrôleurs, trésoriers, payeurs, receveurs plus qu'il n'est besoin. Plus de cinq mille avocats, plus de quinze mille procureurs qu'il ne faut ; plus de six mille notaires, plus de douze mille sergents, plus de six mille solliciteurs, plus de dix mille greffiers et secrétaires. Bref, voilà environ soixante mille hommes du tout inutiles, que les Etats ne reconnaissent, sinon comme rongeurs, mangeurs et destructeurs de l'Etat du roi et de son pauvre peuple..... De cette pluralité, la vermine en est bien telle, que, quand chacun d'eux ne prendrait par jour qu'un écu, outre le droit de l'émolument et taxe à eux prescrit, encore est-ce par chacun jour soixante mille écus : c'est, par an, vingt-et-un millions, trois cent mille écus et, pour le temps de cet état (trente-et-un ans, de la mort de François Ier à 1580), six cent soixante millions, trente mille écus. Voilà le

<hr>

(1) *Les finances franç. sous l'anc. monarchie*, par le baron de Nervo, t. Ier, ch. IV. — De grands esprits, cependant, comme Montesquieu et Hume, l'ont fortement critiquée, sans jamais voir ce qu'elle a de bon. — V. Montesquieu : *Esprit des Lois*, liv. XXII, ch. XVII, et Hume : *Essai sur le crédit public*.

profit qui revient à ce royaume d'y vendre les offices et d'y créer tant et si grand nombre d'officiers et permettre l'inutilité de tant de gens qui ne vivent que de larcin (1). »

Telle était, en 1581, la situation financière de la France, huit ans avant l'avènement de Henri IV au trône.

Ce monarque le savait fort bien d'ailleurs, quand il disait, en 1596, aux Notables assemblés à Rouen que, lorsque Dieu l'avait appelé à la couronne, il avait trouvé la France, « non seulement quasy ruinée, mais presque toute perdue pour les François » ; et il ajoutait : « je l'ay sauvée de la perte ; sauvons la astheure de la ruyne (2). » En faisant ainsi appel à ses sujets par l'intermédiaire de ses représentants, il rentrait dans la grande tradition de l'impôt consenti par le peuple, tradition de la monarchie française que ses prédécesseurs négligeaient depuis longtemps. Il sentait que « pour opérer les réformes dont le salut de l'Etat dépendait, mais qui depuis sept ans défiaient et déjouaient tous les efforts, tant le mal était profond, le roi devait aider et doubler, en quelque sorte, son autorité de l'autorité de la France elle-même, du concours d'une assemblée nationale ; et que, d'après les anciennes lois de la monarchie, pour établir de nouveaux

____

(1) *Le Secret des finances de France*, par Froumenteau, 3ᵉ partie, p. 430 et 431. — Un siècle plus tard, la situation n'avait guère changé. Forbonnais, dans son excellent ouvrage : *Recherches sur les finances de la France de 1595 à 1721*, t. I, p. 329, nous donne un relevé des seuls offices de justice et de finance pour l'année 1664, qui en porte le chiffre à 45,780 et la valeur vénale à 419,842,000 livres *d'alors* ! — L'ardeur des places était une maladie tellement endémique dans l'ancienne société française que Louis XIV retira aux villes leurs droits d'élection dans l'unique pensée de les leur revendre au détail : étrange spéculation que le règne suivant renouvela par deux fois sans que la déloyauté d'un tel marché lassât jamais l'empressement des acheteurs. (V. à ce sujet *La monarchie française au* xviiiᵉ *siècle*, par le comte de Carné, p. 58.) — Nous avons, hélas ! peu de chances de nous guérir de cette maladie, à en juger par l'état aigu auquel elle est arrivée de nos jours !...

(2) *Recueil de lettres missives de Henri IV*, publié par M. Berger de Xivrey, t. IV, p. 657 et 658.

impôts, l'assentiment et le vote de cette assemblée étaient léga-
lement indispensables (1). » Pendant les trois mois qu'ils
durèrent (du 4 novembre 1596 au 29 janvier 1597), les travaux
des Notables aboutirent à des résultats remarquables ; on ne se
contenta pas d'indiquer quelques réformes, de proposer quelques
dégrèvements, ou d'établir de nouveaux impôts : on refondit
entièrement le budget, et on alla même jusqu'à s'engager à réunir de nouveau l'assemblée après un délai de trois ans. Jamais,
peut-être, les « voies et moyens » n'avaient été indiqués jusque-
là avec autant de netteté. De toutes ces modifications et améliorations, peu avaient une portée durable ; plusieurs même ne
furent jamais réalisées ; mais elles annonçaient toutes un grand
désir de bien faire, en même temps qu'elles prouvaient, chez le
législateur, une véritable entente de la science financière.

Pendant tout le reste de son règne, grâce à une volonté ferme-
ment arrêtée de mériter les beaux titres de « libérateur et restaurateur de l'Etat (2) » ; grâce à la confiance qu'il eût dans
l'honnêteté et l'énergie de Sully ; grâce à l'appui qu'il ne cessa
de lui donner contre ceux que mécontentait son habile et prudente administration, Henri IV arriva, en quinze ans, à laisser
à la France un gouvernement tranquille, des finances prospères,
un trésor rempli (3) : il diminua la dette de l'Etat et augmenta

(1) *Hist. du règne de Henri IV*, par M. Poirson, t. II, p. 259.
(2) *Recueil des lettres missives do Henri IV*, t. IV, p. 657.
(3) Henri IV, à sa mort, laissait 43 millions à la Bastille. Dans sa pensée,
cette somme devait l'aider dans les grands projets de guerre que sa mort
vint anéantir, et il ne fallut pas beaucoup de temps après lui pour la gaspiller. Ce fut le dernier *trésor* qui exista en France. Depuis, soit par les
impôts, soit par le crédit, on a suppléé à l'absence de cette ressource qui
en elle-même était chose mauvaise. Quand on regarde à quoi ont servi les
trésors accumulés aux différentes époques de l'histoire, on est frappé de
voir que tous ont contribué à favoriser des guerres funestes ou des pen-
chants vicieux. Pour n'en prendre qu'un exemple, et dans l'histoire de
France, l'argent que Charles V avait amassé servit, après sa mort, à semer
la discorde entre ses frères, les ducs d'Anjou, de Berry et de Bourgogne

son revenu, tout en soulageant, par une répartition plus équitable de l'impôt, les contribuables depuis si longtemps écrasés sous le poids de charges énormes.

Comment il en était arrivé à ce résultat, ses comptes de chaque année nous l'apprennent : on avait toujours soin, dans les « états de prévoyance », d'évaluer les dépenses à une somme de trois à quatre millions moindre que celle des recettes (1). Cet excédant, assuré grâce au rendement plus régulier des impôts, au contrôle juste et sévère de Sully qui forçait les fonctionnaires à être plus honnêtes, permettait de pourvoir à toutes les dépenses inopinées. Ceci n'était que la recette *ordinaire* ; on la faisait grossir encore par le produit d'une bonne administration,

qui commirent de grandes exactions sur le peuple : quant au duc d'Anjou, qui s'en était emparé, il n'en tira d'autre avantage que de s'aller perdre, lui et son trésor, dans la conquête de la Sicile et du royaume de Naples. — Aussi, les gouvernements dans lesquels les principes d'austérité étaient le plus en honneur au Moyen-Age, proscrivaient comme funeste l'accumulation des richesses. Philippe de Commines raconte dans ses *Mémoires* qu'étant ambassadeur à Venise, « il ne vit aucun argent monnayé en leur « trésor, et qu'en s'en enquérant de la raison, le Duc lui dit en présence « des seigneurs, que « *c'était un crime capital de parler en leur conseil* « *de faire aucune réserve de deniers.* » — Même en France, d'ailleurs, on condamnait cette habitude : « Il n'est bon ni utile que le prince thésaurise, « parce que cela ne peut lui servir que d'amorce pour lui attraire des enne- « mis, ou division après lui : et tels trésors sont si maudits, que, le plus « souvent, on voit que les grands trésors du prince sont cause plutôt de « mal que de bien. » Froumenteau, à qui cette citation est empruntée (*Secret des finances*, liv. II, épit. au lecteur, p. 18) ajoute, comme s'il avait prévu la théorie moderne de l'impôt et de l'emprunt : « Quoi donc ! faut-il « qu'un prince souverain soit pauvre ? nenni, mais au contraire qu'il soit « très riche et très opulent, pour prévenir la puissance de ses ennemis ; « mais *le cabinet plus certain et assuré pour mettre les richesses et tré-* « *sors, doit être dans les bourses et les maisons de ses sujets.* » — Hume, dans son *Essai sur le crédit public*, a développé avec talent la thèse contraire à celle-ci et a essayé de prouver, mais sans y parvenir, que l'existence d'un *trésor* valait bien mieux que celle d'une *dette publique.*

(1) Discours du Mis d'Effiat, surintendant des finances, sur l'Etat d'icelles, à l'assemblée des Notables, en 1626. — *Mercure français*, t. XII, p. 792.

« d'un bon ménage », comme on disait alors, de sorte qu'à la fin de l'année, on pouvait facilement, les charges acquittées, mettre de l'argent en réserve.

En 1614, se tiennent les derniers Etats généraux convoqués avant ceux de 1789 (1). Malgré le mauvais état où étaient rapidement tombées les finances depuis la mort de Henri IV, ils ne firent rien pour les relever. En peu de temps, comme nous l'avons vu, les réserves d'argent avaient disparu pour faire place au déficit : « les dépenses excessives et inutiles et la vollerie de ceux qui maniaient la bourse (2) » en étaient cause.

« De 1610 à 1661, avénement de Colbert au pouvoir, les affaires publiques passent successivement par trois phases distinctes, et, à chacune de ces phases, le mal s'aggrave : d'abord un gouvernement faible, qui dissipe les ressources extraordinaires accumulées depuis dix ans, compromet les revenus

(1) A peu près à la même époque (1629) se tint la dernière session des *Etats* de Lorraine qui étaient, pour leur pays, ce que les Etats-Généraux étaient pour la France ; à côté d'eux fonctionnait le tribunal des *Assises*, qui formait comme une commission intérimaire, représentant les Etats dans l'intervalle qui séparait deux sessions.

Les *Assises* de Lorraine votèrent quelquefois des aydes extraordinaires, lorsqu'il n'était pas possible de réunir les États ; mais cette prétention fut presque toujours mal accueillie par les trois ordres, témoin, notamment, la plainte qui fut faite à ce sujet en 1626, et dont les termes sont trop remarquables pour ne pas être cités : « On n'a pas encore entendu dire que « les seigneurs des Assises ayent pouvoir d'accorder aucune contribution ; « aussy cela serait d'une très grande conséquence. Si un Etat ne peut « astreindre personne à donner contre sa volonté et consentement, tant « moins peuvent faire MM. desdictes Assises, n'y ayant point apparence « que sept ou huit qui seraient à une assise puissent disposer de tout le « reste du corps ; ils devraient se souvenir que son Altesse, qui est le « prince sonverain, lorsqu'il désire avoir quelque contribution, il ne le « faict qu'au préalable il n'aye faict l'honneur à sa noblesse de les appeler « et convoquer. »

V. *Mémoires de la Société d'Archéologie lorraine*, 2⁰ série, t. XI (1869), p. 429, à la note.

(2) Remontrance au Roy sur l'Epargne. — *Mercure français*, t. XII, p. 775.

actuels, entame les revenus futurs ; puis un gouvernement fort, qui tente vainement quelques réformes, double les charges des contribuables, ...et, en exaltant la puissance militaire au préjudice de la puissance productrice, tarit presque les sources de la vie ; enfin l'anarchie (1), » introduisant avec elle des désordres et des abus que résume et qu'éclaire le célèbre procès du surintendant Fouquet.

Le contrôle de la nation est remplacé par celui du parlement de Paris (2) qui prend la place des Etats-généraux, heureux encore quand ce contrôle qu'il avait acquis avec l'assentiment de l'opinion publique, est respecté par le pouvoir royal (3). L'administration de Colbert, il est vrai, pendant une période de vingt-deux ans, ramena une certaine prospérité dans les finances et arrêta la France, pour peu de temps malheureusement, dans la voie funeste du gaspillage et du désordre.

Voici, à la mort de ce ministre, quelle était l'organisation financière et budgétaire : le montant de la taille était fixé par le conseil royal des finances, qui se réunissait deux fois par semaine sous la présidence de Louis XIV. On prenait au préalable l'avis des intendants des provinces, qui répartissaient la somme à disposer sur les vingt-cinq généralités du royaume et les cent soixante-dix-sept élections ou subdivisions financières. Une fois répartie entre chaque province, la taille était signifiée par les intendants aux élus. Ceux-ci choisissaient alors, parmi les traitables, et à tour de rôle, ceux qui, sous le nom de collecteurs,

(1) *Hist. de l'impôt en France,* par M. Clamageran, t. II, p. 398.

(2) En 1648, la Régente déclara qu'aucun impôt ne serait établi sans avoir été ratifié par les cours souveraines et que la peine de mort serait appliquée à toute personne qui préleverait une taxe non autorisée par un édit, ni sanctionnée par le parlement. Changez les mots *cours souveraines* et *parlement,* en ceux qu'employait Philippe de Commines (V. p. 15) et vous aurez toujours le même principe, mais changé dans son application.

(3) V. notamment dans le savant ouvrage de M. de Carné : *Les Etats de Bretagne,* comment Louis XIV traita ceux-ci lorsqu'ils osèrent invoquer les traditions de la Monarchie et les droits antiques de leur province.

devaient établir la somme à payer par chaque contribuable, la percevoir et la verser entre les mains du receveur particulier de l'élection : le collecteur, et non le contribuable, était responsable du montant de la taille. Les fonds, après être passés par les mains du collecteur, puis du receveur particulier, puis du receveur général, arrivaient enfin au garde du trésor royal, qui en tenait un registre vérifié tous les mois par le ministre des finances et chaque semestre par le Roi.

Les comptes étaient tenus à jour et contrôlés avec soin. Colbert, à cet effet, avait institué deux registres ; le « *registre journal*, » qui mentionnait par ordre de dates les dépenses et les recettes, et le « *registre des fonds*, » qui mentionnait les recettes par ordre de matières, avec l'indication des dépenses assignées sur chaque article. Tous les mois on rédigeait un abrégé des registres : registres et abrégé étaient alors soumis au Roi qui arrêtait l'état de la recette et celui de la dépense. Tous les ans, au mois d'octobre, on déterminait le budget provisoire de l'année suivante et, au mois de janvier ou de février, on réglait par un « *Etat au vrai*, » le budget définitif de l'année précédente (1).

Mais de quoi pouvait servir le zèle d'un ministre si intelligent et si puissant qu'il fût, contre la volonté absolue d'un souverain qui, d'après les propres paroles de Colbert (2) « n'a jamais con-

____

(1) V. *Histoire financière de la France*, par M. Bailly, t. 1ᵉʳ, p. 422 et 423.

(2) La lettre suivante adressée par Colbert à Louis XIV, prouvera mieux que tous les chiffres et que tous les raisonnements, ce qu'était à son apogée, la situation financière de la France sous le règne du grand Roi. Elle laissera deviner ce qu'elle fut depuis, dans des temps moins prospères, et montrera clairement à qui doit incomber la lourde responsabilité des fautes qui amenèrent les catastrophes financières du siècle suivant.

Ce document est d'une telle importance que nous n'hésitons pas, malgré sa longueur, à le reproduire en entier :

« Je supplie Votre Majesté de lire ce peu de lignes avec un peu de « réflexion. J'avoue à Votre Majesté que la dernière fois qu'elle voulut

sulté ses finances pour résoudre ses dépenses, ce qui est si extraordinaire, qu'assurément il n'y en a point d'exemple ? »

« bien me parler de l'état de ses finances, le respect, l'envie sans bornes
« que j'ai toujours de lui plaire et de la servir à son gré et sans peine et
« sans aucun embarras et encore plus son éloquence naturelle qui vient
« facilement à bout de persuader ce qu'il lui plait, m'ôtèrent le moyen
« d'insister et d'appuyer un peu sur l'état de vos finances ; mais après
« avoir fait une sérieuse réflexion sur tout ce que Votre Majesté me fit
« l'honneur de me dire, voyant qu'il n'y a qu'un changement de destination
« de dépense, je croirais prévariquer à mon devoir et manquer à la fidélité
« que je lui dois si je ne lui remettais encore fidèlement devant les yeux et
« en peu de mots ce même état afin qu'il lui plaise, y faisant la réflexion
« qu'elle estimera nécessaire, prendre la résolution qu'elle croira plus
« avantageuse à son service.

« Après les huit à neuf années de guerre et une dépense de 110 à 120
« millions sur les années suivantes, en 1680 la dépense excède la recette
« de 20 millions et Votre Majesté devra encore en reste de vivres 4 millions,
« étapes 1 million, chambre aux deniers, argenterie, menus, écuries, bâti-
« ments, fortifications, gratifications et toutes autres dépenses, 12 à 13 mil-
« lions de livres.

« Je conviens que l'on peut retarder une bonne partie de ces payements,
« mais il est certain que ce retardement ne peut aller qu'à un an ou deux
« au plus.

« Ce sont 54 ou 55 millions consommés sur 1681. Les revenus de Votre
« Majesté, à cause de toutes les remises qu'elle a faites à ses peuples,
« montent à 65 et 66 millions. Je les mets à 70 millions et en ôtant 6 à 7
« millions de dettes dont on peut retarder les paiements, il ne restera plus
« des revenus de 1681, pour les dépenses, que 22 ou 23 millions ; en sorte
« qu'il faut faire état de tirer sur 1682 dès le mois de mars ou avril pro-
« chain.

« Le crédit de Votre Majesté a été établi et soutenu au denier 20 pour
« plus de 20 millions ; *l'excès des emprunts* l'a réduit à présent au denier
« 10, en sorte qu'il faut déduire encore 8 à 9 millions pour faire avancer 82
« en 1681 ; et il est à craindre que *si cela continue*, il ne soit peut-être
« nécessaire de rétablir le 15 pour cent.

« *J'ai toujours caché avec grand soin et ai toujours, au contraire, affecté*
« *de faire paraître une très grande abondance pour maintenir toujours*
« *ce crédit*, et c'est ce qui nous a fait trouver 15 à 16 millions de livres
« pour la caisse des emprunts. Cette caisse est fondée sur les obligations
« de tous les fermiers dont les payements échoient de quartier en quar-
« tier, en sorte qu'à la fin de ce mois on peut leur demander le payement
« entier.

Après sa mort, le désordre un moment arrêté, reparaît de nou-

« *Le crédit diminué au denier 10 commence à faire connaître que*
« *l'abondance n'est pas telle que je l'ai voulu persuader ; il faut encore*
« *emprunter 4 millions pour le mois de septembre : il est difficile, pour*
« *ne pas dire impossible, que ce forcement de crédit ne porte à retirer le*
« *tout ou bonne partie de la caisse des emprunts, en ce cas Votre Majesté*
« *n'y pouvant pas pourvoir et ces payements excédant les forces des par-*
« *ticuliers, Votre Majesté verrait une banqueroute presqu'universelle, dont*
« *les suites donneraient beaucoup de peine et diminueraient considérable-*
« *ment les revenus de Votre Majesté.*
« Je sais bien, Sire, que voilà le mal expliqué, mais qu'il faut y chercher
« des remèdes. Mais auparavant, je ne sais si Votre Majesté n'estimerait
« pas que ce mal et l'état que je viens d'expliquer fût rendu constant à
« des commissaires qu'il plairait à Votre Majesté de nommer, ou en son
« conseil royal, en sa présence ; peut-être que ces messieurs trouveraient
« des expédients ou feraient quelques propositions dont l'exécution pour-
« rait remédier au mal et satisfaire Votre Majesté.
« *Pour moi, Sire, tout ce que l'on peut penser sur cette matière ne*
« *peut aboutir qu'à augmenter la recette et diminuer la dépense.*
« *Pour l'augmentation de la recette, je ne puis m'empêcher de dire à*
« *Votre Majesté qu'il y a à craindre que je n'aille trop loin et que les*
« *prodigieuses augmentations des fermes ne soient fort à charge aux*
« *peuples.* — C'est la seule chose qui soit commise à mes soins, Votre
« Majesté ayant réglé les tailles.
« Il n'y a point d'affaires extraordinaires et Votre Majesté a disposé de
« ce qui pouvait produire quelque chose dans les pays conquis.
« Le crédit a produit jusqu'à présent plus de 40 millions d'argent effectif
« et difficilement peut-il aller plus avant : l'on ne prend plus de rente et
« l'on en prendrait encore moins si le pied en était baissé.
« *A l'égard de la dépense, quoique cela ne me regarde en rien, je*
« *supplie seulement Votre Majesté de me permettre de lui dire, qu'en*
« *guerre et en paix, elle n'a jamais consulté ses finances pour résoudre*
« *ses dépenses, ce qui est si extraordinaire qu'assurément il n'y en a*
« *point d'exemple* ; et si elle voulait bien se faire représenter et comparer
« les temps et les années passées *depuis 20 ans* que j'ai l'honneur de la
« servir, elle trouverait que, *quoique les recettes aient beaucoup augmenté,*
« *les dépenses ont excédé de beaucoup les recettes,* et peut-être que cela
« convierait Votre Majesté à modérer et retrancher les excessives et
« mettre par ce moyen un peu plus de proportion entre les recettes et les
« dépenses.
« Je sais bien, Sire, que le personnage que je fais en cela n'est pas
« agréable, mais dans le service de Votre Majesté les fonctions sont diffé-

veau et, avec lui, les édits bursaux et les acquits au comptant qui vont toujours croissant (1).

Les successeurs de ce grand ministre ne purent agir que par des expédients, la plupart condamnables, et lorsque Louis XIV mourut, la situation était tellement mauvaise que son dernier ministre des finances, Desmarets, neveu de Colbert, publia pour sa justification personnelle, un *Mémoire* (2), que l'on considère

« rentes : les unes n'ont jamais que des agréments dont les dépenses sont
« les fondements : celle dont Votre Majesté m'honore a ce malheur qu'il
« est difficile qu'elle puisse rien produire d'agréable, puisque les proposi-
« tions de dépenses n'ont point de bornes ; mais il faut se consoler en
« travaillant toujours à bien faire.

« *Je supplie Votre Majesté de faire une sérieuse réflexion sur tout ce*
« *que je viens de lui représenter* (*).

« COLBERT. »

Cette lettre montre assez à quel point le défaut de contrôle et le manque total de frein dans les dépenses stérilisaient les efforts de l'honnête ministre qui, se sentant impuissant à sortir seul de l'abîme où on l'avait fait tomber, et malgré son respect du pouvoir absolu, demandait la lumière et l'autorité d'une assemblée pour l'aider dans la gestion des finances.

(1) En 1691, il y eut jusqu'à *cent cinquante* édits bursaux. — Les acquits au comptant, c'est-à-dire les dépenses dont le détail n'était pas soumis à la Chambre des comptes, dépassent, en 1759, la somme fabuleuse de 117 millions (V. M. Bailly, *op. cit.*, t. II, p. 143) ; en vertu de ces acquits, le trésor payait, sur la simple signature du prince, des sommes dont l'emploi n'était justifié d'aucune manière. — Cette même année 1759, en présence de ces abus énormes, la Chambre des comptes de Paris adressa des remontrances au Roi, le suppliant de « fixer à une somme modique ces acquits
« de comptant..., d'ordonner, comme Henri IV, que cette forme de paiement
« ne servirait que pour les affaires secrètes et importantes de l'Etat, et que
« toutes les autres dépenses seraient mises en ligne de compte, suivant
« l'ordre qui se gardait anciennement..... Le zèle de vos peuples est iné-
« puisable, mais leurs forces ne répondent point à leur zèle. » — (*Remontrances* de la Chambre des comptes de Paris, du 19 décembre 1759.

(2) *Mémoire sur l'administration des finances depuis le 20 février 1708 jusqu'au 1er septembre 1715.* Paris, 1716, in-8°. — L'abbé de Saint-Pierre

(*) Correspondance inédite de Colbert, *Revue des chefs-d'œuvre et curiosités littéraires*, livraison du 10 septembre 1884, p. 165 et suiv.

3

comme le chef-d'œuvre du genre, et dans lequel il avoue, en toute humilité, l'existence du mal et l'impuissance et la malhonnêteté des moyens employés pour essayer d'y porter remède : « *Pendant toute l'année* (1710), dit-il, *il fallut, comme dans* « *les précédentes, sans aucuns fonds présents, et par indus-* « *trie, pourvoir à la dépense des troupes et de tout l'Etat.* » Cette phrase résume l'ensemble de la politique financière de Desmarets et de la fin du règne de Louis XIV.

Personne, du reste, n'a dépeint sous des couleurs plus sévères et plus exactes, la triste situation des finances, en 1715, que le gouvernement lui-même succédant à Louis XIV. Voici en quels termes le Régent s'exprime par la bouche de Louis XV, dans une *Déclaration* du 7 décembre 1715 : « Louis, etc..... S'il eût été possible, à notre avènement à la couronne d'acquitter les dettes *immenses* qui ont été contractées sur l'Etat pendant les deux dernières guerres, et de supprimer en même temps toutes les impositions extraordinaires dont nos peuples sont *surchargés*, notre satisfaction aurait été encore plus grande que celle de nos peuples eux-mêmes. Mais *il n'y avait pas le moindre fonds, ni dans le trésor royal, ni dans nos recettes, pour satisfaire aux dépenses les plus urgentes* ; et nous avons trouvé le domaine de notre couronne aliéné, les revenus de l'Etat presque anéantis par une infinité de charges et de constitutions, les impositions ordinaires consommées par avance, des arrérages de toute espèce accumulés depuis plusieurs années, le cours des recettes interverti, une multitude de billets, d'ordonnances et

qui reproduit ce *Mémoire* dans ses *Annales politiques*, ajoute: « Que des poètes, des orateurs, des historiens proposent Louis XIV durant son règne à la postérité, comme un modèle de roi parfait, cela est naturel ; mais qu'on lise après sa mort, ce monument précieux, ce mémoire de feu M. Desmarets, et l'on jugera alors si les bienfaits qu'il a procurés à ses sujets durant soixante-douze ans de règne surpassent les maux qu'il leur a causés ; on jugera si les peuples avaient grand sujet de le regretter et si c'est un modèle de roi parfait ! » (*Annales politiques*, année 1715).

d'assignations anticipées, de tant de natures différentes et qui montent à des sommes si considérables, qu'à peine on en peut faire la supputation. » Puis, plus loin, faisant allusion aux procédés financiers de la fin du dernier règne : « Ces expédients pernicieux que l'obligation de soutenir la guerre pour parvenir à une paix glorieuse a pu rendre nécessaires, auraient bientôt achevé de précipiter l'Etat dans une ruine totale et nous auraient fait perdre jusqu'à l'espérance de pouvoir jamais le rétablir (1). »

Telle était, de l'aveu même du roi, la triste situation des finances en 1715, au moment où les rênes de l'Etat se trouvaient entre les mains d'un enfant représenté par un prince faible et corrompu : aussi, malgré les critiques si justes qu'il formulait contre les errements précédents, le pouvoir se montra peu pressé de ne pas les suivre.

Le duc de Noailles, il est vrai, en sa qualité de président du conseil des finances, fit de louables efforts, en réduisant les dépenses et en augmentant les recettes, pour améliorer un si déplorable état de choses. — Après lui, et sous le sage ministère du cardinal de Fleury, le contrôleur général Orry eut également une prudente administration : de 1736 à 1740, d'après les *Etats au vrai* manuscrits, l'écart entre les recettes et les dépenses normales ne dépasse pas 6 ou 8 millions ; en 1738, il s'en fallut d'un million seulement que l'équilibre ne fût atteint (2). C'est la plus belle époque du règne de Louis XV, et la dernière, de l'ancienne monarchie, pendant laquelle les finances se trouvèrent dans une prospérité relative.

Malheureusement, ces tentatives de réforme demeurèrent vaines, cette sagesse fut stérile. Il eût fallu plus qu'un homme, il eût fallu la nation toute entière qui aurait apporté elle-même

(1) *Recueil général des anciennes lois françaises*, collection Isambert, t. XXI, p. 67 et 68.

(2) *Les finances de l'ancien régime et de la révolution*, par René Stourm, t. Ier, p. 19.

le remède à tant de maux, « mais alors, les Etats généraux n'ayant pas été réunis depuis un siècle, et étant en quelque sorte tombés en désuétude, on redouta les conséquences d'une convocation dont la nation avait perdu l'habitude et presque le souvenir (1) ; » la monarchie s'avançait ainsi à grands pas vers un abîme que tout concourait à devoir rendre plus profond, et dont rien ne devait être assez fort pour l'en détourner.

A aucune époque de ce règne, d'ailleurs, pas plus que sous le précédent, il n'y eut une seule tentative d'ingérence parlementaire ou de frein représentatif dans la formation du « bref état du revenu du roi » et la réglementation des dépenses ; il n'y eut pas davantage de contrôle sérieux quant aux « Etats au vrai » et aux comptes des exercices écoulés ; la Chambre des comptes de Paris n'arrivait pas à centraliser les écritures et les comptes des autres chambres du royaume, et les acquits au comptant, comme nous l'avons vu, soustrayaient à son autorité déjà si faible et si méconnue, une énorme partie des ressources de l'Etat.

Le « bref état du revenu du roi » était aussi trop sommaire et ne présentait que de simples aperçus : c'était un canevas qui n'était pas obligatoire, et l'on ne se faisait aucun scrupule de ne pas le suivre. — Le règlement des comptes des exercices écoulés, ou « Etat au vrai » était aussi mal fait que le « bref état » était mal dressé : on ne parvenait pas à liquider les comptes arriérés, et le budget de l'année, toujours dévoré d'avance (2), empiétait

---

(1) *Discours* du comte Garnier, rapporteur du budget de 1816, *devant la Chambre des pairs*, séance du 27 avril 1816. — *Archives parlementaires,* 2ᵉ série, t. XVII, p. 444.

(2) Cet état de choses remontait déjà à bien loin. A la mort de Richelieu, plus de 240 millions, c'est-à-dire, trois années de revenus, étaient dévorés d'avance. Colbert, malgré sa bonne administration, use et abuse des anticipations après les avoir sévèrement condamnées dans ses *Mémoires* de 1659 et 1663. A sa mort, en 1683, elles s'élèvent à 16,353,000 livres sur 1684. En 1715, la dette de l'Etat atteint le chiffre de 2,936,000,000 de livres (dix-huit années de revenus), et pour donner à notre dette actuelle les mêmes proportions, en tenant compte de la dépréciation de l'argent, il faudrait la

forcément sur les exercices à venir : « On ne peut pas encore, disait le contrôleur général Silhouette, dans son *Rapport au Roi,* en 1759, déterminer exactement ce qui est dû des années précédentes sur les diverses parties des dépenses, mais on peut l'évaluer à 100 millions. L'enjambement des parties les unes sur les autres, et la confusion qui en résulte n'ont pas permis d'en désigner le montant avec précision (1). »

Ces abus que Silhouette trouvait excessifs en 1759, augmentèrent rapidement : dans le budget de 1774, les anticipations portent sur les exercices 1775 et 1776 et l'on a encore des recettes à recouvrer sur l'année 1751. Il y avait donc ainsi vingt-six exercices en suspens (2), dont la réglementation était impossible. Comment, avec un tel désordre, voir clair dans la situa-

porter au chiffre colossal de 48 milliards de francs !... En 1721, on dépense par anticipation 96 millions ; au 1er janvier 1773, les anticipations sur l'année suivante s'élèvent déjà à 30 millions : pendant le courant de l'année, on touche à l'avance 60 millions sur 1774 et 3 sur 1775. (Tous ce : chiffres sont empruntés à l'*Histoire de l'impôt,* de M. Clamagéran.) — Le 5 mai 1789, jour de l'ouverture des Etats-généraux, dans son *Exposé de la situation,* Necker avoue 90 millions d'anticipations sur 1790 et ajoute qu'il y a en outre 172 millions consommés à l'avance sur les revenus des huit derniers mois de la présente année. (V. *Archives parlement.* 1re série, t. VIII, p. 12.) Cette manière de consommer ses revenus à l'avance, n'était plus, depuis longtemps, un secret pour personne : et comme le dit plus tard M. Montesquiou à l'Assemblée nationale, dans son *Rapport sur les finances avant 1789, « le mot d'anticipation ne présentait plus qu'une idée commune. »* (V. le *Moniteur* du 11 sept. 1791.)

(1) Cité par M. Clamagéran, t. III, p. 346.

(2) Malheureusement de nos jours, malgré des lois nombreuses et des règlements formels qui ont eu pour but d'apporter une grande clarté dans les comptes de l'Etat, on revient aux mauvais errements du siècle dernier ; ainsi, en mai 1883, dix budgets se sont trouvés en suspens : les projets de loi de règlement des exercices 1875, 1876, 1877, 1878, 1879, déposés sur le bureau de la Chambre, n'avaient pas été votés par elle : les projets de règlement des exercices 1880 et 1881, n'étaient pas encore prêts, bien que ces exercices fussent clos : le budget de 1882 n'était pas encore clos : celui de 1883 était en cours, et le projet de prévision de celui de 1884 venait d'être déposé.

tion (1) ? Comment proposer et même combiner un plan sérieux de réformes ? Ajoutons encore que les pensions n'étaient plus comprises dans l' « Etat au vrai, » et faisaient l'objet d'un compte particulier (2). Enfin, il n'y avait rien d'uniforme dans les procédés de comptabilité des divers agents. Aussi, le déficit en tout et partout, tel est le dernier mot de la situation financière à la fin du règne de Louis XV.

Turgot et Necker, sous son successeur, essayent en vain de rétablir l'ordre par des mesures bonnes en soi, mais qui ne servent qu'à les desservir soit à la cour, soit auprès du peuple et ne peuvent arrêter la monarchie sur la pente fatale où *tout* le poussait (3). Les parlements eux-mêmes, qui, depuis plus d'un siècle et demi, suppléaient à l'absence des Etats généraux, se virent un jour dans l'impossibilité de continuer leur rôle, et il leur fallut opter entre une résistance ouverte à la volonté royale marchant vers l'abîme et une impopularité méritée par la consécration d'impôts écrasants, malgré leur insuffisance pour cou-

(1) Deux siècles avant, Jean Correro, ambassadeur de Venise en France en 1554, disait déjà : « Il est difficile d'évaluer les dépenses ordinaires et extraordinaires du royaume, car celles-ci dépendent toujours de la volonté de beaucoup trop de monde, et celles-là sont si *embrouillées*, qu'il serait impossible d'y voir clair. » *Relations des ambassadeurs vénitiens au XVI*e *siècle*. (Collection des documents inédits.) T. II, p. 147.

(2) Seulement depuis 1782. — Sous Louis XVI, elles s'élevaient à environ 32 millions et Necker, dans son *Rapport aux Etats-généraux*, convient qu'on pourrait en supprimer 29 millions : aucune d'elles n'avait d'autre titre que la munificence royale.

(3) Sous Louis XVI, la France s'élançait dans la Révolution avec l'entrainement *unanime* qui la poussait à la Croisade sous Louis le Jeune : mouvement sublime dans son désintéressement et sa sincérité et qui suffit pour expliquer toutes les illusions, comme pour expier toutes les fautes ; ce mouvement ne se distingua pas moins par *l'universalité de conviction*, que par l'ardeur des dévouements ; *aucune portion de la société française n'y resta étrangère*, et les classes privilégiées, dont il avait pour conséquence nécessaire d'anéantir les prérogatives, ne furent pas assurément celles qui l'embrassaient avec le moins de chaleur. — *Les fondateurs de l'unité nationale*, par le comte de Carné, t. II, p. 324, 325 et 329.

vrir des dépenses sans contrôle. Le parlement de Paris s'avisa alors (1787) de ne plus se trouver compétent pour exercer ce droit, et, dans la solennité d'un lit de justice, son premier président adressa ces paroles à Louis XVI : « *Le principe constitu-* « *tionnel de la monarchie française est que les impositions* « *soient consenties par ceux qui doivent les supporter.* Il « n'est pas, Sire, dans le cœur d'un roi bienfaisant d'altérer *ce* « *principe* qui *tient aux lois primitives de votre Etat*, à celles « qui assurent l'autorité et garantissent l'obéissance. Si votre « parlement a cru, depuis plusieurs années, pouvoir répondre à « Votre Majesté de l'obéissance des peuples en matière d'impôts, « il a souvent plus consulté son zèle que son pouvoir (1). »

Deux années ne s'étaient pas écoulées, qu'en face d'une détresse financière absolue (2) et de l'impossibilité de recourir au crédit (3), après des violations réitérées de tout engagement (4), Louis XVI se décidait à lancer, le 24 janvier 1789, sa lettre de convocation des Etats généraux.

En résumé, l'on peut donc dire que, sous l'ancien régime, nos

---

(1) *Législation du budget*, par M. Desmousseaux de Givré, nº 1.

(2) C'est Necker lui-même qui nous l'apprend : « A mon retour dans le « ministère, au mois d'août dernier (1788), *il n'y avait que quatre cent* « *mille francs* en écus ou billets de la Caisse d'escompte au *trésor royal;* « *le déficit* entre les revenus et les dépenses ordinaires *était énorme et les* « *opérations* antérieures à cette époque *avaient détruit le crédit entière-* « ment. » *Discours* du 7 août 1789 à *l'Assemblée nationale. Archives par-* « *lementaires*, 1ʳᵉ série, t. VIII, p. 361.

(3) Dans le préambule d'un édit de novembre 1771, Louis XV dit déjà : « *Le crédit*, à la faveur duquel on était parvenu à disposer de plus d'une « année d'avance de la portion de nos revenus qui se trouvait libre, s'est « *anéanti par degrés.* » V. Isambert, t. XXII, p. 541.

(4) « A défaut d'emprunts et d'anticipations, car tout a un terme et « partout on l'avait atteint, on avait pris le parti de retarder indéfiniment « les salaires ou les intérêts dûs par l'Etat. » *Rapport* de M. Montesquiou à *l'Assemblée nationale, sur les finances avant 1789, Moniteur* du 11 sep-tembre 1791.

finances furent continuellement en mauvais état ; à part les quatre courtes périodes dont nous avons déjà parlé, elles ne présentent jamais d'ensemble satisfaisant : point de règles, ni en matière de budget, ni en matière d'impôts : aucun scrupule chez les fonctionnaires de tous ordres quant au maniement des deniers ; encore moins de scrupules chez les gouvernants sur les moyens à employer soit pour procurer de l'argent au trésor, soit pour diminuer la dette de l'Etat. Si l'on joint à toutes ces causes un défaut de publicité absolu et systématique, on s'expliquera facilement le désarroi auquel on était arrivé en 1789.

A la veille de la Révolution, et depuis longues années déjà, on n'en était plus au temps où Marino Giustiniano, ambassadeur de Venise en France, pouvait dire en parlant du Roi : « Plus ses peuples sont grevés et plus ils paient gaiement (1). » La charge des impôts était devenue écrasante, non pas tant cependant par leur élévation, que par la façon dont ils étaient établis et perçus. L'idée que l'on avait eue de bonne heure de confier aux taillables choisis à l'élection le soin de procéder à leur répartition et à leur recouvrement avait fini par tourner contre l'intention même, évidemment bienveillante, qui l'avait autrefois dictée. La responsabilité dont les collecteurs se trouvaient chargés, les rendait impitoyables pour le peuple et donnait trop souvent hélas ! à leur manière d'agir quelque chose d'inquisitorial, d'odieux et presque de féroce.

On lit dans un Mémoire, très modéré d'ailleurs, envoyé en 1788 par des paysans, en réponse à une enquête que faisait une assemblée provinciale : « Aux abus de la perception de la taille (2), se joint encore celui des garnisaires : ils arrivent

(1) *Relations des ambassadeurs vénitiens au XVIᵉ siècle* (collection des documents inédits), t. Iᵉʳ, p. 97.

(2) Dans toutes les doléances, c'est toujours à *la taille* que l'on en veut, car c'était l'impôt par excellence, celui dont le nom seul était odieux aux contribuables : aussi, dans sa déclaration du 23 juin 1789, Louis XVI s'exprime ainsi : « Art. 10. — *Le Roi veut que le nom de taille soit aboli* dans tout le royaume. » *Archives parlement.*, 1ʳᵉ série, t. VIII, p. 144.

d'ordinaire cinq fois pendant le recouvrement de la taille.....
Quant à l'assiette des tailles, nous n'exposerons pas les abus de
l'arbitraire trop connus, ni les mauvais effets qu'ont produits les
rôles faits d'office par des officiers souvent incapables et presque
toujours partiaux et vindicatifs (1). » Ces mêmes officiers chan-
geaient d'attitude suivant les contribuables : et, comme si
l'exemption d'impôts avait été en soi un privilège si respectable
qu'il fallût le consacrer dans le fait même qui lui portait atteinte,
on eût soin de rendre les perceptions différentes, là où la taxe
était commune. « Je vois, écrit en 1766, M. de l'Averdy
contrôleur général des finances, que la partie des impositions
dont la perception est toujours la plus difficile, consiste dans ce
qui est dû par les nobles et privilégiés, à cause des ménage-
ments que les percepteurs des tailles se croient obligés d'observer à leur égard, au moyen de quoi il subsiste sur leur capitation
et leurs vingtièmes (les seuls impôts qui leur étaient communs
avec le peuple) des restes très anciens et beaucoup trop considérables (2). » C'est donc l'injustice dans la répartition de l'impôt,
comme dans sa perception, qui le rendait intolérable, et, comme
le disait fort bien un contemporain, « il résultait plus de préjudice de la diversité des impôts et du désordre avec lequel s'en
faisait la levée, que de leur charge même, quelque énorme
qu'elle fût (3). »

L'un des malheurs des finances, sous l'ancienne monarchie,
fut aussi, comme le disait un vieil auteur, « qu'elles ont glissé
par des mains trop plus gluantes qu'il n'eut été à désirer (4). »
L'honnêteté, au sens moderne du mot, n'existait pas, pour ainsi
dire. On ne se faisait aucun scrupule de s'enrichir, et quelque-

---

(1) Cité par M. de Tocqueville, *L'Ancien régime et la Révolution*
p. 406 et 407.

- (2) Id., ibid., p. 381.

(3) *Encyclopédie méthodique : Finances*, t. III, p. 780.

(4) *Le secret des finances de France*, par Froumenteau.

fois d'une façon scandaleuse, aux dépens de l'Etat (1). Et ceux-là même, comme Colbert et Sully, qui donnèrent l'exemple d'une probité irréprochable, ne furent jamais désintéressés. Celui-ci acceptait fort bien les dons importants que lui faisait son souverain, et celui-là, en 1676, reçut de Louis XIV, entre autres dons, une somme de 400,000 livres « en considération de ses services et pour lui donner le moyen de les continuer (2). » Si on les compare aux grands ministres du XVIIIe siècle, à Turgot et à Necker, et, encore plus, de nos jours au duc de Richelieu, leur probité pâlira devant le patriotisme de ceux-ci.

C'est particulièrement en mettant en regard le montant des tailles perçues et la somme qui entrait au trésor royal, que l'on constate avec effroi combien étaient « *gluantes* » les mains des intermédiaires : « Les tailles qui se montent tous les ans à près de *dix-neuf millions de livres* (3) ne sont pas beaucoup plus (que le revenu du Domaine) utiles au Roy, puisqu'il n'en revient à l'Epargne que *six millions*, qui passent par les mains de vingt-deux mille collecteurs, qui les portent à cent soixante receveurs de tailles, qui les remettent à vingt-et-un receveurs généraux pour les voiturer à l'Epargne. Et ces deniers des tailles sont tirés de l'Epargne pour être distribués aux trésoriers de l'extraordinaire de la guerre ou des maisons, suivant qu'ils sont destinés, lesquels en baillent *la moindre partie* à ceux qui les doivent recevoir d'eux ; car, avant que les officiers par les mains desquels passent ces deniers aient pris leurs gages, taxations,

(1) A la suite d'une tournée faite à l'improviste, en 1596, dans les cinq ou six généralités les plus proches de Paris, Sully y ramena *soixante et dix* charettes remplies de l'argent qu'il avait obtenu des officiers de finance, quand, après avoir constaté le mauvais état de leurs livres et les abus de leur gestion, il les avait menacés de les révoquer.

(2) On lit dans les *Mémoires de l'abbé de Choisy*, (Collection Michaud et Poujoulat, 3e série, t. VI, p. 579,) qu'en 1661, Colbert vendit sa charge de secrétaire des commandements de la reine pour la somme de 500,000 livres, *plus 20,000 livres de pot de vin à Mme Colbert !*

(3) Elles approchèrent de 50 millions sous le règne de Louis XVI.

droits, ports et voitures, il se trouve enfin que ces sommes reviennent à peu de chose (1). »

A côté de ces malversations générales, on peut placer la mauvaise foi qui apparut trop souvent dans la conduite des finances : pour procurer de l'argent à l'Etat ou pour renier sa dette, on recula rarement devant aucun moyen. Les emprunts forcés furent fréquents (2) ; la falsification ou l'altération (3), les mutations (4) et la refonte (5) de la monnaie sont également très fréquentes ; des banqueroutes partielles ou générales eurent lieu, quelquefois à des intervalles très rapprochés (6) ; la réduction des rentes était aussi fort en faveur (7), ainsi que leur suspension (8) et celle du remboursement des capitaux (9), etc., etc.....

Aussi, en 1814, l'un des premiers ministres de la Restauration pouvait-il dire à la Chambre des pairs : « Les ministres du Roi sont heureux de pouvoir, dans l'enceinte de cette Chambre auguste..., abjurer solennellement et proscrire à jamais toutes ces conceptions misérables, toutes ces opérations désastreuses connues *depuis plus de cent ans* sous les noms de visas, de réductions de rentes, de suspensions de remboursements, de réductions de valeurs, de remboursements en valeurs nominales, de mobilisations, d'inscriptions réduites au tiers, de liquidations en valeurs dépréciées, de révisions, d'apurements de révisions, de rejets de rentes par prescription, etc., etc... (10). »

(1) *Discours* déjà cité *du marquis d'Effiat*, surintendant des finances : *Mercure français*, t. XII, p. 805 et 806.

(2) Notamment sous Philippe le Bel, Louis XI, Louis XII et Henri III.

(3) De 1296 à 1313, sous Philippe le Bel qui mérita le nom de *faux monnayeur* ; en 1333, sous Philippe VI ; de 1690 à 1694, sous Louis XIV ; en 1720, sous Louis XV.

(4) En 1473 et 1475, sous Louis XI.

(5) 1690, 1693, 1701, 1703, 1704, 1706, 1718.

(6) 1648, 1710, 1713, 1715, 1721, 1726, 1759, 1770.

(7) 1604, 1605, 1710, 1713, 1715, 1716, 1721, 1726, 1769, 1771.

(8) 1637, 1638, 1648, 1709.

(9) 1351, 1759, 1770.

(10) Discours du prince de Bénévent, ministre des affaires étrangères, le

L'obscurité des comptes et l'impossibilité d'y voir clair, même pour les financiers, ainsi que le silence absolu et volontaire que l'on gardait sur eux, vis-à-vis du public, ne contribuèrent pas peu non plus au mauvais état de notre situation financière. L'ancien régime a compris trop tard qu'il importe au plus haut degré à tout gouvernement quelles que soient sa force et son autorité de donner la plus grande publicité possible aux opérations du Trésor : ainsi que le disait le comte Dessolles, rapporteur du budget de 1817 : « l'opinion devine ce que l'on cache et souvent exagère le mal ou les abus que l'on dissimule (1). » Le mieux est donc de dire la vérité. Les plus grands esprits, cependant, se sont trompés sur ce point : on connaît le mot de Richelieu sur les finances « qui doivent rester cachées aux yeux des profanes, parce qu'elles sont le nerf de l'Etat (2). » Plus d'un siècle après lui, une *Déclaration* du 28 mars 1764 fait « défense d'imprimer, débiter, ou colporter aucuns écrits, ouvrages ou projets concernant la réforme des finances ou leur administration passée, actuelle ou future (3). » En vain, à plusieurs reprises (4) et d'une manière très consciencieuse, essaya-t-on d'éclairer le public par des rapports étendus sur la situation : ce que l'on fit était insuffisant et il eût fallu que l'Etat lui-même prît l'initiative de la divulgation et d'une publicité très grande de ses comptes (5).

8 septembre 1814, à la Chambre des pairs, pour la présentation des budgets de 1814 et 1815. — *Archives parlementaires*, 2ᵉ série, t. XII, p. 599.

(1) *Archives parlementaires*, 2ᵉ série, t. XIX, p. 466.

(2) Cité par M. Leroy-Beaulieu, *Science des finances*, t. II, p. 9.

(3) M. Clamagéran, *op. cit.*, t. III, p. 387.

(4) Le duc de Noailles, en 1717 ; Silhouette, en 1759 ; l'abbé Terray, en 1771 ; et Necker, en 1781.

(5) C'est à la veille de sa chute que, pour la première fois, la monarchie prend cette initiative ; l'art. 5 de la *Déclaration des intentions du Roi*, lue à la séance royale du 23 juin 1789, est ainsi conçu : « Le tableau des revenus et des dépenses sera rendu public chaque année, dans une forme proposée par les Etats généraux et approuvée par Sa Majesté. » — *Archives parlement*, 1ʳᵉ série, t. VIII, p. 144.

Les financiers eux-mêmes, avons-nous dit, ne parvenaient pas à se rendre compte de la situation : voici, en effet, comment les choses se passaient lorsqu'on essayait d'aller aux renseignements ou de vouloir pratiquer un contrôle quelconque chez les officiers de finance : « Chaque receveur allègue avoir fourni ce qu'il devait, longtemps avant le terme échu, par des avances ou par des prêts, et pourtant personne ne se trouve satisfait. Si l'on s'adresse à ceux qui sont en exercice en l'année mil six cent vingt-six, ils disent avoir fourni à l'Epargne ce qu'ils doivent, dès l'année mil six cent vingt-cinq ; d'autres en six cent vingt-quatre, et il s'en trouve qui disent avoir payé en six cent vingt-deux et vingt-trois ; que si, pour vérifier leurs acquits, l'on se veut régler sur les états par estimation, vous les trouverez ne monter qu'à vingt ou vingt-deux millions et, par les *Etats au vrai*, ils se montent à trente, voire à quarante millions de livres. Que *si on veut entrer à la connaissance du détail, ils renvoient à des supérieurs et chefs de charges, desquels la naissance et l'autorité sont si grandes, qu'ils nous ferment la bouche et nous disent qu'ils ne rendent compte à personne qu'au Roy* (1). »

Ajoutons encore aux causes générales du mauvais état des finances de l'ancienne monarchie la charge écrasante de l'impôt et l'inégalité extrême de sa répartition, dont le pouvoir royal lui-même convenait (2).

---

(1) *Discours du marquis d'Effiat*, surintendant des finances ; *Mercure français*, t. XII, p. 799 et 800. — Non seulement les comptables de l'Etat, mais encore les comptables municipaux ne rendaient compte à personne de leur gestion. M. de Tocqueville cite un passage de Turgot, où ce ministre s'exprime ainsi : « La plupart des villes sont considérablement endettées aujourd'hui, partie pour des fonds qu'elles ont prêtés au gouvernement, et partie pour des dépenses ou décorations que *les officiers municipaux*, qui disposent de l'argent d'autrui et *n'ont pas de comptes à rendre aux habitants, ni d'instructions à en recevoir*, multiplient dans la vue de s'illustrer et quelquefois de s'enrichir. » — *L'ancien régime et la Révolution*, p. 372.

(2) « L'augmentation des impôts a rendu plus sensible leur inégale répar-

L'impôt, comme nous l'avons vu, n'a pas toujours existé sous la forme où nous le trouvons à la veille de la Révolution. Au commencement ce n'était qu'une simple redevance fixée par la Coutume et que personne ne pouvait accroître. Mais, du jour où les Etats généraux ou Assemblées de représentants accordèrent au Roi des subventions d'argent à lever sur leurs sujets, l'habitude se prit bien vite de faire souvent appel aux Assemblées, puis, à la fin, de s'en passer : et l'impôt alla croissant, si bien qu'à sa mort, François Ier qui en avait abusé plus qu'aucun de ses prédécesseurs, n'avait qu'une préoccupation, celle de les réduire (1). Ce ne fut que bien plus tard, et sous Henri IV, que ce vœu fut momentanément réalisé. Aussi, Brantôme, à la fin du seizième siècle, comparant les temps précédents avec le sien, parlait du peu de charges du peuple d'autrefois, « qui n'était pour l'heure que sucre, au lieu depuis que ç'a été fiel, voire poison. »

Bien que, souvent, le grand principe du consentement de l'imposition par ceux qui doivent la supporter, ait été violé et méconnu, l'on hésita cependant plus d'une fois avant d'augmenter les charges de la nation. Dans un cas d'urgence extrême, on demandait à Charles IX si l'on ne pourrait pas au besoin prendre de l'argent sur les villes et les villages : « Le peuple est si foulé

tition. » *Discours de Louis XVI à l'ouverture des Etats généraux: Archives parlement.* 1re série, t. VIII, p. 1. — Déjà ce monarque, en 1780, annonçant à ses sujets que les accroissements de la taille seraient désormais soumis à la publicité de l'enregistrement, avait eu soin d'ajouter en forme de glose : « Nous n'avons pu voir sans peine que ce tribut de la partie la moins fortunée de nos sujets s'était accru dans une proportion supérieure à celle de tous les autres impôts... les taillables, déjà tourmentés par les variations attachées à la répartition individuelle de la taille, se voient encore annuellement exposés à des augmentations inattendues. » — Déclaration du 13 février 1780 sur les tailles et la capitation. — Isambert, t. XXVI, p. 270.

(1) On sait que les dernières paroles adressées par ce monarque à son fils furent celles-ci : « *Diminuez les impôts.* »

et opprimé, répondit-il, qu'il faudrait voir, avant d'accorder la levée des dits deniers, s'il l'a agréable et y veut fournir de bonne volonté (1). » Louis XIV aussi, eût un jour le même scrupule. « Lorsqu'en 1710, il imposa le dixième sur les revenus territoriaux, première origine de notre contribution foncière, ce prince, malgré le besoin si impérieux du moment, malgré le long exercice d'un pouvoir absolu, hésita longtemps à porter son édit, *doutant qu'il eût le droit d'imposer à ses peuples, sans leur consentement*, cette charge nouvelle et inusitée (2). »

C'est que les rois savaient bien qu'à côté des impôts de l'Etat, le peuple en avait bien d'autres et de plus durs à payer aux classes privilégiées. Ceux-ci montaient à des sommes énormes dont nous n'aurions aucune idée si les contemporains ne nous en avaient gardé les chiffres. Ainsi, pour n'en donner qu'un exemple, en trente-et-un ans, de la mort de François Ier au 31 décembre 1580, la recette pour le compte du Trésor monte à plus de 400 millions d'écus : eh bien, en dehors de cette somme déjà fort importante, il est prouvé (3) que, pendant le même laps de temps, le peuple a payé 15,246,300,000 écus !... Et, comme la valeur de l'argent, du temps de Henri II et de François II, comparée à celle de nos jours, est dans la proportion de 1 à 18 (4),

(1) *Archives curieuses de l'histoire de France*, par MM. Cimber et Danjou ; 1re série, t. VIII.

(2) Discours du comte Garnier, rapporteur du budget de 1816, devant la Chambre des pairs, séance du 27 avril 1816. *Archives parlementaires*, 2° série, t. XVII, p. 444. — V. aussi, à l'appui de cette opinion et sur l'état des finances du royaume au commencement du XVIII° siècle, un passage bien curieux, mais bien triste, des *Mémoires* de Saint-Simon : édit. de 1791, t. VI, p. 165 à 171.

(3) *Le Secret des finances de France*, par Froumenteau.— Epitre au Roi.

(4) Je crois même que cette proportion n'est pas assez forte : dans les *Réflexions politiques sur les finances et le commerce* (La Haye, 1740, t. Ier, p. 225) on évalue déjà de 1 à 15 la proportion de la valeur de l'argent comparée du temps de Henri II au temps de Louis XV. Je n'ajoute que 3 pour marquer la différence du règne de Louis XV à nos jours, et, en cela, je suis certainement de moitié au-dessous de la vérité.

on peut dire que le peuple avait payé en monnaie actuelle la somme fabuleuse de 274,433,400,000 écus qui, répartie entre trente-et-une années, donnent une moyenne annuelle de 9,147,780,000 écus ! (1).

Tel fût, pris de haut, le gouvernement financier de la France avant 1789 : certes, il n'est pas brillant ; mais il importe de rappeler ce que nous disions en commençant, qu'à côté de ce triste état de choses, la France avait à son actif des trésors de gloire. Ajoutons aussi, qu'*au point de vue financier, la Révolution atteignit et dépassa en dix années seulement, toutes les fautes que la monarchie avait mi des siècles à commettre :* et nous verrons que, si Necker, à la veille de la chute de la royauté, ne trouvait que 400,000 écus dans le Trésor royal, en 1799, Bonaparte était obligé d'emprunter 100,000 francs (2) à un ami pour satisfaire aux exigences de la situation.

---

(1) Les chiffres de Froumenteau sont *certainement* exagérés : mais, même en admettant, comme M. Clamagéran (*Hist. de l'impôt*, t. II, p. 312), qu'il faille les réduire de moitié, on n'en reste pas moins confondu en songeant que le peuple, en dehors de l'impôt, payait *quatre milliards, cinq cent soixante-treize millions, huit cent quatre-vingt dix mille écus* par an !... — Disons cependant qu'un auteur du xvi⁰ siècle, par conséquent contemporain de Froumenteau, avouait que « le tiers serait le plus riche des trois états, si on prenait moins sur lui : et que la noblesse est le moins riche de tous les trois, quoique le prince ne prenne rien sur lui que le service de l'épée. » — V. *Revue historique*, t. XXII, p. 2 : *La fortune de la noblesse sous Louis XIII*, par G. d'Avenel.

(2) *Mémoires de Mme de Rémusat*, 20⁰ édit., t. I⁰ʳ, p. 109.

CHAPITRE SECOND.

Le Budget dans les temps modernes.

I.

Les Etats-généraux de 1789.

L'embarras du Trésor en 1789 était si grand, qu'il avait fallu à Necker, depuis sa rentrée au ministère, une habileté prodigieuse pour atteindre l'ouverture des Etats-généraux (1). D'ailleurs, bien que ceux-ci, sous ce premier nom d'abord, plus tard sous celui d'Assemblée nationale, aient été appelés à s'occuper de tout, il n'en est pas moins vrai qu'ils n'avaient été convoqués *que* pour trouver une solution à la crise financière (2). Dans son discours d'ouverture, le Roi ne parle pas d'autre chose : « *La dette de l'Etat*, dit-il, *déjà immense à mon avénement « au trône, s'est encore accrue sous mon règne ;* une guerre

---

(1) « Je renonce à vous faire connaître toutes les difficultés qu'il a fallu vaincre pour soutenir l'édifice chancelant des finances, depuis la fin d'août jusqu'à présent. » *Rapport de Necker*, à la séance d'ouverture des Etats-généraux (*Arch. parlement.*, 1ʳᵉ série, t. VIII, p. 6.)

(2) C'est tellement certain que Mirabeau écrivant en mai 1789, à son amile comte de la Marck, lui disait en parlant du compte-rendu du premier ministre : « Si M. Necker eût eu l'ombre de talent et des intentions per-« verses, il avait sous huit jours 60 millions d'impôts, 150 millions « d'emprunts, et le neuvième jour, nous étions dissous. » *Correspondance entre le comte de Mirabeau et le comte de la Marck* ; t. Iᵉʳ, p. 350.

4

« dispendieuse mais honorable en a été la cause : *l'augmenta-*
« *tion des impôts en a été la suite nécessaire et a rendu plus*
« *sensible leur inégale répartition*..... J'ai déjà opéré dans les
« dépenses des retranchements considérables ; vous me présen-
« terez encore à cet égard des idées que je recevrai avec
« empressement..... Je ferai mettre sous vos yeux la situation
« exacte des finances et, quand vous l'aurez examinée, je suis
« assuré d'avance que *vous me proposerez les moyens les plus*
« *efficaces pour y établir un ordre permanent* et affermir le
« crédit public. *Ce grand et salutaire ouvrage*, qui assurera le
« bonheur du royaume au dedans et sa considération au dehors,
« *vous occupera essentiellement* (1). »

Ainsi que venait de l'annoncer le Roi, Necker, dans un
rapport étendu, rendait compte de la situation financière :
« Une guerre dispendieuse, une suite de circonstances malheu-
« reuses avaient introduit une grande disproportion entre les
« revenus et les dépenses. *Vous examinerez*, Messieurs,
« *les moyens* que le Roi m'ordonne de vous proposer *pour*
« *ramener un équilibre si nécessaire ;* vous en chercherez de
« meilleurs, vous les indiquerez..... *C'est à remplir un si*
« *grand but que la sagesse de votre souverain vous appelle.*
« *Vous n'avez pas seulement à faire le bien, mais à le*
« *rendre durable*..... La confiance publique est ébranlée et
« cependant cette confiance est indispensable..... Vous devez
« contribuer à son rétablissement et vous vous livrerez à cette
« idée avec d'autant moins de réserve, qu'après avoir travaillé à
« *rendre invariable* l'état des finances, vous ne verrez plus rien
« de dangereux dans l'usage du crédit..... *Sa Majesté*..... a con-
« sidéré dans son ensemble et sous le point de vue le plus
« étendu l'état actuel des affaires publiques ; elle *a vu que les*
« *peuples, alarmés de l'embarras des finances et de la*

---

(1) *Archives parlementaires*, 1ʳᵉ série, t. VIII, p. 1.

« *situation du crédit, aspiraient à un rétablissement de*
« *l'ordre et de la confiance qui ne fût pas momentané*, qui ne
« fût pas dépendant des vicissitudes dont on avait fait l'épreuve.
« Sa Majesté a cru que ce vœu de la nation était parfaitement
« juste ; et désirant y satisfaire, elle a pensé que, pour atteindre
« un but si intéressant, il fallait appeler de nouveaux garants
« de la sécurité publique et placer, pour ainsi dire, l'ordre des
« finances sous la garde de la nation entière..... (1) »

On voit par les expressions dont se servent le Roi et son
ministre : « établir un ordre permanent », « faire le bien et le
rendre durable », « rendre invariable l'ordre des finances », etc...
qu'ils avaient tous deux conscience des vices que nous avons
signalés dans l'administration financière sous l'ancien régime
et que leur plus vif désir était d'y remédier.

Venait ensuite, dans le Rapport de Necker, un résumé précis
des divers points sur lesquels les Etats généraux devaient spécialement porter leur attention : Economies à réaliser ; ressources
nouvelles à se procurer ; anticipations ; remboursement tant de
l'arriéré que de la dette ; améliorations à introduire dans les lois
de finance et dans l'administration. Puis un tableau général des
revenus et des dépenses fixes, terminé par l'aveu d'un *déficit
annuel de cinquante-six millions, cent cinquante mille
livres* (2).

Ces extraits montrent combien la réunion des Etats généraux
était nécessaire à la bonne gestion des finances. Le Roi et son
ministre en convenaient les premiers, mais, là où ils se sépa-
raient de l'opinion générale, c'est qu'ils n'attendaient de cette
assemblée et qu'ils ne lui demandaient qu'un secours *momentané* pour remettre à flot l'édifice social si fortement compromis
par la crise financière et le défaut de crédit, alors que la France.

(1) Id., id., ibid., p. 6 et 15.
(2) Id., id., ibid., p. 27. — Ce déficit représente beaucoup plus de deux
cents millions d'aujourd'hui, eu égard à la dépréciation de l'argent.

entière réclamait une représentation, sinon permanente, du moins périodique. Ils disaient bien : « *Il faut le concours de la* « *nation, il faut toute la force législative* pour déterminer « qu'il n'y aura désormais aucunes distinctions pécuniaires entre « les divers ordres de l'Etat, et qu'on abolira pour toujours « jusqu'au nom des impôts qui conserveraient les vestiges d'une « désunion dont il est si pressant d'effacer la mémoire (1). » Ils disaient encore : « Une répartition plus équitable des impôts « entre toutes les provinces ne peut être soumise qu'à l'examen « et à la délibération de *la nation entière assemblée en Etats* « *généraux* (2). » Mais, ni dans le discours royal, ni dans le rapport du ministre, on ne trouve le moindre engagement de convoquer de nouveau les Etats généraux et de les appeler, *conformément au principe constitutionnel de la monarchie française* (3), à une participation régulière dans la gestion des finances de l'Etat.

Tel était cependant le vœu unanime de la nation. Lorsqu'on dépouilla les *Cahiers,* on y vit des divergences sur plusieurs points, même des plus graves : mais tous, sans exception, reconnaissaient : 1° que le consentement national est nécessaire à l'emprunt et à l'impôt ; 2° que l'impôt ne peut être accordé que d'une tenue d'Etats généraux à l'autre. Et le comte Stanislas de Clermont-Tonnerre, faisant à l'Assemblée son *Rapport contenant le résumé des Cahiers en ce qui concerne la constitution,* pouvait dire avec vérité : « *Ces clauses impératives ont paru à* « *tous vos commettants les garants les plus sûrs de la perpé-* « *tuité de vos assemblées nationales* (4). »

---

(1) *Archiv. parlementaires,* 1re série, t. VIII, p. 17.

(2) Id., id., ibid., id.

(3) V. page 39.

(4) Séance du 27 juillet 1789 : *Archiv. parlementaires,* 1re série, t. VIII, p. 284. Le rapport de M. de Clermont-Tonnerre est suivi d'un tableau intitulé : *Résultat du dépouillement des cahiers,* et divisé en deux parties : 1° *Principes avoués ;* 2° *Questions sur lesquelles l'universalité des cahiers*

Déjà plus d'un mois auparavant, les Etats généraux, transformés en Assemblée nationale à la suite des événements que chacun sait, avaient cherché à entraîner Louis XVI dans la reconnaissance des droits de la nation, droits qu'ils affirmaient énergiquement dans la déclaration suivante : « *L'Assemblée* « *nationale*, considérant que le premier usage qu'elle doit faire « des pouvoirs dont la nation recouvre l'exercice, sous les aus- « pices d'un monarque qui, jugeant la véritable gloire des rois, « a mis la sienne à reconnaître les droits de son peuple, est « d'assurer, pendant la durée de la présente session, la force de « l'administration publique ;

« *Voulant prévenir les difficultés que pourraient traverser* « *la perception et l'acquit des contributions ; difficultés* « *d'autant plus dignes d'une attention sérieuse qu'elles* « *auraient pour base un principe constitutionnel à jamais* « *sacré, authentiquement reconnu par le Roi et solennelle-* « *ment proclamé par toutes les assemblées de la nation ;* « *principe qui s'oppose à toute levée de deniers et de contri-* « *butions dans le royaume, sans le consentement formel des* « *représentants de la nation ;*

« *Considérant qu'en effet, les contributions, telles qu'elles* « *se perçoivent actuellement dans le royaume, n'ayant point* « *été consenties par la nation, sont toutes illégales, et, par* « *conséquent, nulles dans leur création, extension ou proro-* « *gation ;*

« *Déclare, à l'unanimité des suffrages, consentir provisoi-* « *rement pour la nation, que les impôts et contributions,* « *quoique illégalement établis et perçus, continuent d'être* « *levés de la même manière qu'ils l'ont été précédemment et* « *ce jusqu'au jour seulement de la première séparation de* « *cette Assemblée, de quelque cause qu'elle puisse provenir.*

ne s'est point expliquée d'une manière uniforme. Les premiers sont au nombre de onze et parmi eux, sous les numéros 8 et 9, figurent ceux que nous citons.

« *Passé lequel jour, l'Assemblée nationale entend et décrète*
« *que toute levée d'impôts et contributions de toute nature*
« *qui n'aurait pas été nommément, formellement et libre-*
« *ment accordée par l'Assemblée, cessera entièrement dans*
« *toutes les provinces du royaume, quelle que soit la forme*
« *de l'administration* (1). »

Cette *déclaration* que nous avons tenu à reproduire en entier, sauf les deux derniers paragraphes qui s'occupent, l'un de la dette de l'Etat, l'autre des causes de la disette qui se faisait sentir alors, constitue le premier acte de pouvoir émané de l'Assemblée nationale. On voit par là quelle était l'idée dominante qui préoccupait les députés et l'on comprendra encore mieux l'importance qu'ils attachaient à cette déclaration, quand on saura qu'après avoir été votée à l'unanimité, elle fut imprimée et envoyée, par ordre de l'Assemblée, dans toutes les communes du royaume.

On voit donc avec quelle énergie et quelle promptitude, l'Assemblée constituante, voulant saper le mal dans sa racine, revendiquait pour la nation le vote de l'impôt et proclamait hautement les principes qu'elle allait bientôt inscrire dans sa fameuse *Déclaration des droits de l'homme.*

---

(1) Séance de jour du 17 juin 1789 : *Archiv. parlementaires*, 1re série t. VIII, p. 128 et 129. — Cette déclaration fut votée à la suite de la présentation par MM. Target et Chapelier de deux motions sur le parti à prendre par l'Assemblée, relativement à la perception des impôts subsistants. Six jours plus tard, à la séance royale du 23 juin, Louis XVI, reproduisant intégralement la déclaration du 17 juin, proclama solennellement que : « Article 1. Aucun nouvel impôt ne sera établi, aucun ancien ne sera prorogé au-delà du terme fixé par les lois, sans le consentement des représentants de la nation. — Art. 2. Les impositions nouvelles qui seront établies, ou les anciennes qui seront prorogées, ne le seront que pour l'intervalle qui devra s'écouler jusqu'à l'époque de la tenue suivante des Etats-généraux. — Art. 3. Les emprunts pouvant devenir l'occasion nécessaire d'un accroissement d'impôts, aucun n'aura lieu sans le consentement des Etats-généraux. Etc... (*Archiv. parlementaires*, 1re série t. VIII, p. 144.)

Les principes de la législation budgétaire étant ainsi formellement établis pour l'avenir, il nous reste à étudier ce que les divers gouvernements qui se sont succédé depuis 1789 en ont fait, quelle application ils leur ont donnée ; en un mot, quel a été le mécanisme budgétaire en France de 1789 à nos jours.

De lui-même notre sujet se divise en cinq parties, correspondant à chacune des cinq périodes qui se sont suivies depuis 1789 et pendant lesquelles la forme du gouvernement a chaque fois changé :

1° Epoque révolutionnaire, de 1789 à 1799 ;

2° Consulat et Empire, de 1799 à 1814 ;

3° Gouvernement constitutionnel, de 1814 à 1852 ;

4° Second Empire, de 1852 à 1870 ;

5° Epoque actuelle, commencée en 1870 : avec elle, nous quitterons l'*historique* pour parler de la *théorie* du budget, ce qui formera le sujet de notre seconde partie.

II.

Epoque révolutionnaire (1789-1799).

En dix ans, trois Constitutions furent successivement données à la France : celle de 1791, celle de 1793 et celle de l'an III (1795).

Chacune d'elles, empreinte à la fois d'une grande rigidité de principes et d'un esprit de réaction à outrance contre les anciennes institutions, s'occupa de la réorganisation des finances. Celle du 14 septembre 1791, qui, étant la première, avait demandé le plus de temps et de travail à ses auteurs, est aussi, des trois, celle qui a le plus de valeur : et les principes qu'elle a posés en matière de finances, sont ceux qui régissent encore aujourd'hui notre législation.

La *Déclaration des droits de l'homme* qui la précède, s'exprime ainsi : « Art. 13..... Une contribution commune est indispensable ; elle doit être également répartie entre tous les citoyens, en raison de leurs facultés. — Art. 14. Tous les citoyens ont le droit de constater par eux-mêmes, ou par leurs représentants, la nécessité de la contribution publique, de la consentir librement, d'en suivre l'emploi et d'en déterminer la quotité, l'assiette, le recouvrement et la durée ».

Vient ensuite le texte même de la Constitution qui accorde *exclusivement* (tit. III, ch. III, sect. 1re, art. 1, § 1) au législateur le droit :

1° De fixer les dépenses publiques (tit. III, ch. III, sect. 1re, art. 1, § 2). Les ministres, responsables de toute dissipation des deniers destinés aux dépenses de leur département (tit. III, ch. II, sect. IV, art. 5, § 3), sont tenus de présenter chaque année au corps législatif, à l'ouverture de la session, l'aperçu des dépenses à faire dans leur département, de rendre compte des sommes qui y étaient destinées et d'indiquer les abus qui auraient pu s'y introduire (tit. III, ch. II, sect. IV, art. 6). Les comptes détaillés de la dépense des départements ministériels, signés et certifiés par les ministres ou ordonnateurs généraux, seront rendus publics, par la voie de l'impression, au commencement des sessions de chaque législature (tit. V, art. 3, § 1).

2° D'établir les contributions publiques, d'en déterminer la nature, la quotité, la durée et le mode de perception : de faire la répartition de la contribution directe entre les départements du royaume ; de surveiller l'emploi de tous les deniers publics et de s'en faire rendre compte (tit. III, ch. III, sect. 1re, art. 1, §§ 3 et 4). A cet effet, les états de recette des diverses contributions et de tous les revenus publics seront rendus publics de la même manière et à la même époque que les comptes détaillés des dépenses (tit. V, art. 3, § 2). Les contributions publiques seront délibérées et fixées, chaque année, par le corps législatif, et ne pourront subsister au delà des derniers jours de la session suivante si

elles n'ont pas été expressément renouvelées (tit. V, art. 1).
Seuls, et sous aucun prétexte, les fonds nécessaires à l'acquittement de la dette nationale et au paiement de la liste civile ne
pourront être ni refusés, ni suspendus (tit. V, art. 2).

Disposition générale : Le pouvoir exécutif dirige et surveille
la perception et le versement des contributions et donne tous les
ordres nécessaires à cet effet (tit. V, art. 5) (1).

Le 17 septembre 1791, une loi remplaça les anciennes Chambres des comptes par un bureau de comptabilité nationale, établi
dans le sein de l'Assemblée, et auquel on donnait un pouvoir de
contrôle très étendu sur tous les agents, trésoriers ou comptables (2).

Le vote des recettes et des dépenses, le recouvrement des unes,
l'exécution des autres et le contrôle de toutes deux se trouvaient
ainsi suffisamment organisés. — En même temps, conformément à l'esprit des institutions du jour, tout le rouage administratif et le système des impôts recevaient une organisation nouvelle.

De tout cela, malheureusement, rien ne subsista. Quelque
fussent ses qualités, « la Constitution de 1791 fut emportée par
les événements et non pas, il faut le reconnaître, par les vices
qui lui étaient propres (3. » Il en a été de même des deux qui
l'ont successivement remplacée : « elles ont péri surtout par la
grandeur de la tourmente révolutionnaire (4). » Car, ainsi que
leur devancière, elles avaient été également fort affirmatives
dans la voie de l'établissement et du maintien des grands principes financiers proclamés en 1789.

Sous une forme emphatique et vague, propre à cette triste

(1) Pour tous ces textes de la *Déclaration* et de la *Constitution*, se reporter au *Supplément du Moniteur* du vendredi 16 septembre 1791.
(2) *Moniteur* du lundi 19 septembre 1791.
-(3) M. Thiers, Discours du 26 février 1866, p. 363 du tome X de ses
Discours parlementaires.
(4) Idem, id., id., ibidem.

époque de désarroi et d'arbitraire, la Constitution du 23 juin 1793 résumait succinctement les principes déjà existants : « Nulle « contribution ne peut être établie que pour l'utilité générale. « Tous les citoyens ont le droit de concourir à l'établissement « des contributions, d'en surveiller l'emploi et de s'en faire « rendre compte (1). » Un seul acte méritait de subsister et doit être signalé : l'institution du Grand Livre de la dette publique (2).

La Constitution de l'An III (22 août 1795) répète pour ainsi dire mot pour mot les dispositions de celle de 1791 (3) et n'en diffère que par les légères modifications qu'elle fait subir à l'organisation de la Trésorerie nationale et de la comptabilité.

(1) *Moniteur* du 27 juin 1793 : art. 20 de la *Déclaration des Droits de l'homme.*

Que dire de ce principe qui servait de base à la législation financière ? Ce n'était, ni plus ni moins, que la reconnaissance du gouvernement direct du peuple en matière de finances. D'ailleurs, on en vit bientôt les beaux effets : « Lorsque le ministre écrit aux départements, au sujet du recouvre- « ment des impôts, il n'en reçoit pas de réponse, » disait en gémissant le représentant Dandré. — « On ne payait, dit de son côté l'écrivain financier « Ganilh, que des acomptes sur des rôles provisoires et ces acomptes « étaient proportionnés à la bonne volonté de chaque contribuable. » Les efforts énergiques du ministre Ramel améliorèrent, plus tard, un peu la situation ; ils ne la changèrent pas. De guerre lasse, Ramel reconnaissait le vice du principe et osait faire au Conseil des Cinq-Cents, en 1797, la propo- sition de remettre à des agents du gouvernement la formation des matrices des rôles. Cette idée fut rejetée au nom des principes constitutionnels. « On avait mis, disait un orateur, dans les élus, dans les confidents du « peuple, un degré de confiance dont une telle résolution les ferait déchoir. » Ainsi, le principe ne pouvait avoir tort. Seulement il avait le malheur d'être faux.

Mais, comme on ne pouvait pas toujours tourner dans un cercle qui aboutissait à ne rien faire et à ne pas payer, il fallut bien renoncer à ce fameux article 20 de la Constitution de 1793 ; et ce fut le ministre Gaudin qui créa, en 1799, le système de répartition et de perception aujourd'hui en vigueur.

(2) *Moniteur* de 1793 (an I), n° 273.

(3) *Moniteur* du 10 fructidor an III : art. 16 de la *Déclaration* et art. 162, 302, 303, 307, 308, 309, 320, 322 et 324 de la *Constitution*.

Il y avait loin, cependant, de la théorie à la pratique ! Les constitutions se succédaient, les réformes abondaient, les lois pullulaient, et, au milieu de tout cela, le désarroi financier était plus grand qu'il ne l'avait encore jamais été à aucune époque de notre histoire. Comme on l'a fort bien dit, « par une singulière ironie du sort, c'est lorsque nos représentants ont joui des attributions les plus étendues que nos finances sont tombées le plus bas. Avant même que la Constitution de 1791 eût été appliquée, le papier monnaie avait fait son apparition (loi du 21 décembre 1789). Dans les désordres inévitables qu'entraînait la terrible crise que la France traversait, nos Assemblées ne pouvaient s'occuper d'établir une nouvelle assiette pour des impôts irrecouvrables, ou de surveiller des dépenses d'une étendue illimitée ; aussi bornèrent-elles, pour ainsi dire, leurs attributions à ordonner des émissions d'assignats, dont l'importance réelle demeure inconnue, mais est évaluée approximativement à quarante-cinq milliards (1). » On avait eu beau proclamer, dès les premiers jours, qu'on plaçait les créanciers de l'Etat « sous la garde de l'honneur et de la loyauté de la nation française (2) » ; on avait beau garantir le paiement « entier et exact » de la dette nationale (3), non-seulement on ne remplit pas ces engagements (4), mais jamais (et l'on a vu cependant si l'ancien régime avait traversé de mauvais jours), jamais, en si peu de temps, on n'abusa plus des expédients déshonnêtes et déplorables qui sont la honte du gouvernement qui ose les employer (5).

(1) *Législation du budget*, par M. Desmousseaux de Givré, n° 1.

(2) *Déclaration* de l'Assemblée nationale, 17 juin 1789 : *Archiv. parlementaires*, 1re série, t. VIII, p. 129.

(3) *Constitution* de 1791, tit. V, art. 2.

(4) A la fin du Directoire, par suite des trois banqueroutes de l'Etat et d'un grand nombre d'annulations de titres de rente, la Dette se trouva réduite de 175 à *moins* de 42 millions de rentes.

(5) Plusieurs emprunts forcés, 20 mai et 3 septembre 1793, 26 pluviôse an IV, 10 messidor an VII, dont le premier de un milliard, — et cinquante

III.

Consulat et Empire (1799-1814).

La Constitution du 22 frimaire an VIII (13 décembre 1799), établit le régime du premier Empire, bien que celui-ci n'ait été proclamé que quatre ans plus tard.

Les esprits, fatigués de l'arbitraire et de l'anarchie qui triomphaient depuis dix ans en France, aspiraient à un moment de calme et d'apaisement et ne demandaient plus qu'à se laisser conduire : aussi le gouvernement ne rencontra-t-il aucune résistance, quand, voulant concentrer le pouvoir entre ses mains, il supprima (1) tous les comités qui l'avaient détenu jusqu'alors.

Cependant ce pouvoir, même absolu, ne pouvait pas, après 1789, redevenir un pouvoir sans contrôle : réel ou fictif il en fal-

et un emprunts ordinaires. — Des retenues opérées sur les rentes : *Moniteur*, 1791, n° 159 ; 1792, n° 212 ; an III, n° 172. — Suspension de leur paiement : *Moniteur*, an III, n° 300 ; an IV, n° 73. — Leur non paiement absolu : *Moniteur*, an V, n°° 147 et 175. — Confiscation de biens : *Moniteur*, 1793, n° 214 ; 1794, n° 307. — 1° banqueroute, 24 août 1793 ; 2° banqueroute (des assignats et mandats territoriaux), 16 juillet 1796 ; 3° banqueroute (du tiers consolidé), 30 sept. 1797. — Sans compter les dons patriotiques, soi-disant volontaires, en réalité obligatoires, qui apparaissent à *soixante et onze* reprises ; la vente et la mise en loterie des biens nationaux ; le rétablissement de la loterie, etc..... Puis, la réduction proportionnelle du traitement des fonctionnaires (28 janvier 1799) et enfin leur non paiement absolu, puisqu'en brumaire an VIII, à ce que dit M. Thiers, il y avait *dix mois* qu'aucun d'eux n'avait rien touché. (*Consulat et Empire*, t. I, p. 15). Et, se greffant sur le tout, la dépréciation inouïe du papier monnaie : partant du pair en 1789, on arrive en ventôse an IV à 8,137 francs *en papier* pour une pièce d'or de 24 livres ! (V. *De l'enchérissement de la vie*, par M. A. Cochut : *Rev. des Deux-Mondes* du 1°° décembre 1883, p. 537, à la note.)

(1) Art. 45 de la Constitution.

lait un, surtout en matière de finances. « Tout puissant qu'était Bonaparte, toute fatiguée qu'était la France, il n'aurait pas été possible, à lui, d'édicter des lois, de lever des impôts sans les avoir fait voter (1). Il accepta donc une assemblée, mais en l'acceptant, il voulut affranchir son gouvernement de l'influence de cette assemblée. Pour cela, il éleva un mur entre son gouvernement et le corps législatif ; il décida que ses ministres ne comparaîtraient jamais devant ce corps, qu'ils n'auraient affaire qu'à lui seul, et, à cette condition, il était bien certain d'être complètement obéi (2). »

Dans la période précédente, comme on l'a vu, la direction de chaque branche du service financier avait été confiée aux commissaires des assemblées, puis à des comités soumis à l'autorité plutôt nominale que réelle du pouvoir exécutif. — Dorénavant, l'un des ministres fut spécialement chargé de l'administration du Trésor public : il assura les recettes, ordonna les mouvements de fonds et les paiements autorisés par la loi. Il ne put rien faire payer qu'en vertu : 1° d'une loi et jusqu'à concurrence seulement des fonds qu'elle avait déterminés pour un genre de dépenses ; 2° d'un arrêté du Gouvernement ; 3° d'un mandat signé par un ministre (art. 56 de la Constitution). Deux ans après, dans un but de contrôle, ces attributions furent scindées et réparties entre deux ministres : 1° celui, déjà existant, des finances qui, avec le concours de directeurs généraux chargés spécialement chacun de l'une des grandes branches des revenus publics, dut veiller à l'assiette et au recouvrement de l'impôt ; 2° celui du Trésor public, pour lequel on créa un huitième ministère. Il fut chargé directement et sous sa propre responsabilité,

(1) Le 11 novembre 1813 et le 9 janvier 1814, l'Empereur ayant rendu, sans aucune autorisation législative, deux décrets établissant des contributions extraordinaires, ce fut l'un des motifs sur lesquels s'appuya le Sénat, en 1814, pour prononcer la déchéance.

(2) M. Thiers, discours du 26 février 1866, p. 364 du tome X de ses *Discours parlementaires.*

de toutes les fonctions que le directeur général du Trésor public remplissait auparavant sous la surveillance et la responsabilité du ministre des finances (1). En un mot, c'est lui qui était préposé aux dépenses.

Comme sous les Constitutions précédentes, les comptes détaillés, signés et certifiés par les ministres, devaient être rendus publics (art. 57).

Toutes les recettes et les dépenses de l'Etat étaient annuellement votées par le corps législatif (art. 45), dans une loi de finances qui, à partir de 1806 (2), reçut le titre de *Budget* (3).

L'année d'après, l'ancienne Chambre des comptes fut habilement régénérée sous le nom de *Cour des comptes* par une loi du 16 sept. 1807. Tous les comptables de deniers publics étaient placés sous ses ordres, et on lui imposa le devoir de faire parvenir au chef de l'Etat ses observations générales et ses vues d'amélioration, par l'entremise de l'Archi-trésorier.

Ces dispositions, bonnes en soi, ne donnèrent pas les résultats qu'on était en droit d'en attendre. Grâce à ce que l'Empereur ne voulut établir qu'un simulacre de représentation nationale qui excluait toute intervention réelle du pays et tout contrôle légal des combinaisons de sa politique et des actes de son administration, les budgets étaient réellement illusoires, et par l'inexactitude de leurs chiffres, et par la façon sommaire dont ils étaient votés :

(1) Arrêté du 5 vendémiaire an X (27 septembre 1801), art. 2.

(2) Loi du 24 avril.

(3) Le mot *budget*, importé d'Angleterre, vient de l'ancien mot *bougette*, sac, dont les Anglo-Normands se servirent pour désigner le sac de cuir dans lequel le chancelier de l'Echiquier apportait devant le parlement les comptes et les pièces justificatives des recettes et des dépenses. Peu à peu l'usage s'établit de donner au contenu le nom du contenant.

Aujourd'hui, la définition officielle du budget est donnée par l'article 5 du décret du 31 mai 1862, article ainsi conçu : « Le budget est l'acte par « lequel sont prévues et autorisées les recettes et les dépenses annuelles « de l'Etat, ou des autres services que les lois assujettissent aux mêmes « règles. »

le rôle du corps législatif se bornait, en effet, à voter un crédit
général de plusieurs centaines de millions que l'empereur répar-
tissait ensuite, à sa guise, entre les divers ministères. De plus,
aucun débat contradictoire n'assurait la sincérité ni l'exactitude
des évaluations du budget ; aucun assentiment public n'adhérait à
son exécution ; et le règlement final de ses résultats était une
opération tellement livrée à l'arbitraire, et dont le terme s'éloi-
gnait indéfiniment pour aboutir à la déchéance, qu'on peut dire
que pendant près de vingt années, on n'est pas arrivé à rendre
définitifs les résultats d'un seul exercice.

Tout cela réuni fit que, malgré des améliorations réelles apportées, il est vrai, presque exclusivement dans l'administration,
les finances du premier Empire laissèrent beaucoup à désirer,
tant par leur mauvais état que par les procédés dont usa le
gouvernement et qui étaient aussi blâmables que ceux des gouvernements antérieurs. Déjà, en 1806, « à l'époque où le comte
Mollien fut appelé à commencer la réforme des désordres de la
Trésorerie qui avaient précédé son remarquable ministère, cent
vingt millions de détournements de fonds avaient épuisé la
caisse centrale du Trésor ; vingt-huit millions de déficit se révé-
laient dans la gestion des receveurs généraux et particuliers ;
quatorze millions manquaient dans celle des payeurs. Le point
de départ des écritures en partie double que cet habile administrateur s'empressa d'établir, était une découverte de vingt-cinq
millions dont les causes sont demeurées inexplicables (1). »
Aussi, la situation financière que l'Empire laissait en 1814,
était-elle de tous points déplorable : « Aussitôt que la Restauration eut centralisé sous une seule direction les deux ministères
du Trésor et des finances, la première vérification des comptables des régies chargées des revenus indirects fit découvrir à
Paris trois millions de déficit dans la caisse des postes, deux

(1) *Système financier de la France*, par le marquis d'Audiffret, t. I, p.
365.

millions dans celle des contributions indirectes, huit millions chez les receveurs principaux des douanes, enfin des exactions et des malversations nombreuses dans la gestion des percepteurs de l'impôt direct (1). »

« Le gouvernement militaire qui avait régné sans contrôle pendant le cours de quinze années, après avoir épuisé la force de la population et de la richesse publique, par les exigences et par les désordres d'une guerre continuelle, laissait, après sa chute, un déficit de trésorerie de plus de cent millions (100,352,153 fr.), un discrédit créé par l'arbitraire et la déchéance, ainsi que l'arriéré de ses dettes et de ses charges extraordinaires, sans pouvoir même en révéler toute l'étendue : à peine une liquidation, qui s'est prolongée jusqu'en 1830, a-t-elle suffi pour retrouver la trace incertaine de ces dépenses non soldées et pour fixer le chiffre définitif des six cent cinquante millions de créances qui étaient restées continuellement en souffrance. Ces reliquats accumulés sur d'anciens exercices, et qui venaient s'ajouter aux dommages incalculables d'une double invasion étrangère et aux indemnités réclamées par les peuples si longtemps tributaires de nos victoires, élevèrent à plus de cent quatre-vingt-treize millions de rentes, ou à près de *quatre milliards* en capital, les derniers sacrifices de ce régime dispendieux qui traînait encore à sa suite plus de soixante millions de pensions exigibles et la surcharge embarrassante d'un personnel administratif surabondant (2). »

A ces nombreux passages empruntés à l'ouvrage d'un homme compétent, on peut encore ajouter l'avis des contemporains qui, tout en trouvant très glorieux le rôle que Napoléon, à l'apogée de ses triomphes, faisait jouer à la France, n'en constataient pas moins que la confiance n'existait pas. L'on a peine à croire aujourd'hui, que les premiers effets de la campagne d'Austerlitz

(1) *Système financier de la France*, par le marquis d'Audiffret, t. I, p. 365.

(2) Idem., ibid., id., p. 394.

se traduisirent par des faillites, des suspensions de paiement, et une rareté extrême de l'argent (1).

Tout le mauvais côté de cette situation ne doit pas être exclusivement imputé au régime impérial : il était la conséquence naturelle et forcée de la crise terrible que le pays venait de traverser, et c'est seulement, en 1814, pour la première fois depuis le commencement de son histoire, que l'ordre, la lumière et le crédit public ont été définitivement obtenus dans les finances de la France, à la faveur de la paix, de la publicité des comptes et du contrôle législatif.

IV.

Gouvernement constitutionnel (1814-1852).

1° *Restauration.*

Comme on vient de le voir, de 1789 à la chute de l'Empire, le désordre n'a jamais cessé de régner dans les finances ; qu'il ait été produit par deux causes différentes, l'anarchie d'abord, plus tard le despotisme, son existence n'en est pas moins certaine.

« Je ne sais s'il s'est jamais rencontré dans l'histoire des finances de la France, une situation plus critique que celle où elle se trouvait alors (1815). Toutes les natures d'obligations

(1) Suspension des paiements de la *Caisse de consolidation*, en Espagne ; embarras de la *Compagnie des négociants réunis* ; suspension des paiements de la *Banque de France* ; faillites nombreuses, à Paris et en province. — Quant à la rareté de l'argent monnayé, elle était arrivée à un tel degré que sur le change d'un billet de mille francs, on en perdait *quatre-vingt-dix*. — (V. à ce sujet *Consulat et Empire*, par Thiers, t. VI, p. 31, et *Mémoires* de Mᵐᵉ de Rémusat, 20ᵉ édit., t. II, p. 250.)

semblaient s'être réunies pour accabler le Trésor public. Outre les dépenses du service courant et habituel, outre celles nécessaires pour subvenir à l'entretien de cent cinquante mille hommes de troupes étrangères qui allaient occuper la France et qui pouvaient y rester cinq années, il fallait encore pourvoir à l'acquittement d'une contribution de guerre de 700 millions et soutenir le poids d'un énorme arriéré, lequel se composait d'abord de celui dont l'existence, lors de la première Restauration, avait été constatée dans le budget de 1814 dont les derniers recouvrements avaient été consommés par l'occupation de 1815, plus de tout ce que cette même occupation avait dévoré au delà des recettes de 1815, et enfin des dépenses extraordinaires auxquelles le gouvernement royal avait été condamné au moment de son retour. Les trois arriérés précités ne pouvaient pas monter à moins de 625 millions, et il fallait ajouter encore la perspective très effrayante de la somme indéterminée qui devait faire face aux réclamations élevées dans les pays étrangers et déjà reconnues à la charge de la France par le traité de 1814 (1). »

Le gouvernement de la Restauration avait donc énormément à faire et l'on doit lui rendre cette entière justice qu'il a été à la hauteur de sa tâche. Il eût, il est vrai, des ministres d'une capacité exceptionnelle, mais la sagesse des Chambres, jointe à la fermeté et à la persévérance du gouvernement, fut aussi pour beaucoup dans l'amélioration qui, dès 1814, s'introduisit dans les finances. La lumière dans les comptes et l'honnêteté dans la gestion, voilà les deux grands moyens dont usa la Restauration, et cela dès les premiers jours (2). Depuis, ces deux principes, jusqu'alors méconnus ou vainement réclamés, sont heureuse-

(1) *Discours* de M. le baron Pasquier, chancelier de France ; t. 1er, p. 175.

(2) Le budget de 1814 est le premier qui fut accompagné d'un exposé sommaire de la situation financière, et la loi du 23 sept. 1814 (art. 23) a posé la base de notre crédit futur, en reconnaissant toutes les créances antérieures au 1er avril 1814, comme dérivant de contrats réglés par la bonne foi publique.

ment entrés dans nos mœurs d'une façon si impérieuse qu'on essayerait inutilement aujourd'hui de les violer.

En peu de temps, tout en respectant, relativement au vote de l'impôt, l'ordre de choses établi par les régimes précédents (1), la Restauration changea entièrement l'organisation budgétaire. — On supprima d'abord le vote en bloc du budget pour lui substituer le vote par ministère, en obligeant chaque ministre à soumettre à l'approbation du roi, la répartition qu'il avait faite entre les divers chapitres de son budget particulier, de la somme allouée par le budget général pour le service de son ministère : de plus, le ministre ne pouvait, *sous sa responsabilité*, dépenser au-delà du crédit alloué (2). Cependant, dans les cas extraordinaires et urgents, le ministre des finances, responsable, pouvait autoriser les paiements excédants, mais seulement en vertu d'une ordonnance du roi, et encore fallait-il qu'à la plus prochaine session, cette ordonnance fût convertie en loi (3). A chaque session, les ministres devaient présenter les comptes de leurs opérations pendant l'année précédente (4). Ces comptes devaient rappeler la situation à l'époque du compte précédent, de chacun des exercices non consommés à cette époque et présenter le détail des opérations faites depuis, ainsi que la situation annuelle de chaque exercice (5). Chaque ministre devait mettre en parallèle les crédits ouverts et les dépenses par eux ordonnancées (6). Le ministre des finances devait présenter : 1° le compte de la dette perpétuelle ; 2° le compte général du budget ; 3° le compte du Trésor royal ; 4° le compte du recouvrement des produits bruts des contributions directes et indirectes (7). Puis l'on décida que

(1) *Charte constitutionnelle* du 4 juin 1814, art. 2, 48, 49 et 70.
(2) Loi de finances du 25 mars 1817, art. 151.
(3) Idem, art. 152.
(4) Idem, art. 148.
(5) Idem, art. 153.
(6) Idem, art. 150.
(7) Idem, art. 149.

le règlement définitif des budgets antérieurs (auquel on joindrait les comptes à présenter par les ministres) serait, à l'avenir, l'objet d'une loi particulière proposée aux Chambres avant la présentation de la loi annuelle de finances (1), et que le compte annuel serait accompagné de l'état des travaux de la Cour des comptes (2). Déjà, la loi du 28 avril 1816 avait liquidé l'ancienne Caisse d'amortissement qui n'avait été jusqu'alors « qu'une succursale du Trésor ou son comptoir intermédiaire, pour faciliter le dépôt et souvent même la confiscation des deniers des communes et des départements (3) » et lui en avait substitué une nouvelle que l'on dota convenablement et d'une manière assurée (4).

Ces dispositions, quelque bonnes qu'elles fussent, laissaient cependant à désirer sur plusieurs points. Les frais de régie, de perception et d'exploitation des impôts indirects étaient prélevés sur le produit brut du rendement : c'était une réduction de près d'un tiers sur la somme totale des recouvrements et les directeurs des régies financières ordonnaient ainsi une masse de dépenses qui s'élevaient à près de cent vingt-cinq millions, sans l'intervention des Chambres et par simple délégation du ministre ; la loi de finances du 15 mai 1818 en exigea l'inscription au budget.

Quant à la spécialité ministérielle, si sagement établie par la loi de 1817, ses effets ne répondaient pas toujours à ce que l'on en attendait ; car, aucune époque n'ayant été fixée pour la répartition royale, il arrivait presque toujours qu'elle avait lieu en cours d'exercice et qu'elle était faite d'après les services, au lieu que les services se fissent d'après elle : d'où, des abus qui se traduisaient par de nombreuses demandes de crédits supplémentaires. Aussi les Chambres faisaient-elles entendre de vives

(1) Loi de finances du 15 mai 1818, art. 102.

(2) Loi de finances du 27 juin 1819, art. 20.

(3) *Système financier de la France*, par le marquis d'Audiffret, t. I, p. 398.

(4) Loi de finances du 28 avril 1816 : Titre X, notamment les articles 98, 99, 104 et 105.

récriminations qui se répétaient à chaque session et qui tendaient à étendre les prérogatives parlementaires, en réduisant celles des ministres. La question prit, en 1822, une tournure des plus vives, à l'occasion de l'examen de la loi de finances. Royer-Collard soutint le vote par chapitre et le Gouvernement le repoussait : nous aurons à voir plus tard lequel des deux systèmes est le meilleur. Mais, en 1822, l'argumentation ministérielle prévalut : on céda cependant sur quelques points aux désirs de la Chambre et l'ordonnance du 14 septembre 1822 fixa l'époque de la répartition royale, en décidant qu'avant de faire aucune disposition sur les crédits ouverts à chaque exercice, les ministres présenteraient à l'approbation du roi le projet de répartition, entre les divers chapitres de leur budget, de la somme totale des crédits qui leur avaient été alloués par la loi annuelle de finances (1). La même ordonnance définit nettement la durée de l'exercice financier, afin de mettre un terme aux lenteurs qui se reproduisaient chaque année dans les règlements définitifs, lenteurs telles que l'on se trouvait avoir, cette même année 1822, neuf budgets non réglés, par suite de l'absence d'un terme légal assigné à la liquidation, à l'ordonnancement et au payement des dépenses. Elle décida, en effet, que dorénavant les crédits ouverts par la loi annuelle de finances pour les dépenses de chaque exercice, ne pourront être employés à aucune dépense appartenant à un autre exercice. Seront seules considérées comme appartenant à un exercice les dépenses résultant d'un service *fait* dans l'année qui donne son nom audit exercice (art. 1) ; que toutes les dépenses d'un exercice devront être liquidées et ordonnancées dans les neuf mois qui suivront l'expiration de l'exercice et de manière que le compte définitif

---

(1) Art. 2. — Disons tout de suite que, cédant à nouveau aux vœux de la Chambre, le Gouvernement, par une ordonnance du 1er septembre 1827, art. 2, établit, sous le nom de *sections spéciales*, de nouvelles divisions dans le projet de budget.

puisse en être établi et arrêté au 31 décembre de l'année suivante (art. 20) ; que, si parmi les dépenses faites pour un exercice il s'en trouvait qui n'eussent pas été liquidées, ordonnancées ni payées avant l'époque de la clôture du compte, elles ne pourraient être acquittées qu'au moyen d'une ordonnance royale qui en autoriserait l'imputation sur le budget de l'exercice courant (art. 21). Puis, la Cour des comptes dut constater et certifier l'exactitude des comptes généraux publiés par le ministre des finances et par chaque ministre ordonnateur (art. 22) ; et, pour lui faciliter cette besogne, l'année suivante, une ordonnance du 10 décembre 1823 créa une commission choisie dans son sein et dans celui du Conseil d'Etat, laquelle fut chargée d'arrêter le journal et le grand livre de la comptabilité générale des finances au 31 décembre et de constater la concordance des comptes ministériels avec le résultat des écritures centrales du ministère des finances (art. 7). — Enfin, la création d'un compte général et annuel de virements permit à la Cour des comptes de constater le montant réel des opérations de chaque comptable et de chaque ordonnateur, et d'établir avec une exactitude entière le rapprochement de tous les comptes soumis à son examen (1).

Les résultats de cette période financière pendant laquelle l'honnêteté, l'ordre et l'économie n'ont jamais cessé d'être en honneur, se faisaient sentir, en juillet 1830, d'une façon très appréciable : le crédit de l'Etat, fondé enfin et d'une manière définitive, par la puissance de la bonne foi, après avoir supporté toutes les charges extraordinaires de l'arriéré et des invasions étrangères, avait complètement fait renaître la confiance publique. Les rentes, dont le cours était très bas en 1814, étaient montées peu à peu jusqu'au-dessus du pair, et ne s'étaient arrêtées dans cette progression croissante, que sur la menace d'un remboursement du capital ou d'une réduction de l'intérêt. Grâce à une sage et prévoyante administration, un amortissement con-

(1) Ordonnance du 9 juillet 1826.

sidérable de la dette avait eu lieu (plus de 31 millions d'intérêts, ou de 630 millions de capital). Enfin, le fonctionnement du budget et de la comptabilité publique se trouvait désormais régulièrement établi.

Cependant, malgré cette situation prospère, et grâce à des causes dont la majeure partie lui était étrangère, le gouvernement de la Restauration avait vu rapidement grossir et la dette publique et les budgets annuels.

L'Empire, au 1ᵉʳ avril 1814, lui laissait une dette perpétuelle de 63,307,000 francs de rentes : au 1ᵉʳ juillet 1830, cette dette était de 202 millions ; certes, l'indemnité des émigrés, la guerre d'Espagne et le commencement de la conquête de l'Algérie avaient contribué à cet accroissement très considérable : mais sa véritable cause était dans les charges écrasantes que l'Empire avait laissées derrière lui, dans l'indemnité de guerre due aux alliés et dans ce qu'avaient coûté deux invasions successives et la réparation d'un extrême désordre financier.

Quant aux budgets, voici qu'elle a été leur progression : le premier budget régulier de la Restauration est celui de 1819 et les dépenses tant ordinaires qu'extraordinaires y étaient portées pour 896 millions. A la chûte de ce régime, le projet de budget pour l'exercice 1831, préparé et présenté par le comte de Chabrol, ministre des finances, atteignait presque la somme d'*un milliard* (983,184,000 francs pour les dépenses ; — 986,201,000 francs, pour les recettes). Ce chiffre, qu'à aucune époque de l'histoire, aucune nation n'avait atteint, causa une perturbation générale dans les esprits : et les statisticiens allèrent jusqu'à calculer qu'*il ne s'était pas encore écoulé un milliard de minutes depuis le commencement de l'ère chrétienne* ! Qu'auraient donc dit nos pères, si on leur avait laissé entrevoir, à eux que ce chiffre bouleversait et effrayait, qu'un demi siècle plus tard une augmentation de près de 500 millions pour huit années à peine serait regardée comme insignifiante, que cette somme d'un milliard serait plus que triplée et que ce serait au milieu de l'indifférence presque générale que le budget de la France, dans une progression dont on n'entrevoit pas la fin, atteindrait, puis dépasserait le chiffre colossal de quatre milliards !.... (1).

(1)   Le budget de 1876 s'élevait à. .   2,570,505,513 francs.
         Celui de 1884 est de   3,025,373,006   —

         Augmentation de 1877 à 1884 . .   454,867,493 francs.

(Chiffres fournis par le ministre des finances dans l'*Exposé des motifs* du projet de budget pour 1885). — Quant aux crédits *votés* pour cet exercice 1885, ils s'élèvent à un total de plus de 4 milliards (en y ajoutant au moins 200 millions de crédits extra-budgétaires), total qui se décompose ainsi :

Budget ordinaire. . . . .   3,062,385,377 francs.
Budget sur ressources extraordinaires .   194,718,218   —
Budget sur ressources spéciales   469,717,475   —
Budgets annexes.   100,001,633   —

                         Total. . .   3,826,822,703 francs.

(V. *Journal officiel*, nov. 1885 ; *Documents parlementaires (Chambre)*, p. 1136 : Annexe n° 3930).

Nous avons pris et conservé comme point de départ de nos études dans ce travail, les chiffres et renseignements fournis dans le *projet de budget de 1885* ; nous aurions, il est vrai, pu prendre comme plus récents ceux de l'exercice 1886, mais nous ne l'avons pas fait parce qu'ils ont donné lieu, pendant la dernière période électorale, à trop de récriminations et de critiques dont nous n'avions pas ici à nous faire juge, sans nous immiscer, à l'instant, dans le domaine de la politique.

Malgré cela, nous les donnons ici, à titre de pur renseignement :

Projet de loi portant fixation du budget général des dépenses et des recettes de l'exercice 1886 :

BUDGET ORDINAIRE : { *Dépenses*. . . . .   3,016,457,621 francs.
{ *Recettes*.   3,018,746,635   —

         Excédent des recettes sur les dépenses.   2,289,014 francs.
BUDGET DES DÉPENSES SUR RESSOURCES { *Dépenses* . . .   169,808,200   —
EXTRAORDINAIRES . . . . { *Recettes*   169,808,200   —
BUDGET DES DÉPENSES SUR RESSOURCES { *Dépenses* . . .   472,046,737   —
SPÉCIALES. . . . . { *Recettes*   472,046,737   —
BUDGETS ANNEXES RATTACHÉS POUR ORDRE { *Dépenses* . . .   77,400,291   —
AU BUDGET GÉNÉRAL . . . . { *Recettes*   77,400,291   —

2° *Monarchie de juillet.*

Les réformes si heureuses et si utiles à la fois que le gouvernement de la Restauration avait introduites et maintenues dans l'administration des finances et le mécanisme du budget furent continuées et perfectionnées sous la Monarchie de juillet.

Trois mois s'étaient à peine écoulés depuis la révolution de 1830 que déjà l'on demandait à la Chambre l'établissement de la spécialité législative des chapitres, telle qu'elle avait été si souvent réclamée par l'opposition libérale (1) ; malgré la résistance du gouvernement qui combattait, non pas le principe, mais l'opportunité de son application et en demandait l'ajournement, une loi du 29 janvier 1831 décida, sans plus attendre, que : 1° le budget de chaque ministère serait à l'avenir divisé en chapitres spéciaux ; que chaque chapitre ne contiendrait que des services corrélatifs ou de même nature et que la même division serait suivie dans la loi des comptes (art. 11) ; — 2° que les sommes affectées par la loi à chacun de ces chapitres ne pourraient être appliquées à des chapitres différents et enfin que toutes les dispositions contraires étaient abrogées (art. 12). — Cette dernière mesure avait pour double but de détruire la faculté de virement, et d'annuler l'ordonnance du 1er septembre 1827 qui, ainsi que nous l'avons vu, avait essayé d'empêcher le vote par chapitres en concédant le vote par grandes sections.

Disons tout de suite, qu'à côté des avantages considérables que présentait ce nouveau mode de rédaction et de vote du budget, un inconvénient sérieux, prédit par M. Thiers, ne tarda pas à se produire : celui de la multiplicité des chapitres, multiplicité telle qu'on en était bientôt arrivé à réaliser la spécialité par

(1) V. le *Rapport* de M. Lefebvre, député de la Seine, à la séance du 5 novembre 1830, dans le *Moniteur* des 6 et 7 du même mois.

articles. En effet, les 164 chapitres que contenait le budget de 1831, — le premier voté sous l'empire de la loi du 29 janvier, — s'étaient subdivisés rapidement et atteignaient, en 1848, le chiffre de 360. Si cette spécialité étroite opposait un obstacle à l'arbitraire ministériel, elle transportait presque en son entier le pouvoir d'administrer entre les mains du législateur, en ôtant aux ministres, comme le disait M. Thiers, commissaire du roi, la liberté d'action qui leur est nécessaire et surtout la responsabilité qui doit peser sur eux.... Il faut, ajoutait-il, pour que l'action soit possible en toutes choses, un grand contrôle après, mais un peu de confiance avant (1).

La même loi du 29 janvier 1831, par son article 9, mettait un terme à des abus fâcheux qui auraient pu faire naître un jour ou l'autre de graves embarras pour le Trésor, en laissant indéfiniment se grossir des arriérés non réglés : elle décida que, dorénavant, seraient éteintes et définitivement prescrites au profit de l'Etat toutes créances qui, n'ayant pas été acquittées avant la clôture de l'exercice auquel elles appartiennent, n'auraient pu, à défaut de justifications suffisantes, être liquidées, ordonnancées et payées dans un délai de cinq années à partir de l'ouverture de l'exercice, pour les créanciers domiciliés en Europe, et de six années pour les créanciers résidant hors du territoire européen.

Après cette loi fondamentale, viennent successivement d'autres lois non moins importantes qui, complétant peu à peu notre mécanisme financier, lui firent atteindre son entier développement. Rien d'intéressant à lire comme les discussions parlementaires occasionnées par les lois de finances : à cette époque, comme sous la Restauration, la science budgétaire en étant encore à la période de formation, le budget était le terrain où venaient se débattre toutes les questions politiques, suivant la maxime anglaise : « *Plaintes et subsides se tiennent par la*

______

(1) *Discours parlementaires*, édition Calmon, t. Ier, p. 7 et 8.

main », et donnaient, ou avaient donné lieu à de superbes discours de la part d'orateurs et d'hommes politiques tels que le
général Foy, le comte de Villèle, Royer-Collard, le baron Louis,
Thiers, Guizot, Berryer, etc...

Voici, par ordre de matières, les lois et ordonnances relatives
à des questions de finances, que nous trouvons jusqu'en 1848,
postérieurement à celles dont nous venons de parler :

D'abord, la loi du 21 avril 1832, qui fixa le premier budget
régulier du nouveau gouvernement ; dans son article 15, elle
prescrit la publicité du Rapport annuel de la Cour des comptes :
ce Rapport, dressé chaque année, en vertu de l'article 22 de la
loi du 16 septembre 1807, avait été jusque là tenu secret : le roi
et ses ministres seuls en avaient connaissance ; cette mesure, de
la plus haute importance, consacrait définitivement le grand
principe de la publicité et de la vulgarisation des comptes de
l'Etat.

L'année suivante, l'article 10 de la loi du 23 avril 1833 soumit au contrôle législatif les comptes des matières appartenant
à l'Etat, qui jusqu'alors avaient échappé à ce contrôle : il n'y
avait du reste aucune raison de faire une différence entre la
comptabilité *matières* et la comptabilité *deniers* ; toutes deux
s'appliquant à une partie de la fortune publique, doivent être
régies par les mêmes principes et soumises au même contrôle.

Viennent ensuite des dispositions législatives ayant pour but
d'essayer de mettre un frein à l'accroissement des crédits supplémentaires qui suivaient, dès cette époque, une progression
très regrettable et beaucoup trop rapide : La loi du 24 avril 1833,
relative aux crédits supplémentaires et extraordinaires de
l'exercice 1832, dispose ainsi pour l'avenir : « Art. 3. Les suppléments de crédits demandés par les ministres pour subvenir à
l'insuffisance, dûment justifiée, d'un service porté au budget et
dans les limites prévues par la loi, devront, comme les crédits
extraordinaires, être autorisés par les ordonnances du roi qui
seront converties en lois à la plus prochaine session des

Chambres (1). — Art. 4. Les ordonnances du roi qui, en l'absence des Chambres, auront ouvert aux ministres des crédits, à quelque titre que ce soit, ne seront exécutoires, pour le ministre des finances, qu'autant qu'elles auront été rendues sur l'avis du conseil des ministres et contresignées par le ministre ordonnateur : de plus, elles seront insérées au *Bulletin des lois*. — Art. 5. Ces ordonnances seront réunies en un seul projet de loi, pour être soumises par le ministre des finances, à la sanction des Chambres, dans leur plus prochaine session et avant la présentation du budget. — Art. 6. Tout crédit extraordinaire ouvert à un ministre pour un service non prévu au budget de son département, formera un chapitre particulier du compte général de l'exercice pour lequel le crédit aura été ouvert. — Enfin, — Art. 7, les crédits supplémentaires seront votés et justifiés par articles. »

L'année suivante, après des débats passionnés, au cours desquels le président de la Chambre des députés, M. Dupin, réclamait hautement que l'on fermât « la plaie des crédits supplémentaires (2) », les articles 11 et 12 de la loi de finances du 23 mai 1834 vinrent apporter des restrictions très importantes, le premier à l'article 3 de la loi du 24 avril 1833, en décidant que dorénavant la faculté accordée par cet article ne serait applicable qu'aux dépenses concernant un service voté et dont il donnait la nomenclature ; le second, à la faculté accordée par l'article 152 de la loi du 25 mars 1817 d'ouvrir des crédits par ordonnance du roi pour des cas urgents et extraordinaires, la rendant applicable seulement à des services qui n'auraient pas pu être prévus ni réglés au moment de l'établissement et du vote du budget.

La commission du budget, qui avait proposé ces deux articles,

---

(1) C'était l'extension aux crédits supplémentaires des règles établies par l'article 152 de la loi du 25 mars 1817 pour les crédits extraordinaires.

(2) Séance du 24 et 3ᵉ *supplément du Moniteur* du 25 avril 1834.

trouvait, avec raison, que le système de la loi de 1833 n'était pas complet et qu'il convenait de déterminer d'une manière plus précise les cas dans lesquels des crédits pouvaient être ouverts par ordonnance : « Tout en conservant le mode de présentation « et de justification des suppléments de crédits, il y aurait « avantage, — disait le rapporteur, — et pour le gouvernement « et pour les Chambres à circonscrire dans des limites mieux « tracées la faculté d'accroître par ordonnances les dépenses de « l'Etat (1). » Ces prudentes modifications ne remplirent cependant pas le but que l'on s'était proposé d'atteindre en les édictant ; et, deux ans après, lors de la discussion du projet de budget des dépenses de 1837, le rapporteur, constatant que, depuis la Révolution de juillet, chaque exercice avait de beaucoup excédé en dépenses les ressources ordinaires, et qu'il en serait encore de même pour les deux années suivantes, s'élevait avec énergie contre la trop grande facilité avec laquelle on accordait cette masse de crédits supplémentaires et extraordinaires qui, arrivant régulièrement chaque année après l'adoption du budget, en dérangeaient toute l'harmonie par les déficits qu'ils faisaient naître à l'époque du réglement de l'exercice. « N'y a-t-il « pas, — ajoutait-il, — quelque chose de contradictoire entre « ce rigorisme que nous apportons dans le vote de chaque « budget pour l'établir en équilibre, et la facilité avec laquelle « nous détruisons ensuite cet équilibre, par l'adoption de tous « les crédits supplémentaires qui, plus tard, nous sont demandés « sans une affectation spéciale de voies et moyens ? (2) » A la suite de ces réflexions, et sur la proposition de la Commission, la Chambre ajouta aux mesures déjà prescrites par les lois de 1817, 1833 et 1834, une condition nouvelle que consacra l'article 5 de la loi de finances du 18 juillet 1836, article ainsi

(1) *Rapport* de M. Calmon ; *Moniteur* du 21 avril 1834.
(2) *Rapport* de M. Gouin *sur l'ensemble du projet de budget des dépenses ;* séance du 6 et *Moniteur* du 7 avril 1836.

conçu : « A l'avenir, toute demande de crédits, faite en dehors de la loi annuelle des dépenses, devra indiquer les voies et moyens qui seront affectés aux crédits demandés. » Cette disposition, excellente en soi, ne produisit pas non plus le résultat qu'on était en droit d'en attendre : on arriva bien vite à la tourner, en se bornant à écrire dans les ordonnances et même dans les lois portant ouverture de ces sortes de crédits, qu'il serait pourvu à ces dépenses à l'aide « des ressources de l'exercice ; » et cette formule vague permit à toutes les demandes d'allocations extra-budgétaires de continuer à se produire sans entraves. Aussi, la moyenne de ces crédits qui n'avait été pendant les quinze années de la Restauration, que de 49 millions, s'éleva-t-elle à 81 millions sous la Monarchie de juillet (1). Ce n'était, hélas, que le commencement d'un mal qui, depuis, n'a fait qu'empirer et dont on n'entrevoit pas le moyen de se guérir, malgré les remèdes que l'on a de nouveau essayé d'y apporter et dont nous aurons à parler plus tard. Disons, tout de suite, qu'en laissant de côté les périodes des guerres de Crimée, d'Italie et du Mexique, de 1848 à 1869 inclusivement, le total des crédits extra-budgétaires est monté presque à 3 milliards (2), ce qui donna une moyenne annuelle de plus de 142 millions, moyenne triple de celle de la Restauration. Depuis la guerre de 1870, ou mieux, depuis 1873, la moyenne ne varie plus, mais va en augmentant, de 158 à 250, et même 300 millions.

Dans un autre ordre d'idées, nous trouvons en 1831, 1832, 1834, 1835, 1836, 1838, 1839, 1840, 1842, 1843 et 1846, une série de dispositions ayant pour but de continuer la réforme du régime exceptionnel des fonds spéciaux, commencée déjà sous la Restauration, en les fondant dans le budget général : de la

(1) V. *Législation du budget*, par H. de Luçay : *Journal des économistes*, mai 1862.

(2) Exactement : 2,902,675,000 francs, d'après le *Compte général des finances* pour 1869 ; v. aussi ce que nous disons sur ce sujet au Ch. III de la seconde partie.

sorte, on étendait tous les jours la publicité des opérations financières en les soumettant à l'appréciation du public et au contrôle de la Cour des Comptes. Lorsqu'arriva la Révolution de 1848, il ne subsistait plus que cinq services spéciaux, savoir ceux de la Légion d'honneur, de l'Imprimerie royale, des chancelleries consulaires, de la caisse des invalides de la marine, et de la fabrication de la monnaie et des médailles. — Au même ordre d'idées, se rattache, comme tendant aussi à l'unification des comptes, la loi du 25 juin 1841, dont l'article 37 supprimait le budget extraordinaire des travaux publics, créé quatre ans auparavant par la loi du 17 mai 1837.

Trois autres dispositions législatives eurent pour but de préciser autant que possible la durée de chaque exercice, en enfermant dans des limites bien déterminées les opérations de liquidation qui le suivent infailliblement : 1°, L'article 11 de la loi du 9 juillet 1836 qui impose aux ministres l'obligation de publier les comptes de l'exercice clos deux mois après son expiration et de présenter la situation provisoire de l'exercice courant, le compte général des finances et tous les documents à établir au 31 décembre de chaque année, pendant le 1er trimestre de l'année suivante. — 2°, L'article 13 de la loi du 3 mai 1842 qui décide que les crédits extraordinaires spéciaux à demander pour les créances des exercices périmés, ne pourront être ouverts que par une loi. — 3°, Enfin, l'article 8 de la loi du 8 août 1847 qui déclare que la faculté accordée par des lois spéciales de reporter, par une ordonnance royale, d'un exercice à l'autre, les crédits non consommés, cessera d'exister à partir du 31 décembre 1848.

Mais l'acte le plus remarquable qui ait été exécuté, dans cette période financière, pour l'ordre et l'économie, est la célèbre ordonnance du 31 mai 1838. Cette ordonnance est la récapitulation méthodique des règles éparses dans les lois de finances et dans une foule d'ordonnances réglementaires ; ainsi qu'il est dit dans le *Rapport sur les comptes de 1837* (1), « ce travail impor-

(1) Page 13.

« tant, qui a coordonné, pour toutes les parties du service public,
« les principes, les procédés et les formes à suivre, a rempli les
« lacunes que présentait encore une organisation graduellement
« perfectionnée par des décisions isolées et successives, a formé
« les liens qui devaient unir les éléments, jusqu'alors dispersés,
« d'une matière spéciale et a constitué, pour la première fois, le
« plus bel ensemble de garanties qui ait jamais protégé la for-
« tune de l'Etat, affermi la sécurité des pouvoirs, et mérité la
« confiance des peuples.... Nous possédons aujourd'hui, grâce
« à ce résumé de la législation financière, la série non-inter-
« rompue des règles qui président au vote des recettes et des
« dépenses publiques, à la perception et à l'emploi des deniers
« du Trésor, aux rapports du gouvernement avec les contri-
« buables et les créanciers de l'Etat, à la marche légale de tous
« les délégués ministériels, au mécanisme des écritures admi-
« nistratives, à la gestion et à la responsabilité des comptables,
« à l'action du contrôle judiciaire de la Cour des comptes, enfin
« au règlement définitif du budget par la législature. »

Telle est, dans son ensemble, l'œuvre financière de la monarchie de juillet. Au point de vue législatif, elle a été excellente et
n'a laissé que bien peu à perfectionner à ses successeurs. Malheureusement, dans la pratique, surtout de 1840 à 1848, les faits
démentent la sagesse des théories : « Huit déficits successifs ont
« absorbé 437 millions d'accroissement naturel du revenu public
« et 469 millions de réserve d'amortissement, pendant que la
« dette inscrite s'augmentait de 23 millions de rentes et que la
« dette flottante du Trésor, déjà chargée d'une avance de 256
« millions, s'aggravait, au fur et à mesure de l'exécution des
« grands travaux publics, par des dépenses extraordinaires qui
« l'ont élevée, dès 1847, au capital de 700 millions.... La sagesse
« des pouvoirs constitutionnels n'était pas encore parvenue à
« préserver la France des préjudices de la paix armée, ni à com-
« primer, dans une juste mesure, la trop vive impulsion donnée
« à toutes les dépenses publiques et, principalement, aux ser-

« vices militaires.... Et il semblait que la Providence fût trop
« prodigue de ses dons pour qu'il fût permis de s'en montrer
« économe (1). »

Voici quels sont les chiffres exacts du budget de 1847, le dernier budget régulier de la monarchie de Juillet :

Dépenses : 1,609,567,860 francs ;
Recettes : 1,375,463,484
____
Déficit : 234,104,376

Ces chiffres, outre l'importance du déficit, font constater combien
avait été rapide l'accroissement des dépenses, depuis le dernier
budget de la Restauration qui n'atteignait pas encore un milliard, et, surtout, combien l'augmentation des recettes n'était
pas proportionnée à celle des dépenses.

Mais alors, comme depuis, on ne comprenait pas le sérieux
danger que présentait, pour les finances, ce que M. Thiers
appelait si justement « *les folies de la paix* (2). »

3° Seconde République.

La Constitution donnée à la France au lendemain de la Révolution de février ne fit que confirmer les principes financiers
consacrés par les Chartes de 1814 et de 1830 (3), et nous n'avons
à signaler pendant cette période que quelques lois tendant
presque toutes à rendre plus strictes encore les règles de la spécialité budgétaire.

Une première loi du 20 juillet 1848, article 13, prescrivit
d'établir dans les comptes des ministres, la comparaison, par

____

(1) *Rapport* fait à la Chambre des Pairs, *sur le budget de 1848,* à la
séance du 30 juillet 1847, par le marquis d'Audiffret.
(2) Séance du 25 janvier 1848.
(3) *Constitution* du 4 novembre 1848, articles 14, 15, 16 et 17.

articles, des dépenses prévues avec celles qui ont été réalisées. — Puis, la loi du 14 mai 1850, article 14, décida que tous les crédits ou portions de crédits qui resteraient disponibles par suite de vacances d'emploi feraient retour au Trésor ; et, pour bien s'assurer que cette disposition produirait son effet, la législature obligea en outre les ministres à dresser, à la fin de chaque semestre, dans leurs départements respectifs un état des emplois civils dont la vacance aurait été constatée pendant le semestre : ces états, indiquant la durée de chaque vacance et le montant des crédits devenus disponibles, seraient immédiatement adressés au ministre des finances et transmis à la Cour des comptes (1). On voit qu'il était difficile de pousser plus loin l'ingérance parlementaire dans l'administration des finances.

Mais, à côté de cela, et comme toujours, la question la plus grave était celle des crédits extraordinaires et supplémentaires.

Une première mesure pour laquelle l'urgence fut déclarée, décida que le tableau de tous les crédits supplémentaires dressé et constamment tenu au courant d'après les documents transmis par le ministre des finances, serait affiché dans les salles des conférences, des commissions de finances et des bureaux et que les projets de lois portant ouverture de crédits supplémentaires, spéciaux et extraordinaires devraient être contresignés, non seulement par les ministres compétents, mais encore par celui des finances (2). On espérait par ce salutaire avertissement effrayer les représentants sur les conséquences de leurs continuelles dérogations au budget primitif. Cette loi renfermait une idée excellente, mais, bien qu'aucune disposition postérieure ne paraisse jamais l'avoir abrogée, elle est tombée en désuétude.

L'année d'après, une autre loi plus importante, celle du 15 mai 1850 vint encore s'occuper de cette question. « Aucune dépense, dit l'article 9, ne pourra être ordonnée ni liquidée sans

---

(1) Même loi, même article.
(2) Loi du 13 novembre 1849.

qu'un crédit préalable ait été ouvert par une loi. Toute dépense non créditée ou portion de dépenses dépassant le crédit sera laissée à la charge personnelle du ministre contrevenant. Toutefois, pendant les prorogations de l'Assemblée législative, ces crédits, soit extraordinaires, soit supplémentaires, pourront être ouverts par arrêtés du président de la République, après délibération du Conseil des ministres et avec le contre-seing du ministre des finances. Ces arrêtés seront insérés au *Bulletin des lois* et régularisés dans la forme suivante :

« Article 10. — S'il s'agit de crédits extraordinaires, les arrêtés du président de la République seront soumis à l'approbation de l'Assemblée législative dans les dix jours qui suivront l'expiration de la prorogation, sous forme de projets de lois spéciaux, conformément à l'article ci-après. — S'il s'agit de crédits supplémentaires, les crédits ouverts par arrêtés du président de la République, seront soumis à l'approbation législative, dans un seul projet de loi, à l'époque déterminée par l'article 12 ci-après.

« Article 11. — Aucune demande de crédits extraordinaires ne pourra être introduite si ce n'est pour des dépenses urgentes et n'ayant pu être prévues ni réglées dans le budget de l'exercice. Ces demandes seront l'objet de lois présentées par le ministre des finances, avec indication des voies et moyens affectés au paiement de la dépense.

« Article 12. — Toutes les ordonnances de crédits supplémentaires auxquelles donneraient lieu des appréciations insuffisantes portées au budget de l'exercice, seulement en ce qui concerne les services dénommés par la loi du 22 mai 1834 *services votés*, seront présentées, chaque année, par le ministre des finances, au plus tard dans le mois de décembre, en un seul projet de loi, avec indication des voies et moyens. La nomenclature des *services votés* sera imprimée, chaque année, dans la loi du budget des dépenses. »

Ces précautions, résumé de dispositions éparses dans plusieurs lois anciennes que l'on renforçait de garanties nouvelles, furent nutiles : l'affluence des demandes de crédits supplémentaires et extraordinaires, loin de diminuer, augmenta dans de telles proportions, qu'au 10 mars 1851, on en avait déjà *voté*, pour l'exercice 1850, pour une somme de 42,381,397 francs, à laquelle il faut ajouter 10,085,187 francs de crédits demandés et non encore votés ; ce qui faisait un total de près de 53 millions. — Pour l'exercice en cours d'exécution (1851), et à la même date, on avait déjà voté de ces crédits pour une somme de 15,346,451 francs, et l'on en avait demandé pour 2,154,758 francs, qui attendaient la sanction du vote.

Malgré l'obligation, si souvent répétée par la loi, d'indiquer les voies et moyens pour les dépenses de cette sorte, comme on le constatait à la tribune (1), cette garantie n'avait abouti qu'à la formule banale retrouvée dans tous les projets portant demandes de crédits : « Il sera pourvu à la dépense au moyen des ressources affectées aux besoins de l'exercice. » En conséquence, une loi du 16 mai 1851 abolit, par exclusion, dans son article premier, les crédits complémentaires, en décidant qu'il ne peut être dérogé aux prévisions normales du budget des dépenses *que* par des lois portant ouverture de crédits supplémentaires ou extraordinaires. — Tout projet de loi, portant demande de crédits supplémentaires ou extraordinaires, imputable sur un ou plusieurs exercices, est signé par le ministre compétent et par le ministre des finances ; la présentation en est faite, comme annexe du budget, par le ministre des finances (art. 2). — Le projet comprend l'ensemble de la dépense, soit qu'elle s'applique à un ou plusieurs ministères, soit qu'elle porte sur un ou plusieurs exercices. Il contient l'indication des voies et moyens affectés au paiement de la dépense, et, s'il ne peut y être pourvu sur les ressources effectives de l'exercice, le projet men-

____

(1) *Rapport* fait par M. Corne sur les propositions de MM. Creton et Sauvaire-Barthélemy, relatives aux demandes de crédits extra-budgétaires. Séance du 14 et Supplément au *Moniteur* du 15 avril 1851.

tionnera que le crédit est mis au compte de la dette flottante (art. 3). — Le ministre des finances réunit en un seul projet de loi toutes les demandes de crédits supplémentaires ou extraordinaires dont le besoin s'est fait sentir dans les divers services pendant l'intervalle d'un mois au moins (art. 4). — Mais, comme le disait, avec amertume, M. Corne, en terminant son rapport sur cette loi (1) : « La commission ne se le dissimule pas, la pensée « conçue par les deux honorables auteurs des deux propositions, « et ses propres efforts pour réaliser cette pensée, *ne seront* « *encore que de vains palliatifs à la plaie de nos finances,* « sans la ferme et constante résolution de l'Assemblée. C'est à « elle de vouloir et de fairo que les lois et règlements créés pour « venir en aide à l'esprit d'économie et de prudence dans l'admi- « nistration de la fortune publique, *ne puissent plus, désor-* « *mais, tomber en désuétude ou être témérairement éludées.* » Ces paroles sont tristement vraies et il est curieux de voir combien, dans un pays comme le nôtre, ou chacun est si économe de son bien, par une singulière contradiction de la nature humaine, les représentants de la nation sont si prodigues du bien public!... et l'on est découragé à la pensée qu'aujourd'hui comme alors, *tout* est inutile pour arrêter les députés dans la voie fatale où ils sont entrés de se croire moralement obligés d'inventer quelques moyens d'accroître les dépenses publiques.

En résumé, la situation budgétaire sous la seconde République ne fut pas brillante, surtout au début, où l'on se serait cru aux plus mauvais jours de l'administration d'autrefois. La crise occasionnée par la chute de la Monarchie de juillet avait été si forte que la confiance et le crédit avaient subitement disparu, faisant place à la banqueroute. L'Etat, sans aucun numéraire, se trouvait fort embarrassé : l'appel fait au patriotisme de la nation de payer par anticipation le restant des impôts de

____

(1) Idem, ibidem, idem.

l'année (1), ne réussit pas plus que l'emprunt de 100 millions émis le 9 mars 1848, lequel ne produisit même pas 300,000 francs en numéraire. Aussi, deux jours après avoir déclaré que les Caisses d'épargne « étaient placées sous la garantie de la loyauté nationale, » et que « le Trésor tiendrait tous ses engagements (2), » le Gouvernement provisoire offrait aux créanciers de ces Caisses un remboursement dérisoire de 100 francs seulement en numéraire, ajoutant que le surplus, jusqu'à concurrence de moitié de la somme versée, serait payé par un ou plusieurs bons du Trésor à quatre ou six mois d'échéance, et la dernière moitié par une inscription de rente 5 0/0, calculée au pair, tandis qu'elle était avilie sur la place au prix réel de 60 francs (3).

Cette opération déloyale fut complétée par deux décrets du 7 juillet 1848 : l'un faisant une remise complémentaire aux déposants de la Caisse d'épargne de ces mêmes effets publics livrés au taux, moins désavantageux il est vrai, mais encore très inique, de 80 francs, lorsqu'ils se négociaient à la Bourse au prix de 72 francs : l'autre, imposant aux possesseurs de Bons du Trésor que l'on ne pouvait acquitter, un remboursement en rentes 3 0/0.

Et c'est le jour même où s'opérait la première de ces trois banqueroutes, que le ministre des finances du Gouvernement provisoire osait s'écrier au milieu de l'Assemblée : « Oui, « citoyens ! proclamons-le avec bonheur, avec orgueil ; à tous « les titres qui recommandent la République à l'amour de la « France et au respect du monde, il faut ajouter celui-ci :

« La République a sauvé la France de la banqueroute (4) ! »

(1) *Proclamation* du 7 mars 1848.
(2) *Arrêté* du 7 mars 1848.
(3) *Décret* du 9 mars 1848, articles 2 et 3.
(4) *Rapport* fait au Gouvernement, sur la situation financière de la République, par le Membre du Gouvernement provisoire, ministre des finances (M. Garnier-Pagès). Séance du 9, et *Moniteur* du 10 mars 1848.

Mais il ne faut pas oublier que le défaut de numéraire ne justifie pas les banqueroutes : à une autre époque de notre histoire, non moins troublée que celle-ci, on avait agi autrement. Lorsque le baron Louis avait pris le portefeuille des finances à la première Restauration, il n'avait trouvé que 359,000 francs dans toutes les caisses du Trésor à Paris, pour faire face aux besoins urgents qui se pressaient en si grand nombre autour du nouveau pouvoir (1). Mais, grâce à son énergie et à sa profonde honnêteté, il conjura la crise sans secousses et sans efforts et était même parvenu, au 29 mars 1815, à ménager une réserve de plus de 28 millions en numéraire, dans ces mêmes caisses de Paris (2).

Dès le début, le Gouvernement provisoire de 1848 déclara « qu'il recherchait avec activité les moyens de diminuer dans une large proportion les dépenses de l'Etat, et qu'il avait *la certitude* d'y parvenir (3). » Malgré ces excellentes intentions, le budget de 1848 eut un énorme découvert ; tandis que les dépenses ordinaires et extraordinaires atteignaient le chiffre de 1,770 millions (dépassant de plus de 160 millions celui de 1847), les recettes descendaient à 1,207 millions, en baisse sur l'année précédente de près de 170 millions. Grâce à la création de ressources extraordinaires et à la réserve de l'amortissement, on put solder en fin de compte cet exercice par un déficit insignifiant de 3 millions ; mais les quatre budgets de la République ne se réglèrent qu'avec un excédant considérable de dépenses, qui vint grossir la dette flottante de 651 millions, auxquels il faut ajouter près de 55 millions de rentes nouvelles inscrites sur le grand livre (4).

(1) *Comptes des ministres* de 1814 et 1815, p. 19.
(2) Idem, ibidem, p. 35.
(3) *Proclamation* du 7 mars 1848.
(4) V. M. de Lucay, *op. et loc. cit.*

V.

Second Empire (1852-1870).

Le régime politique inauguré en 1852 devait, par sa nature même, porter une profonde atteinte aux principes établis et en vigueur depuis 1830 : la responsabilité ministérielle et l'ingérence parlementaire n'avaient plus de raison d'être sous un gouvernement absolu.

La première fut immédiatement supprimée (1) : et voici en quels termes, bien nets, le Sénatus-Consulte du 25 décembre 1852 posa les bases du nouveau régime budgétaire : « *Le budget des dépenses,* — dit l'article 12, — *est présenté* au Corps législatif avec ses subdivisions administratives *par chapitre et par article. Il est voté par ministère.* La répartition par chapitre du crédit accordé pour chaque ministère est réglée par décret de l'empereur rendu en conseil d'Etat. Des décrets spéciaux rendus dans la même forme peuvent autoriser des virements d'un chapitre à un autre (2). »

C'était le retour pur et simple au système financier de la Restauration, antérieur à l'ordonnance du 1er septembre 1827. Le Gouvernement, du reste, l'avouait franchement : « C'est sous

(1) Art. 43 de la *Constitution* du 14 janvier 1852.

(2) Déjà, auparavant, un décret du 22 mars 1852, avait décidé, dans son article 47, que le budget serait d'abord soumis aux délibérations du conseil d'Etat; puis qu'un décret impérial en ordonnerait la présentation au corps législatif et désignerait les membres du conseil d'Etat chargés d'en soutenir la discussion devant les députés. Ajoutons tout de suite, qu'en cours d'exercice et s'il y avait lieu, les prévisions budgétaires pouvaient être modifiées par ce que l'on appelait le *budget rectificatif.* (Décret du 31 mai 1862, art. 32). -

« l'empire de ce système, disait-il, que la France a développé
« son crédit, qu'elle a perfectionné sa comptabilité ; elle ne sau-
« rait craindre d'y revenir sous un gouvernement ami du peuple
« et préoccupé de ses besoins (1). » Puis, détaillant le plan établi par l'article 12, il ajoutait : « Il est entendu désormais que le
« Corps législatif recevra communication officielle du budget,
« avec ses divisions administratives par chapitres et par articles.
« Le pouvoir chargé de voter l'impôt pourra ainsi mesurer
« d'avance l'étendue probable des besoins, leur appliquer, en
« connaissance de cause, les ressources du Trésor. Des amende-
« ments pourront même être proposés, suivant les formes consti-
« tutionnelles, sur tous les points qui paraîtront susceptibles
« d'amélioration. La lumière pénètrera dans ce vaste ensemble,
« et nul mystère n'enveloppera de ténèbres l'emploi des deniers
« publics.

« Mais, au lieu de voter le budget par articles séparés, ce qui
« ferait régner les Chambres sur les détails les plus minimes de
« l'administration, le Corps législatif le votera par ministère. Le
« mal ancien, auquel le Gouvernement vous propose de porter
« remède, était moins dans une discussion qui porte toujours des
« fruits, que dans le vote par divisions étroites qui encadrait le
« Gouvernement dans les casiers très circonscrits de la spécialité
« et le condamnait à rester immobile dans la sphère la plus bor-
« née. En lui accordant l'impôt pour les dépenses de chaque
« ministère, on lui retirait la confiance (2) dont il avait besoin
« pour s'en servir au mieux des éventualités de l'administration.
« Le vote par ministère, après une sérieuse discussion par cha-
« pitre, fera disparaître cette situation inacceptable pour un

(1) *Rapport* fait au Sénat, à la séance du 21 décembre 1852, par M. le
premier président Troplong, au nom de la commission chargée d'examiner
le projet de Sénatus-Consulte portant interprétation et modification de la
Constitution du 14 janvier 1852.

(2) C'était la paraphrase du mot, déjà cité, de M. Thiers : « Un grand
contrôle après, mais un peu de confiance avant, » V. p. 74.

« gouvernement élevé si haut par la confiance du pays. L'empe-
« reur aura le droit de se mouvoir dans l'étendue d'un ministère,
« il ne sera pas lié par des prévisions faites dix-huit mois
« d'avance et que les nécessités du présent peuvent démentir.

« Ce sera donc à lui qu'il appartiendra de faire, après le vote
« par ministère, la répartition par chaque chapitre de ministère·
« Ce travail se fera à l'approche de l'exercice, et en présence des
« nécessités actuelles, par un décret rendu, pour plus de garan-
« tie, dans la forme des règlements d'administration publique.
« Presque toujours cette division sera conforme aux divisions
« présentées au Corps législatif et qui auront servi de base à son
« vote. Ce n'est que dans des cas rares qu'elle se trouvera diffé-
« rente en quelques points. Lorsque cette répartition aura été
« ainsi effectuée, si, dans le cours de l'exercice, il arrive que, par
« suite de circonstances extraordinaires, il faille transporter le
« crédit de tel chapitre d'un ministère au crédit de tel autre
« chapitre du même ministère, ce virement ne pourra être obtenu
« que par un décret rendu en conseil d'Etat. Puisque c'est l'avis
« du conseil d'Etat qui a présidé à la répartition du budget, il
« faut que ce soit aussi de son avis qu'il puisse être modifié. »

On comptait beaucoup sur la double réforme introduite par ce
Sénatus-Consulte : le rétablissemeut du vote par ministère, et le
rétablissement de la faculté de virement. On espérait arriver de
la sorte à supprimer la presque totalité des annulations de crédits et, par contre, la presque totalité des crédits supplémentaires (1). Ce fut une illusion ; et les virements, s'appliquant à
des sommes relativement peu considérables, n'empêchèrent pas
le maintien non plus que le développement des crédits supplémentaires et extraordinaires ouverts par décrets dans l'intervalle
des sessions. Les deux moyens concoururent simultanément à
introduire dans les chiffres primitifs du budget de graves modi-

---

(1) *Rapport* fait à l'empereur, le 7 février 1853, *sur la situation financière*,
par M. Bineau, ministre des finances.

fications qui se traduisirent, pour ces sortes de crédits, par une moyenne annuelle de 240 millions (1).

Cette situation éveilla l'attention publique.

Ce ne fut pas, il est vrai, contre la faculté d'opérer des virements que l'on réclama, mais bien contre le pouvoir dangereux que la loi du 5 mai 1855 avait accordé au chef de l'Etat, en lui permettant d'ouvrir, en l'absence des Chambres, des crédits extraordinaires et supplémentaires par décrets. L'article 21 de cette loi n'obligeait de soumettre à la sanction législative les décrets autorisant les crédits extraordinaires, que dans les deux premiers mois de la session qui suivait l'ouverture desdits crédits ; et ceux relatifs aux crédits supplémentaires, seulement dans les deux premiers mois de la session qui suivait la clôture de chacun des exercices sur lesquels les suppléments auront été accordés.

Aussi, à la suite d'un *Mémoire* adressé par M. Fould, ministre d'Etat, à l'Empereur, celui-ci fit savoir publiquement que « depuis longtemps sa préoccupation était de renfermer le « budget dans des limites invariables..... et que le seul moyen « efficace d'y parvenir était d'abandonner résolûment la faculté « qui lui appartenait d'ouvrir, en l'absence des Chambres, des « crédits nouveaux (2), » Comme le disait fort bien M. Fould, la Constitution avait réservé le droit de voter l'impôt au Corps législatif, mais ce droit devenait presque illusoire si les choses demeuraient dans la situation où elles étaient. En effet, qu'est-ce qu'un contrôle qui s'exerce sur une dépense dix-huit mois après qu'elle est faite ? Et qui peut-il atteindre, si ce n'est le chef de l'Etat, puisque les ministres ne sont responsables qu'envers lui

(1) V. dans le *Moniteur* du 3 décembre 1861, l'exposé des motifs du projet du Sénatus-Consulte qui fut voté le 31 du même mois.

(2) *Lettre de l'Empereur au ministre d'Etat,* en date du 12 novembre 1861 : cette lettre et le *Rapport* de M. Fould, lus le même jour en séance du Conseil privé et du Conseil des ministres, sont insérés au *Moniteur* du 14 novembre 1861.

seul ? Ne pouvait-on pas d'ailleurs mettre en question l'utilité même de la discussion du budget au Conseil d'Etat et au Corps législatif, si, en dépit des réductions consenties ou imposées, le Gouvernement peut, après la session, augmenter les dépenses de toutes natures ?

Le Sénatus-Consulte du 31 décembre 1861, sanctionnant les intentions de l'Empereur, vint décider, article 3, que dorénavant il ne pouvait être accordé de crédits supplémentaires ou extraordinaires qu'en vertu d'une loi : cette disposition abrogeait de la sorte un décret du 10 novembre 1856, aux termes duquel toute dépense nouvelle à laquelle il serait pourvu par un supplément de crédit ou par un virement devait être contresignée par le ministre des finances et le décret qui autoriserait cette dépense devrait indiquer les voies et moyens par lesquels elle serait couverte. Cette mesure, simple reproduction des lois antérieures (1) était, d'ailleurs, restée inobservée comme ses aînées en ce qui touche la question des voies et moyens : quant au contreseing des ministres des finances, que signifiait-il en l'absence de responsabilité ministérielle ?

Le même Sénatus-Consulte, dans son article 1er, conformément aux vœux exprimés à différentes et fréquentes reprises dans les sessions antérieures, ramenait la législation budgétaire à l'ordonnance du 1er septembre 1827, en autorisant le Corps législatif à voter le budget, non plus par ministère, mais bien par grandes sections.

L'année suivante, un décret du 31 mai 1862 sur la comptabilité publique, — lequel n'était, pour ainsi dire, que la copie de l'ordonnance du 31 mai 1858, — vint la remettre en harmonie avec l'organisation nouvelle des pouvoirs publics et les changements opérés dans la législation.

Rien ne fut changé d'important jusqu'au Sénatus-consulte du 8 septembre 1869, qui, rétablissant la responsabilité ministé-

(1) Loi du 15 mai 1851, article 11 ; — et loi du 16 mai 1851, articles 2 et 3.

rielle, — article 2, — et le vote du budget par chapitre, — article 9, — transforma complètement l'ordre de choses en vigueur, en le faisant revenir à ce qu'il était sous la Monarchie de juillet.

Il est assez intéressant de constater comme quoi, partant du même principe que la législation budgétaire du début de la Restauration, le gouvernement impérial se vit obligé, très rapidement, de passer par les mêmes phases et de subir les mêmes évolutions par où avait passé et qu'avait subies cette même législation : et comme quoi, après avoir renversé en un jour l'œuvre lentement et savamment combinée pendant près de quarante ans, il se voyait, moins de dix-huit ans après, dans la nécessité de la réédifier entièrement.

Du reste, ces changements continuels du régime financier n'avaient pas produit d'excellents résultats.

A la veille de la chute de l'Empire, le dernier projet de budget, celui de l'exercice 1870 déposé le 19 janvier 1869 (1), s'élevait *pour les dépenses ordinaires seules*, à 1,650,060,248 francs, laissant, ou paraissant laisser, un excédant de recettes de 86 millions (2) qui, si l'on tient compte des crédits extra-budgétaires dont la moyenne annuelle était alors d'environ 150 millions (3), se changeait en un déficit réel de près de 65 millions.

Même à lui seul, et sans tenir compte des quatre autres budgets qui l'accompagnaient, le budget des dépenses ordinaires de 1870 se trouvait ainsi supérieur de plus de 40 millions au dernier budget de la Monarchie de Juillet, celui de 1847 (4).

De nombreux emprunts avaient eu lieu pendant la durée du règne, et, de 1852 à 1859, selon le *Compte général de l'admi-*

(1) *Journal officiel* du 27 janvier 1869, p. 111.

(2) Exactement 86,607,145 francs, les recettes présumées s'élevant à 1,736,667,393 francs.

(3) Même en ne tenant pas compte des périodes des guerres de Crimée, d'Italie et du Mexique. V. page 78.

(4) V. page 81.

nistration des finances pour 1869 (1), sur dix-huit budgets, cinq seulement, ceux de 1855, 1858, 1865, 1868 et 1869, ont présenté des excédents s'élevant ensemble à 506,237,767 francs ; — tandis que treize exercices se sont soldés par des déficits qui arrivent au total de 1,046,871,402 francs.

(1) Page 519.

SECONDE PARTIE

THÉORIE DU BUDGET DE L'ÉTAT

AVANT-PROPOS

Rien, au premier abord, ne paraît plus facile que d'exposer en
quelques lignes la théorie du budget de l'Etat : rien, en réalité,
n'est moins aisé, ni plus long, si l'on veut examiner une à une
les nombreuses et graves questions que cette étude comporte.

Un des orateurs les plus justement écoutés sous la Restauration, le général Foy, résumait ainsi (1), devant la Chambre des
députés, le mécanisme et les diverses opérations du budget :
« A la fin d'une année, les ministres viennent vous dire : L'Etat
« aura besoin de tels et tels services pendant l'année prochaine,
« telles et telles sommes sont nécessaires pour solder ces
« services : voilà le budget. — Dix-huit mois après, les ministres
« reviennent et vous disent: Tels et tels services ont été faits
« pendant l'avant-dernière année ; telles et telles sommes ont
« été employées à les solder : voilà les comptes.

« Le budget est un programme. Il procède par aperçus, par
« évaluations, par quantités moyennes; il s'énonce souvent dans
« la forme dubitative. Or, si l'on veut que moi, appelé à le voter,

(1) *Discours* du général Foy à la Chambre des députés, séance du 13 e
Moniteur du 15 avril 1820.

7

« je ne m'abstienne pas dans le doute, il faut qu'on éclaire ma
« raison. C'est dans les comptes d'une année antérieure que je
« puiserai mes données, afin de consentir, en connaissance de
« cause, aux demandes de l'année courante.

« Les comptes sont un récit. Comme tous les récits, leur pre-
« mier mérite est de ne renfermer que des vérités. Or, les asser-
« tions d'un ministre quand elles ne sont justifiées que par les
« déclarations périodiques ou finales de ses comptables et de ses
« agents, ne m'offrent pas une garantie suffisante contre le men-
« songe et la fraude. Il faut qu'un tribunal indépendant, la Cour
« des comptes, juge les opérations de comptabilité, non pas seule-
« ment quant à la forme des pièces en vertu desquelles les paie-
« ments sont effectués, mais encore par la considération de tous
« les motifs et de toutes les circonstances qui concourent à
« éprouver la réalité et la légalité de la dépense. Il faut qu'aucun
« ministère, aucun service, aucun emploi de fonds n'échappe à
« ses arrêts. »

Cet exposé si logique et si clair nous conduit à une division
toute naturelle de notre travail en quatre parties :

1° Préparation et présentation du budget.

2° Vote du budget.

3° Exécution du budget.

4° Contrôle et règlement du budget.

Chacune d'elles correspondant à l'une des quatre phases principales par lesquelles passe le budget, depuis le jour où l'on en
conçoit le plan jusqu'à celui où l'on apure définitivement les opérations financières auxquelles il a donné lieu.

CHAPITRE PREMIER.

Préparation et présentation du budget.

Dans la plupart des pays où, comme en France, existe un gouvernement parlementaire, tous les pouvoirs se trouvent concourir à la confection du budget. Le pouvoir législatif, devant qui a lieu la présentation, a seul le droit de le voter : la préparation et l'exécution reviennent de droit au pouvoir exécutif ; le contrôle est fait successivement par le pouvoir exécutif, par le pouvoir judiciaire et par le pouvoir législatif : ce dernier seul procède à son règlement définitif.

Douze à quinze mois avant l'époque à laquelle on commencera à l'appliquer, le budget est élaboré au ministère des finances ; à la Direction de la comptabilité publique on reçoit et on coordonne les différents projets de budget de dépenses que chaque ministre a établi pour le service qu'il dirige : on y joint ensuite celui du ministre des finances qui, à lui seul, est plus considérable que tous ceux réunis de ses collègues.

Ces projets de budget ne sont que des évaluations, mais, bien qu'établis d'après les données les plus sûres, il n'en est pas moins vrai qu'au jour de l'ouverture de l'exercice dont il s'agit, ils seront forcément erronnés ; en effet, le délai de douze à quinze mois, dont on vient de parler, séparant le point de départ de la préparation du budget, de celui de l'ouverture de l'exercice en question, est beaucoup trop considérable pour qu'on puisse prévoir avec exactitude, si longtemps à l'avance, les besoins de tel ou tel service. Aussi, dans la pratique, chaque ministre, animé du louable désir de laisser des traces heureuses de son passage au pouvoir et sentant plus directement les besoins réels du service qui lui a été confié, a une tendance naturelle et bien excusable, en prévision d'une année qui peut être pleine de surprises, à grossir le chiffre de ses demandes, sans s'occuper de savoir si l'accroissement de son budget des dépenses sera en proportion de l'accroissement du budget général des recettes.

Celui-ci est naturellement composé par le ministre des finances : il comprend et indique le montant prévu en principal et en centimes additionnels des quatre contributions directes, détermine le nombre des centimes imposés et quelle est, dans ces centimes, la part de l'Etat, celle des départements, celle des communes ; les impôts indirects, le produit du domaine de l'Etat et les produits divers forment le reste du budget des recettes.

Après avoir établi le chiffre probable des recettes d'après le procédé que chacun de ses collègues et lui-même également pour son propre ministère, a employé pour l'évaluation des dépenses, et après avoir distrait de ce chiffre la part qu'absorberont les frais de perception et de recouvrement, ainsi que le paiement de la dette de l'Etat, le ministre des finances sait, à un centime près, ce qu'il lui reste de disponible à répartir entre les divers ministères.

C'est alors que, gardien forcé de l'équilibre, parfois si laborieusement obtenu, entre le total des recettes et celui des dépenses, il a à lutter contre les demandes nouvelles et les augmentations de crédits proposées par chacun de ses collègues, les forçant à diminuer leurs prétentions ou à ajourner les améliorations qu'ils projettent.

Malheureusement, et malgré les réductions partielles qu'on lui fait subir par-ci par-là, le budget des dépenses, même à l'état de projet, est toujours plus considérable d'exercice en exercice ; on serait tenté de croire que la fièvre qui, depuis plusieurs années, s'est emparée des particuliers, a gagné le gouvernement :

à voir chaque individu, chaque famille, même parmi les plus
modestes, ne pas savoir se contenter de ce qu'ils ont, aspirer
toujours à des gains chimériques que les fréquents tirages de
loteries et de valeurs à lots rendent vraisemblables, ne pas pouvoir ajourner la réalisation de désirs ou de satisfactions même
légitimes, et vouloir jouir immédiatement du bien-être acquis,
on se demande la cause d'une transformation si complète des
mœurs. L'Etat, de son côté, qui devrait chercher à calmer cette
soif de jouissance, donne, au contraire, l'exemple d'une ambition immodérée dans la réalisation des réformes et des perfec-
tionnements : dans ces derniers temps, on a entrepris dans les
deux seuls ministères des Travaux et de l'Instruction publics des
améliorations qui, si utiles qu'elles soient, auraient dû être
insensiblement réparties sur plusieurs exercices, au lieu de
venir d'un seul coup absorber les économies de la France et
épuiser les ressources du pays. Trop souvent, Etats et particuliers considèrent comme réels des besoins qui ne sont qu'imaginaires, et tous deux oublient ces sages paroles de Montesquieu :
« Les besoins imaginaires sont ce que demandent les passions et
« les faiblesses de ceux qui gouvernent, le charme d'un projet
« extraordinaire, l'envie malade d'une vaine gloire, et une cer-
« taine impuissance d'esprit contre les fantaisies (1). »

(1) *Esprit des lois*, livre XIII, ch. Ier. — En 1877, le *Cobden-Club* a
résumé en un petit volume, sous le titre de *Correspondence relative to the
Budgets of various countries*, les réponses qu'il a reçues de ses membres
honoraires d'Europe et d'Amérique sur la manière dont les dépenses publiques sont discutées et arrêtées dans leurs pays respectifs.

La septième et dernière question était ainsi conçue : « L'expérience a-t-
elle fait voir que l'action législative a eu pour effet de réduire les dépenses
publiques et de réprimer les abus administratifs ? » — Et elle a reçu des
réponses assez diverses, mais lesquelles, en somme, autorisent à conclure
que, malgré le contrôle législatif, ces dépenses manifestent une tendance
générale à s'accroître d'une manière constante.

Là faute, d'ailleurs, en aucun pays, n'en est ni au système législatif, ni
au gouvernement. Comme le dit M. Nasse, professeur d'économie politique

Lorsque le ministre des finances s'est entendu avec ses collègues, le projet de loi du budget est prêt à paraître devant les Chambres : il sort de la période d'élaboration pour entrer dans celle de la discussion. On le fait précéder d'un *Exposé des motifs* dans lequel le ministre esquisse à grands traits la situation du Trésor et fait connaître les réformes et améliorations proposées à la Chambre et consenties par les ministres.

En vertu de nos lois constitutionnelles, le budget doit être présenté d'abord à la Chambre des députés qui, une fois son examen terminé, l'envoie au Sénat (1). Cette règle suivie de tout temps, en France, depuis l'introduction du régime parlementaire, avait surtout sa raison d'être à l'époque où la Chambre haute n'était pas élue par la nation. Les lois de finances étant, en effet, de toutes, celles qui intéressent le plus directement les électeurs, il est juste que ce soit à leurs représentants qu'on les soumette

« l'université de Bonne, répondant pour la Prusse, « notre prospérité s'est « accrue et avec elle nos besoins. De même que par tête d'habitant nous « consommons plus de sucre, de thé, de café qu'il y a trente ans, nous « dépensons aussi davantage pour les écoles, les lettres et les sciences, « pour les routes et les ponts, pour nos édifices publics. » — Les correspondants des Etats-Unis disent que la meilleure sauvegarde contre les tendances marquées qu'ont le gouvernement et les chambres à dépenser, est dans un sentiment public très prononcé en faveur de l'économie : « *earnest and intelligent public sentiment in favour of economy.* » — L'économie, voilà le grand mot ! mais sur quoi la faire porter ? C'est ce qui embarrasse M. de Fontpertuis, l'un des six correspondants de la France. Du moment que l'Europe ne veut pas se guérir de la maladie militaire, on ne voit guère qu'un hardi remaniement de notre système administratif qui pût ouvrir la voie à des économies un peu sérieuses. Par malheur, le gouvernement n'est pas seul responsable de l'excès d'administration sous equel notre pays se débat : il a eu pour complices les classes dirigeantes « si avides de places et de galons pour leurs enfants, leurs parents, leur clientèle », et l'imbécile vanité de tant de pères qui « au lieu de lancer « leurs fils dans le commerce ou l'industrie, aiment mieux en faire de « petits personnages officiels. » — V. page 25, note 1, ce qui a déjà été dit ur ce sujet.

(1) Loi du 24-28 février 1875, article 8.

en premier lieu. Aujourd'hui que les membres du Sénat ne sont pas nommés par le chef de l'Etat, on aurait pu abroger cette disposition, mais, en fait, on peut dire que la Chambre est la représentation *immédiate* de la nation, tandis que le Sénat ne l'est qu'au second et même au troisième degré.

L'usage, d'ailleurs, est devenu général dans tous les pays où il y a deux Chambres que le budget et les lois de finances soient soumis d'abord à la Chambre basse. En Angleterre, où le même principe est en vigueur, il y a cependant une différence avec notre législation budgétaire : tandis que, chez nous, le Sénat peut modifier les lois de finances que la Chambre des députés renvoie à son examen, la Chambre des lords ne peut même pas amender les bills de même nature ; il faut qu'elle les vote tels que ou qu'elle les rejette en bloc.

L'idéal, au double point de vue économique et financier, serait que la préparation du budget demandât le moins de temps possible, que l'intervalle entre la présentation et le vote fût très court et qu'il n'y en eût pas d'autre entre le vote et l'exécution que celui nécessaire à la promulgation.

Dans la pratique, la présentation du budget a lieu au début de la session législative, c'est-à-dire dans les deux ou trois premiers mois de l'année qui précède celle où il sera appliqué : en joignant à ce délai fort long, celui tout aussi considérable qu'a nécessité sa préparation, on arrive, comme nous l'avons déjà dit, à séparer par un laps de temps beaucoup trop long la préparation du budget de son exécution : et l'on a ainsi rendu inexactes la plupart des évaluations établies si longtemps à l'avance.

Pour remédier à cet état de choses, il faudrait, ou reculer au 1er avril les premières phases de la préparation, ou avancer au 1er juillet l'ouverture de l'année financière. Entre ces deux partis, il n'y a pas à hésiter, c'est au second qu'il faut se ranger. La question, d'ailleurs, déjà posée devant les Chambres, sous la

Restauration, avait été tranchée à l'*unanimité* dans ce sens par les bureaux de la Chambre des députés (1). Mais, pour des motifs d'ordre purement politique, la Chambre des pairs rejeta la proposition, deux ans plus tard, en 1819. Voici en quels termes elle avait été habilement défendue à la tribune par M. de Serre, garde des sceaux : « Le commencement de l'année « financière n'est déterminé ni par la Charte, ni par la nature. « Qui donc le déterminera ? Vous, Messieurs, vous, d'après les « convenances de notre gouvernement, qui seules doivent servir « de règle en cette matière. Or, ces convenances dépendent « uniquement de l'époque habituelle de nos sessions. Si cette « époque habituelle doit être dans la saison morte, dans l'hiver, « et il n'est pas possible de le révoquer en doute, cette époque « seule fixe l'année financière. Effectivement réunis en « novembre, c'est *en janvier et dans les mois suivants* que « vous ferez le budget. *C'est le faire trop tard pour l'année* « *courante, mais aussi c'est trop tôt pour l'année qui suit.....* « *Il faut donc forcément adopter une époque intermédiaire,* « c'est *celle de juillet.* Cinq à six mois ne sont pas un terme « trop éloigné pour vous empêcher de prévoir les besoins, de « limiter les crédits avec précision, et toutefois ce terme donne « le loisir de faire la loi des finances et d'en préparer l'exécution. « Ainsi, Messieurs, nul doute que..... l'année financière de « janvier à janvier ne soit mauvaise tant qu'il sera naturel de « réunir les Chambres pendant l'hiver. Nul doute, au contraire, « que l'année de juillet à juillet ne soit, par ce fait seul, imposée « sous peine de désordre, sous peine de renoncer au vote libre, « au seul vote constitutionnel de l'impôt (2). »

(1) V. le *Rapport* présenté à la Chambre des députés, par le comte Beugnot, à la séance du 19 décembre 1817.

(2) *Discours* de M. de Serre, garde des sceaux, devant la Chambre des députés ; séance du 15 février 1819. — Cité par M. Desmousseaux de Givré, *op. cit.*, n° 2,

Depuis lors, personne n'a tenté de nouveau de faire adopter cette réforme, dont les avantages sont cependant incontestables.

Dans d'autres pays que la France, le commencement de l'année financière, qui avait été également fixé au 1er janvier, a été reporté, soit au 1er avril, soit au 1er juillet : l'Angleterre et la Prusse ont adopté le 1er avril, les Etats-Unis, le 1er juillet ; la seule constatation de ces divergences suffit pour mettre en doute l'excellence du 1er janvier comme point de départ et prouve a portée de la question.

Ce n'est pas, cependant, que le 1er janvier soit en lui-même une date fâcheuse : ainsi, en Belgique, on l'a conservé comme commencement de l'année financière, et cela, sans inconvénients, parce qu'il ne faut dans ce petit pays, régi cependant par la même organisation politique et administrative que le nôtre, que trois à quatre mois au plus pour la préparation et le vote du budget ; deux mois suffisent pour la préparation : puis le budget est soumis aux Chambres en novembre, au plus tard en décembre, et, voté sans retard, il entre en exécution dès le 1er janvier.

En Angleterre, un aussi bref délai est suffisant ; chaque ministre, dans la seconde quinzaine de décembre, envoie le projet de budget des dépenses de son département aux commissaires de la Trésorerie qui les réunissent et en forment le budget général, après les avoir discutés. Le budget des recettes, préparé par le chancelier de l'Echiquier, y est joint. Le budget d'ensemble est alors présenté à la Chambre des communes qui le discute et le vote rapidement, et assez à temps pour qu'il puisse être appliqué dès le 1er avril, après avoir reçu la sanction de la Chambre des lords. Nous verrons, plus loin, grâce à quelle organisation on obtient, en Angleterre, un vote à la fois très rapide et très sérieux.

Chez nous, la brièveté de ces délais ne sera jamais réalisable, à cause de nos lenteurs administratives et de notre centralisation exagérée. Mais nos délais, de quinze à seize mois qu'ils sont actuellement, pourraient, pour le plus grand bien du pays, être réduits de moitié. Voici comment le baron Louis établissait le calcul du temps nécessaire à chacune des phases de la période de préparation. Partant de ce fait que les Chambres doivent toujours être convoquées vers la fin de l'année, il suppose le projet de budget préparé dans le mois qui précède la convocation, et déposé à l'ouverture de la session : « L'expérience a prouvé, « disait-il, que de la présentation à la promulgation du budget, « la discussion dans les commissions et les deux Chambres « entraînait au moins deux mois. — Un mois est nécessaire pour « les travaux des conseils généraux des départements et des « conseils d'arrondissement chargés de la répartition des contri- « butions directes par arrondissements et par communes. La « confection des rôles pour régler les contingents individuels « entraîne trois mois (1). » De la sorte, il réduisait le temps nécessaire à environ sept ou huit mois.

Mais si, d'une part, on considère que les travaux des conseils généraux et des conseils d'arrondissement, en matière de budget, sont purement fictifs, et qu'il est extraordinairement rare qu'une de ces assemblées effectue une modification dans la répartition antérieure ; — et si, d'autre part, comme le demandent actuellement bien des économistes, et notamment M. P. Leroy-Beaulieu, les contributions indirectes cessaient d'être des impôts de répartition et devenaient des impôts de quotité, on pourrait abréger encore, en le réduisant à six ou sept mois en tout, le délai reconnu nécessaire par le baron Louis, puisque l'intervention des conseils généraux et d'arrondissement deviendrait superflue.

De la sorte, la Chambre étant convoquée au mois de décembre, le budget pourrait entrer immédiatement en exécution au 1er juillet suivant, sans que rien fût changé aux habitudes parle-

(1) *Discours* du baron Louis, ministre des finances, devant la Chambre des députés ; séance du 11 janvier 1819. — Cité par M. Desmousseaux de Givré, *op. cit.,* °2.

mentaires, et sans qu'aucun laps de temps entre son vote et son exécution vînt détruire l'équilibre de ses prévisions : ce qui serait en tous points désirable.

A côté de cette grave question du commencement de l'année financière, s'en place une autre pour laquelle on ne peut pas répondre d'une façon aussi absolue.

Dans le budget d'un Etat, comme dans celui d'un particulier, on rencontre toujours certaines dépenses dont la nature est d'être indispensables et permanentes : telles sont, pour un Etat, les dépenses que nécessitent l'entretien de la force armée, celui de la police, des voies de communication, celui des diverses administrations, etc...., puis, et avant tout, les frais de perception des revenus et le paiement de la dette nationale.

Pour faire face à ces dépenses obligatoires et qui se renouvellent tous les ans, chaque Etat a à sa disposition des ressources également permanentes : mais au lieu qu'il les tire, comme le faisaient au Moyen-Age le roi et ses grands vassaux, des domaines féodaux, c'est à l'impôt presque uniquement qu'il les doit aujourd'hui. Le domaine foncier d'une grande nation, à notre époque, considérable peut-être par sa valeur intrinsèque, ne rapporte en général que très peu relativement à cette valeur : mais, si petit qu'il soit, son produit n'en est pas moins fixe et annuel et à ce titre, il est compris parmi les ressources permanentes du budget.

A côté de cela, il peut surgir des dépenses occasionnées par des circonstances exceptionnelles, comme une guerre, une exposition nationale, un fléau, etc..., dépenses obligatoires aussi, comme celles de la première catégorie, mais qui, précisément parce qu'elles sont exceptionnelles, sont destinées à disparaître du budget aussitôt qu'elles auront été faites, et à ne plus se renouveler, au moins pendant un certain temps. — Il peut surgir également des ressources inattendues, comme des plus-values et des rentrées inespérées, des dons, des legs, le produit d'un emprunt, etc..., dont le caractère essentiel est également de ne pas être périodique.

Ces dépenses et ces recettes exceptionnelles sont qualifiées généralement *d'extraordinaires*, par opposition aux dépenses et aux recettes permanentes que l'on désigne sous le nom *d'ordinaires*.

C'est ici que se place la question de savoir comment il convient de grouper les recettes et les dépenses : faut-il mettre en commun les recettes de quelque nature qu'elles soient, et y puiser indistinctement pour toutes les dépenses ; ou faut-il, au contraire, affecter telles ou telles recettes soit à des dépenses de même nature, soit à telles ou telles dépenses déterminées ?

Chacun de ces deux systèmes, celui de la centralisation, comme celui de la spécialité, a ses partisans.

Disons cependant, tout de suite, avant de les examiner, qu'affecter aux douanes le produit des douanes, aux forêts le produit des forêts, etc..... serait un système absolument inapplicable : il est, en effet, de toute évidence, qu'à côté des services qui produisent des recettes, il s'en trouve de non moins utiles qui n'en fournissent aucune ; le service du ministère de la guerre et celui de la dette publique, pour ne citer que ces deux-là, ne seraient entretenus par aucune source de revenus, puisque coûtant et ne rapportant rien, ils ne pourraient subvenir à leur propre existence. Mais, en dehors de cette spécialité chimérique, il s'en trouve une autre que l'on peut appliquer et défendre, qui, établissant un compte spécial pour chaque nature de revenus, affecte à chacun de ces comptes un emploi spécial : c'est le mode employé au Canada.

Après avoir donné pour exemple ce qui se passe pour l'instruction publique dans ce pays, où une taxe scolaire communale est établie sur la propriété foncière et sur chaque tête d'enfant, qu'il aille ou n'aille pas à l'école, et où l'obligation existe pour chaque paroisse de nommer elle-même un comité qui fixe et lève l'impôt et choisit l'instituteur, M. Duvergier de Hauranne

ajoute : « Ce qui me frappe surtout dans les institutions cana-
« diennes, c'est la spécialité et, pour ainsi dire, la localisation
« des taxes. Chacun paie pour ses propres besoins, à ses propres
« députés, la somme qu'il leur a donné mandat d'exiger ; ou
« bien, quand l'impôt est fixe, le produit n'en est pas moins
« perçu et appliqué dans la localité. Chez nous, au contraire,
« l'Etat est comme le soleil qui pousse les nuages, les amasse
« au ciel et les fait également retomber en pluie. Je ne nie pas
« la beauté apparente du système ; mais il a l'inconvénient de
« cacher aux contribuables l'emploi et la distribution de leurs
« ressources. Ils voient bien leurs revenus s'en aller en fumée ;
« mais ne voyant pas d'où vient la pluie qui les féconde, ils
« s'habituent à considérer les exigences de l'Etat comme des
« exactions et ses bienfaits comme un don naturel (1). »

Ainsi présenté, le système de la spécialité répond au sentiment
de la justice : chaque individu, chaque localité, chaque département recevra de l'Etat en proportion de ce qu'il lui aura donné,
sans s'occuper de savoir si à côté de lui, ses voisins, moins riches
et qui pourront moins donner, seront suffisamment pourvus.
C'est du reste, il faut en convenir, de la justice bien égoïste ;
puis, que d'inconvénients en regard de l'unique avantage pour
le contribuable de pouvoir mieux se rendre compte de la nécessité et de l'emploi de l'impôt ! quelle complication dans les
rouages de l'administration et, par suite, quelle perte de temps
et d'argent : à côté de services trop abondamment pourvus, il
s'en trouvera forcément d'autres qui ne l'auront pas été
assez, etc.....

Personne, mieux que le baron Louis, n'a fait ressortir la supériorité du système de la centralisation sur l'autre ; voici ce qu'il
disait : « Les inconvénients graves propres à cette forme de
« comptabilité (la spécialité), auraient dû empêcher de l'adopter

(1) *Huit mois en Amérique.* — *Revue des Deux-Mondes* du 1er novembre
1865, p. 210.

« dans aucun système, puisque, dans tous, ou elle est inutile,
« ou elle est dangereuse. En effet, les recettes spécialement
« affectées à des dépenses spéciales sont-elles parfaitement
« égales à ces dépenses, ce qui est la perfection du système de
« la spécialité, cette spécialité devient inutile, puisque les
« recettes et les dépenses spéciales auraient pu être comprises
« dans les recettes générales sans déranger l'équilibre du
« budget. Si les dépenses spéciales excèdent les recettes qui
« leur sont affectées, il faudra, ou laisser les travaux sans exé-
« cution, quoiqu'ils soient nécessaires, ou les dépenses sans
« paiement, quoiqu'elles aient été faites, ou bien il faudra em-
« ployer une partie des fonds du budget à solder l'excédent des
« dépenses spéciales. Enfin, les recettes spéciales excèdent-elles
« les dépenses spéciales, elles ne pourront être employées et
« devront être rapportées au budget ; ou, par un abus contraire
« à tout principe de bonne administration et, comme il est trop
« souvent arrivé, des travaux inutiles, des dépenses sans objet
« seront faits uniquement parce que, par une erreur de calcul,
« elles auront été dotées trop largement, tandis que les services
« les plus urgents resteront en souffrance, faute de fonds. Ce
« système, toujours inutile dans les temps d'abondance, devien-
« drait dangereux dans les moments où les besoins de l'Etat
« sont extrêmes et multipliés, s'il était alors fidèlement suivi,
« mais cela n'arrive jamais (1). »

Cependant, tout en trouvant fort juste les observations présentées par le baron Louis, on peut dire que les principes d'une
gestion sage et prévoyante sont d'accord pour prescrire, les
recettes une fois centralisées, de payer avec les ressources ordinaires et permanentes les dépenses de même nature ; le surplus
de ces recettes trouvant un emploi nature dans l'allègement,
soit des charges de l'Etat, par l'amortissement d'une partie de

---

(1) *Rapport* au roi sur les budgets de 1814 et de 1815, par le baron Louis,
ministre des finances. — Cité par M. Desmousseaux de Givré, *op. cit.*, n° 2.

sa dette, soit de celles des individus, par des dégrèvements d'impôts : — quant aux revenus extraordinaires, ils doivent faire face aux dépenses de même nom.

Sous la Restauration, à la suite des événements si critiques que l'on avait eu à traverser, un sentiment louable avait fait affecter par privilège, un revenu spécial au paiement des intérêts de la dette et au service de la caisse d'amortissement : « Nous ne con- « naissons, disait encore le baron Louis, qu'une seule spécialité « utile et qui doit être sacrée, c'est celle qui affecte, par prélève- « ment sur la masse des revenus de l'Etat, un revenu déterminé « pour le paiement des intérêts et pour l'amortissement de la « dette arriérée, inscrite ou flottante (1). » On comprend qu'à cette époque on ait cherché à raffermir le crédit par cette garantie spéciale, mais, en principe, une telle mesure est inutile. En agissant ainsi, l'Etat se met dans la position d'un particulier qui, devant une somme de cinq mille francs et en recevant une égale d'un de ses fermiers, dirait : Ce sera avec les pièces mêmes que m'a apportées le fermier, et non avec d'autres, que je m'ac- quitterai. Rien ne le force à le faire, pas plus que l'Etat à payer sa dette avec un revenu spécial. Il faut que l'un et l'autre, Etat et particulier, soient assez honnêtes et assez forts pour payer quand même, sans être obligés de contracter des engagements, ni de poser des conditions dont l'exécution ne recevra aucune

(1) Idem, ibid., id. — Le titre X de la loi du 25 mars 1817, intitulé : *Affectation d'un revenu particulier à la dette publique*, çontenait, entre autres, deux articles fort importants : « Article 139 : Les produits nets de l'enregistrement, du timbre et des domaines et ceux de l'administration des postes et de la loterie sont affectés au paiement des intérêts de la dette perpétuelle et au service de la caisse d'amortissement. La portion attri- buée à cette caisse dans lesdits produits est fixée à la somme de quarante millions.

« Article 142 : Le budget et le compte du revenu affecté au paiement de la dette perpétuelle et du fonds d'amortissement, seront distraits du budget et du compte ordinaire de chaque exercice et présentés séparément aux Chambres. »

sanction. Tout au plus, une pareille règle peut-elle se justifier dans certains états comme la Turquie et l'Egypte, qui sont, pour ainsi dire, sous la tutelle d'autrui : mais, comme le fait justement remarquer M. P. Leroy-Beaulieu, pour que, même dans ces pays, cette affectation particulière soit maintenue, il faut que les gouvernements étrangers y prêtent la main en instituant des commissaires spéciaux, et en faisant de toute infraction à cette affectation spéciale un cas d'intervention.

Une question plus controversée est celle de savoir lequel des deux systèmes est le meilleur, de celui qui, centralisant tous les comptes de recettes et de dépenses de l'Etat, les réunit en un seul budget, ou de celui qui, considérant la différence de provenance des recettes ou le caractère des dépenses, établit plusieurs comptes ou budgets séparés les uns des autres.

Chacun des deux peut se soutenir : si, en général, on adopte plus volontiers le premier, il peut se rencontrer cependant des circonstances qui forcent, avec raison, à se servir du second ; et le seul fait qu'en France, notamment, on les ait à plusieurs reprises appliqués et abandonnés prouve l'importance de la question.

C'était chose fort difficile sous le premier Empire que de se rendre compte des forces et des charges financières du pays : outre que la publicité des chiffres était fort restreinte et que leur discussion était interdite, « on aurait été obligé, pour embrasser l'ensemble des services, d'en rechercher les résultats épars dans quatre comptabilités tout à fait distinctes : celle des fonds généraux du budget ; celle des fonds spéciaux ; celle des fonds des pays conquis, ou du domaine extraordinaire ; celle enfin des prélèvements supportés par les produits bruts des contributions (1). »

(1) *Système financier de la France*, par le marquis d'Audiffret ; tome 1er, p. 383.

Le gouvernement de la Restauration, partisan de l'unité budgétaire, trouva que toutes ces divisions dissimulaient la véritable étendue des dépenses et la situation réelle des finances en compliquant sans utilité tous les comptes. « Nous regardons, disait « le baron Louis, la réunion des recettes et des dépenses sur les « fonds généraux et spéciaux comme indispensable dans leur « situation actuelle et comme nécessaire dans tout système de « comptabilité fondé sur l'ordre et la fidélité (1). » Aussi, les budgets de la Restauration furent-ils présentés, suivant ces principes, en un seul compte général : ce compte, il est vrai, était divise en trois états distincts, désignés par les trois premières lettres de l'alphabet, A, B et C. Les états A et B comprenaient à eux deux toutes les recettes et toutes les dépenses ordinaires ; seulement, tandis que dans l'état B se trouvait l'ensemble des services publics et des recettes ordinaires destinées à y pourvoir, l'état A comprenait les dépenses de la dette et les recettes spécialement affectées par la loi à son paiement et à son amortissement. L'état C comprenait les dépenses exceptionnelles et destinées à disparaître et qui avaient pour causes les deux invasions, l'occupation militaire, l'indemnité de guerre et tous les frais, en général, qu'avaient entraînés les revers de la fin de l'Empire : il comprenait aussi la portion des ressources ordinaires, restée disponible, que l'on pouvait affecter au règlement de ces dépenses, et le compte de l'emprunt qu'elles avaient nécessité.

Ainsi que nous l'avons déjà dit, l'état A n'avait pas de raison d'être et aurait dû se fondre dans l'état B : l'état C, correspondant à ce que, après la guerre de 1870-1871, on a appelé le compte de liquidation, était parfaitement justifié. Du reste, ces trois états, réunis en un seul groupe, offraient ce grand avantage que n'importe qui pouvait se rendre très facilement compte de la

---

(1) *Rapport* au roi sur les projets de budgets de 1814 et 1815, par le baron Louis, ministre des finances.

situation financière, embrasser d'un seul coup d'œil l'ensemble des charges qui grevaient le pays et, parmi elles, distinguer celles qui avaient un caractère permanent de celles qui devaient bientôt disparaître.

Ce fut sous le règne de Louis-Philippe que l'on appliqua le mieux le principe de la stricte unité budgétaire ; diverses dispositions législatives fondirent peu à peu dans le budget, des comptes qui, auparavant, en étaient séparés. Le budget spécial de la dette publique disparut ainsi que le budget extraordinaire dont l'utilité cessait avec la liquidation des événements qui l'avaient fait créer : il fut, il est vrai, rétabli un instant pour faire face à de grands travaux publics, mais on l'abolit au bout de peu de temps (1).

Avec le second Empire reparaît la multiplicité des comptes et la pluralité des budgets ; à la veille de la chute de ce régime, on en comptait cinq : le budget ordinaire, le budget de l'amortissement, le budget des dépenses sur ressources spéciales, le budget extraordinaire et, enfin, le budget de l'emprunt de 429 millions, tous réunis dans le même document, ce qui facilitait leur examen et atténuait un peu l'inconvénient de la division des comptes.

Le budget ordinaire restait ce que la Restauration l'avait fait : c'est lui qui, avec les ressources ordinaires de l'impôt et du domaine, faisait face aux dépenses obligatoires et permanentes.

Le budget de l'amortissement, créé par la loi du 11 juillet 1866, ne méritait pas son nom et n'avait pas de raison d'être : il ne méritait pas son nom parce que la plus grande partie de la somme dont il était doté passait à payer des dépenses qui auraient dû figurer dans le budget ordinaire : ainsi, dans le projet de budget de 1870, on avait consacré au budget de l'amortissement environ 76 millions, sur lesquels 32 seulement servaient à l'amor-

(1) Voir page 79.

tissement de la dette, tandis que les 44 autres étaient absorbés par des dépenses obligatoires et permanentes ; — il n'avait pas de raison d'être, pour deux motifs : le premier, c'est qu'en grande partie il faisait double emploi avec le budget ordinaire ; le second, c'est que dans un pays dont la situation est, sinon prospère, du moins normale, il est inutile de créer un budget spécial de l'amortissement : pour l'Etat, plus encore que pour les particuliers, l'amortissement doit être le résultat des économies : on lui consacrera les excédents des récettes ordinaires, s'il en reste, une fois les dépenses obligatoires payées, et les services indispensables convenablement pourvus ; sans quoi il n'y a pas d'amortissement possible.

Le budget des dépenses sur ressources spéciales, au contraire, est une heureuse innovation introduite en 1862. Créé dans le dessein de « placer dans une catégorie séparée les services départementaux, communaux et locaux qui n'altèrent pas l'équilibre du budget et dont les ressources spéciales conservent leur affectation par des reports successifs d'une année à l'autre (1) », il apporte une grande clarté dans les comptes généraux et atteindrait pleinement son but si l'on observait les règles qui ont présidé à sa création. Antérieurement à 1863, les dépenses départementales étaient jointes à celles du ministère de l'intérieur, parce qu'elles étaient ordonnancées par les préfets et que les recettes départementales destinées à y pourvoir, étaient perçues par les agents de l'Etat. Quant aux dépenses et aux recettes communales, elles étaient inscrites au budget du ministère des finances, parce que les centimes additionnels, perçus également par les agents de l'Etat, ne restent qu'un instant dans leurs caisses et sont immédiatement reversés dans celles des trésoriers des communes : ce n'est donc qu'une simple opération de comptabilité. — Le grand avantage qui est résulté de la création de ce budget, c'est que les recettes et les dépenses départementales, commu-

(1) *Projet de budget* pour l'exercice 1863, p. 65.

nales et locales, tout en demeurant distinctes de celles de l'Etat, y sont annexées, ce qui est d'une grande utilité, au point de vue des renseignements, pour le législateur.

Le budget extraordinaire, créé en 1862, avait pour but, selon les expressions mêmes de l'empereur, « de renfermer le budget dans des limites invariables, résultat que des circonstances imprévues et des nécessités toujours croissantes l'avaient malheureusement empêché d'atteindre (1) ». L'article 1ᵉʳ de la loi du 2 juillet 1862 s'exprime ainsi : « Il sera créé, en dehors du budget de l'Etat, un fonds affecté spécialement aux dépenses du budget extraordinaire. Ce fonds sera fixé, chaque année, par une loi qui autorisera en même temps les dépenses auxquelles il sera affecté ». C'est dans cette loi spéciale, ajoutait M. Fould, que sont groupés les grands travaux d'utilité publique, les constructions nouvelles, les excédents temporaires de l'effectif militaire, nécessités par la protection des intérêts extérieurs, tout ce qui répond enfin à des besoins momentanés et ne doit pas figurer parmi les charges permanentes et obligatoires (2). De la sorte, le budget ordinaire ne conservait que les dépenses qui ont un caractère de permanence et les dépenses pour ordre, c'est-à-dire celles qui sont soldées au moyen des impositions votées par les conseils locaux.

Cette division du budget en ordinaire et en extraordinaire était bien plus théorique que pratique : en réalité, la plupart des dépenses portées au budget extraordinaire auraient pu être inscrites au budget ordinaire. Comme nous l'avons déjà dit, en temps normal une pareille division dans les comptes est inutile et dangereuse, inutile, en ce sens qu'elle complique les écritures et empêche de se rendre facilement compte de la situation ; — dangereuse, parce qu'elle pousse à la dépense les membres du

(1) *Lettre*, déjà citée, de l'Empereur, en date du 12 novembre 1861 ; v. page 91.

(2) *Rapport*, déjà cité, de M. Fould à l'Empereur ; v. p. 91.

gouvernement, qui cherchent à se faire allouer dans le budget extraordinaire des crédits qu'on leur aurait refusés dans le budget ordinaire et parce qu'elle laisse supposer que la demande de pareils crédits ne se renouvellera pas, tandis que les dépenses qui les rendent nécessaires doivent presque toutes reparaître chaque année.

Le budget de l'emprunt de 429 millions, institué par l'article 5 de la loi du 1er août 1868, était rationnel, comme le sont tous les budgets alimentés par une ressource réellement extraordinaire et dont le caractère temporaire est une garantie contre une augmentation possible de dépenses.

Quoi qu'il en soit, l'existence simultanée de ces cinq budgets était préjudiciable à la fois au législateur qu'elle poussait à la dépense, et au contribuable qu'elle empêchait de voir clair dans les comptes de l'Etat. Du reste, les abus, à la fin de l'Empire, étaient nombreux : loin de laisser à chacun de ces budgets un caractère propre et des limites distinctes, on les enchevêtrait les uns dans les autres ; c'est ainsi que pendant trois années, 1862, 1863 et 1864, on fit figurer au budget ordinaire des recettes que leur caractère exceptionnel, par excellence, aurait dû faire inscrire au budget extraordinaire : les bénéfices réalisés sur la refonte des monnaies de bronze. — De même, dans les produits divers du budget ordinaire de 1870, on a fait entrer une ressource extraordinaire, s'il en fut, les 800,000 francs représentant la part de l'Etat dans les bénéfices de l'Exposition universelle de 1867. Enfin, — dernier exemple, — au budget des dépenses sur ressources spéciales figuraient les 200,000 francs que l'adjudicataire-imprimeur-gérant du *Journal officiel* devait verser au profit du ministère d'Etat pour frais de rédaction et d'administration dudit journal : et pourtant cette dépense n'était ni départementale, ni communale, ni locale (1).

(1) Tous ces chiffres sont empruntés à M. Desmousseaux de Givré, *op. cit.,* n° 2.

Une telle complication dans les écritures et une semblable confusion dans les comptes ouvraient toute grande la porte aux abus : M. Thiers alla même jusqu'à prétendre que toutes ces distinctions introduites dans les budgets tendaient à en dissimuler l'élévation croissante (1).

Depuis 1879, une nouvelle division du budget a été adoptée : sans parler du *compte de liquidation* ouvert aussitôt après la campagne de 1871 pour réparer les désastres qu'avait entraînés cette guerre funeste, et établi dans le même but et d'après les mêmes principes que le budget extraordinaire de la Restauration ; sans parler non plus du budget sur ressources spéciales qui continue à figurer dans le budget de l'Etat, sans en être partie intégrante, le budget de la France est aujourd'hui divisé en *budget des dépenses ordinaires* et en *budget des dépenses sur ressources extraordinaires*. C'est la nature des ressources qui a servi de base à cette division : au budget des dépenses ordinaires on pourvoit par l'impôt et les autres recettes-ordinaires : au budget des dépenses sur ressources extraordinaires, on pourvoit par l'emprunt et les ressources accidentelles. Cette division, très acceptable en théorie, laisse beaucoup à désirer en pratique, parce qu'elle facilite bien des abus qui ne pourraient avoir lieu si le second budget n'existait pas : depuis sa création (2), on a payé des crédits indûment imputés sur ses ressources,

en 1879, pour............	66,000,000 fr.
— 1880, —	99,000,000
— 1881, —	121,000,000
— 1882, —	128,000,000
— 1883, —	98,000,000
— 1884, —	41,500,000

Ce qui, pour six années seulement, forme un total de beaucoup

(1) Séance de la Chambre des députés du 6 mai 1864.
(2) *Loi de finances* du 22 décembre 1878.

plus d'un demi-milliard (1). On comprend qu'au lendemain de la guerre l'Assemblée nationale ait eu recours au compte de liquidation ; alors il était urgent de fermer notre frontière ouverte, de remplir nos arsenaux vides, de reconstituer le matériel disparu. Cette tâche remplie, un budget extraordinaire n'avait plus de raison. M. Say l'a pourtant rétabli pour les grands travaux et nous y avons admis les petits travaux et, successivement, un grand nombre de services ; les Postes ont eu leur part, puis la Guerre, puis la Marine, puis les Beaux-Arts, puis l'Agriculture ; aujourd'hui l'Instruction publique entre en ligne ; tous les services veulent leurs fonds d'emprunt, et depuis cinq ans nous ne vivons que par l'emprunt (2).

Dans le projet de budget de 1885, on voit (3) que le ministère

(1) Pour ces chiffres, v. *Les finances de la République*, par M. Le Trésor de la Rocque, p. 330, 336, 344 et 345.

(2) Idem, p. 341. — C'est la même idée qu'émettait à la Chambre M. Raoul Duval lorsqu'il disait que « le danger de la situation financière réside dans l'emprunt permanent considéré comme ressource normale, correspondant à certaines dépenses que l'on qualifie d'extraordinaires. » (V. *Journal officiel* du 23 novembre 1884, p. 2241). — Du reste, en additionnant les emprunts que l'on a fait contracter à la France de 1876 à 1884, on voit que leur total s'élève à plus de 3 milliards de francs :

1° Obligations trentenaires affectées à des dépenses extraordinaires de travaux publics (loi du 29 décembre 1876)..............................	48,104,744 fr.
2° Rentes 3 0/0 amortissables, émission de 1878 (lois des 11 juin 1878 et 7 avril 1879)...............	439,878,547
3° Rentes 3 0/0, émission de 1881 (décret du 7 mars 1881).................................	999,967,365
4° Prêt de la Banque de France (loi du 13 juin 1878)..	80,000,000
5° Rentes 3 0/0, émission de 1883 (loi du 30 décembre 1882)..................................	1,200,000,000
6° Rentes 3 0/0, émission de 1884 (loi du 30 janvier 1884).................................	349,978,389
	3,117,929,045 fr.

(V. *Journal officiel*, décembre 1884. — *Documents parlementaires* (Chambre), p. 1129).

(3) Pages 258 et 2205 à 2236.

des travaux publics, *à lui seul*, est inscrit au budget des dépenses sur ressources extraordinaires pour la somme de 105,250,603 francs, sur laquelle figurent :

Personnel (4 chapitres)...... 4,003,400 fr.
Subvention aux Compagnies
    de chemins de fer........ 500,000
Rachat de lignes........... 400.000
Travaux en Algérie........ 2,747,203

Ces sept chapitres, reparaissant tous les ans depuis 1878, devraient être inscrits au budget ordinaire ; quant aux cinq autres, ils sont consacrés à l'amélioration des rivières et des canaux, à l'amélioration et à l'achèvement des ports, à la construction et à l'étude de nouvelles lignes de chemins de fer exploitées par l'Etat et, enfin, à la réfection et à l'achèvement des lignes déjà finies ou commencées. En conscience, peut-on dire que les trois premiers de ces cinq chapitres soient consacrés à des dépenses réellement extraordinaires ? et n'y aura-t-il pas toujours dans un grand pays comme le nôtre des améliorations à apporter aux rivières, aux canaux et aux ports ?

On voit facilement par ces quelques exemples combien, en principe, est déplorable la création ou l'existence d'un second budget : elle pousse à la dépense, n'aidera jamais à mettre en honneur « le goût d'une sévère économie » que préconisait le rapporteur du budget de 1883 (1), et sera presque toujours une source de relâchement dans la gestion des finances. Aussi, aujourd'hui, est-on *unanime* à demander le rétablissement de la stricte unité budgétaire : et le ministre qui, en 1878, a fait établir le budget sur ressources extraordinaires, M. Léon Say est, à présent, le premier à en désirer « l'abolition totale (2). »

(1) Séance de la Chambre des députés du 27 novembre 1882.
(2) V. son article : *Le Budget devant les Chambres ; — Revue des Deux-Mondes* du 15 janvier 1885, p. 287. — En comptant dans le calcul

Tout dépend cependant du caractère de la nation qui adopte le système de la pluralité des budgets : alors qu'en France, aucune des expériences que l'on a faites à différentes reprises n'a donné de résultats satisfaisants, en Angleterre, plusieurs budgets fonctionnent régulièrement sans apporter de trouble ni de désarroi dans l'administration des finances. Depuis 1787, à la suite d'une innovation introduite par William Pitt, le budget anglais divise les dépenses en *dépenses consolidées* et en *dépenses non consolidées :* le chiffre des premières, qui forme près des trois-quarts du budget total, n'est pas soumis au vote annuel du Parlement, tandis que le montant des secondes est, chaque année, déterminé par le pouvoir législatif. Les dépenses consolidées comprennent les intérêts de la dette publique, la liste

récapitulatif les crédits demandés par le Gouvernement pour 1885, on voit que le total des dépenses sur ressources extraordinaires, depuis 1879, s'élèverait à 3,302.238,861 francs, non compris les dépenses extraordinaires du ministère de l'Instruction publique, attendu qu'elles ont été faites par le moyen de la caisse des écoles qui a dépensé ou engagé (y compris le crédit proposé pour 1885) une somme totale de 297 millions.

La presque totalité des ressources du budget extraordinaire est provenue de la rente 3 0/0 amortissable, savoir :

1° par émission.	1.446.763.783 francs.
2° par consolidation de la dette flottante . .	1.199.986.880 —
Total	2.666.750.663 francs.

Les fonds de concours ont fourni une somme de. . 211.006.920 francs.

La Commission du budget fait suivre ces chiffres des réflexions suivantes qui sont assez significatives pour se passer de tout commentaire :

« L'emprunt, quelque utilement qu'il soit employé, ne saurait devenir une ressource normale, systématique, et ce n'est pas sans dommages pour son propre crédit, et, par conséquent, pour le crédit public tout entier, que l'Etat, chaque année, jette à nouveau sa signature sur le marché. *Votre commission du budget exprime donc, conformément au sentiment que vous avez manifesté vous-mêmes dans vos bureaux, le vœu que le budget sur ressources extraordinaires, fonctionnant systématiquement à l'aide des emprunts directs de l'Etat émis à jet continu, ou à l'aide de la dette flottante, soit supprimé dans le plus bref délai possible.* » —(V. *Journal officiel*, mars 1885 ; *Documents parlementaires* (Chambre). p. 1890 et 1892.)

civile, la dotation des princes de la famille royale et les pensions royales, les pensions pour services civils et militaires, les traitéments de certains fonctionnaires civils et militaires, ceux des agents diplomatiques et ceux de la magistrature.

Les dépenses non consolidées se divisent en deux sections comprenant l'une, les services civils, l'autre, les services militaires. — Les services civils se subdivisent en huit chapitres correspondant aux dénominations suivantes : 1° Travaux et bâtiments publics ; 2° Personnel et matériel des administrations publiques ; 3° Justice et prisons ; 4° Education, sciences et arts; 5° Services consulaires et coloniaux ; 6° Retraites, assistance et secours ; 7° Dépenses diverses et temporaires ; 8° Frais de perception. — Les services militaires ne comprennent que deux chapitres dont le titre seul indique l'importance : 1° Marine ; 2° Armée.

Enfin, lorsque surgissent de graves événements, comme une guerre, par exemple, les dépenses qu'ils entraînent et les ressources qui leur sont affectées forment l'objet d'un état spécial, lequel constitue alors un véritable budget extraordinaire.

L'ordre établi par William Pitt dans le budget anglais se rapproche beaucoup de celui que l'on adopta en France, sous la Restauration, et il est absolument identique à celui dont Necker proposait l'adoption lorsqu'il demandait aux Etats généraux de décider que les fonds nécessaires à l'acquittement de la dette nationale et au paiement de la liste civile ne seraient plus soumis à un vote annuel et ne pourraient sous aucun prétexte être ajournés ou refusés.

Cette digression relative à la division du budget anglais nous amène tout naturellement à parler de la contexture actuelle du budget français : et le simple énoncé des chapitres de l'un et de l'autre indiquera toute la distance qui les sépare, aussi bien au point de vue des règles financières qui président à leur composition, que sous le rapport de l'ordre dans lequel les dépenses y sont inscrites.

Ce que l'on appelle le *budget*, en France, forme un énorme volume in-4° de plus de deux mille pages (1) ; il a pour titre : « *Projet de loi présenté à la Chambre des députés, portant* « *fixation du budget général de l'exercice*..... » En tête du volume, se trouve un *Exposé des motifs*, présenté par le ministre des finances, et dans lequel celui-ci rend compte à la Chambre de la situation du Trésor, fait un résumé rapide des opérations relatives à chacun des derniers exercices écoulés, explique les raisons qui invitent à supprimer, augmenter ou diminuer tels ou tels crédits, etc..... et celles, également, qui portent à augmenter ou à diminuer tels ou tels impôts existants, ou à en créer de nouveaux. En un mot, ce document purement officieux, et dont la Chambre, comme la commission du budget, peut ne pas tenir compte, est le résumé des vues du Gouvernement sur le passé, le présent et l'avenir de la situation financière.

Après l'*Exposé des motifs*, vient le *Projet de loi relatif aux contributions directes et aux taxes y assimilées*, suivi du *Tableau des contributions directes à imposer en principal et centimes additionnels*. Vient alors le « *Projet de loi portant fixation du budget général des dépenses et des recettes de l'exercice*..... » qui constitue, avec les *Tableaux* qui le complètent, le budget proprement dit : malgré son importance, ce projet de loi n'occupe qu'une infiniment petite place, — dix pages, en 1885, — dans le gros volume qui lui doit son nom : mais il en est le morceau capital, puisque ce qui le précède n'en est que le commentaire et ce qui le suit, que le développement. En 1885, il comprend cinq titres divisés en quarante articles.

Le titre I, consacré au budget ordinaire, s'occupe : 1° des crédits accordés pour le paiement de la dette publique, des dotations, des dépenses des pouvoirs législatifs, des services généraux des ministères, des frais de régie, de perception et

____

(1) En 1885, 2284, plus un supplément de 363 pages.

d'exploitation des impôts et revenus publics, et pour les remboursements, restitutions, non-valeurs et primes ; 2° des impôts et revenus autorisés ; 3° de l'évaluation des voies et moyens.

Le titre II est consacré au budget des dépenses sur ressources extraordinaires.

Le titre III, au budget des dépenses sur ressources spéciales, c'est-à-dire des dépenses faites avec le produit des centimes additionnels aux contributions directes, au profit des départements, des communes, des établissements publics et des communautés d'habitants dûment autorisées.

Le titre IV s'occupe des budgets annexes rattachés pour ordre au budget général : Fabrication des monnaies et médailles ; Imprimerie nationale ; Légion d'honneur ; Caisse des invalides de la marine ; Ecole centrale des Arts et manufactures ; Chemins de fer de l'Etat et Caisse d'épargne postale. Ces budgets annexes, assez nombreux autrefois, avaient peu à peu été fondus dans le budget général et, sous la Monarchie de Juillet, on n'en comptait plus que cinq, comme nous l'avons vu (1) : c'est à tort que leur nombre s'est de nouveau accru.

Le titre V et dernier traite des moyens de service et dispositions diverses. — Le dernier article de ce titre, et en même temps du projet de loi, contient la formule sacramentelle interdisant la perception d'impôts autres que ceux votés par le pouvoir législatif, et menaçant des sanctions de la loi ceux qui passeraient outre à cette défense : c'est la répétition du principe solennellement posé dans la célèbre *Déclaration* du 17 juin 1789, confirmé par Louis XVI quelques jours après (2), et depuis lors rappelée chaque année, à peu près en les mêmes termes, dans la loi annuelle de finances.

Ce projet de loi est accompagné, ainsi que nous l'avons dit, de plusieurs *états* désignés par les premières lettres de l'alphabet,

(1) V. pages 78 et 79.
(2) V. p. 54, note 1.

et donnant chacun, par chapitre, la liste des différentes sources de dépenses et de revenus. Le nombre de ces *états* n'est pas limité et varie : de sept qu'ils étaient en 1877, ils ont sauté à quatorze en 1885. — Les états A, B, C, D et E forment le tableau des contributions directes à imposer en principal et centimes additionnels qui est placé immédiatement avant le projet de loi portant fixation du budget général et dont nous avons déjà parlé : — l'état F comprend tout le budget ordinaire des dépenses et correspond à la première partie du titre Ier du budget général ; — l'état G donne le tableau des droits, produits et revenus au profit de l'Etat, dont la perception est autorisée pour la durée de l'exercice, conformément aux lois existantes. La mention de chaque impôt est suivie de celle de la loi qui l'a établi : et le vote du budget implique le vote de tous les impôts énoncés dans ce tableau, sans que chacun d'eux nécessite chaque année un vote particulier. L'état G correspond à la seconde partie du titre Ier du budget général ; — à la troisième partie de ce titre correspond l'état H qui donne le tableau des voies et moyens, c'est-à-dire des recettes, en les divisant, par ordre de nature, en cinq paragraphes : 1° impôts directs ; 2° produits domaniaux ; 3° impôts et revenus indirects ; 4° divers revenus ; 5° produits divers du budget ; — l'état I s'applique au budget des dépenses sur ressources extraordinaires ; — les états J, K, L comprennent, tant en recettes qu'en dépenses, tout le budget des dépenses sur ressources spéciales ; — l'état M comprend le tableau des recettes et dépenses des budgets annexes rattachés pour ordre au budget général ; — enfin, l'état N énumère les services pouvant seuls donner ouverture à des crédits supplémentaires, par décrets, pendant la prorogation des Chambres.

Immédiatement après ces états, viennent plusieurs *documents généraux* donnant, soit comparativement, soit absolument, la situation du budget proposé par rapport à celui de l'année précédente, celle du Trésor, celle de la dette flottante, etc....

Là pourrait s'arrêter le volume du budget ; il comprendrait de la sorte les parties essentielles que nous venons d'analyser les unes après les autres : *l'exposé des motifs, les projets de lois, les tableaux législatifs et les documents généraux*. Mais, s'il en était ainsi, les Chambres ne seraient qu'insuffisamment renseignées et n'auraient qu'une vue d'ensemble. Dans les quelques centaines de pages — 324 pages, en 1885 — qu'occupent ces divers documents, il n'y a place pour aucune justification, pour aucun détail. C'est dans le reste du gros volume du budget que l'on trouve ces détails et ces justifications : ils sont compris dans douze *annexes,* dont la première est consacrée au développement des diverses natures de recettes qui figurent dans le budget des recettes ; les onze autres sont réparties entre les onze ministères et donnent sur le budget particulier de chacun d'eux de nombreux documents précédés d'une sorte de petit exposé des motifs partiel établissant, avec beaucoup plus de minutie et de précision que l'exposé des motifs général, les causes des changements apportés dans les demandes de crédits.

Telle est, sommairement exposée, la contexture du budget français : fort rationnelle, elle serait à l'abri de toute critique, si, dans le budget ordinaire, on inscrivait avant toute autre dépense les frais de régie, de perception et d'exploitation des impôts et revenus publics, au lieu de ne les faire passer qu'en troisième rang, après le service de la dette publique et les services généraux des ministères. On comprend facilement, sans qu'il soit besoin de s'appesantir sur la question, que l'Etat ne peut disposer d'aucune partie de ses revenus, avant d'avoir acquitté les frais nécessaires à leur rentrée : que, cette somme une fois distraite du total des revenus, le paiement de la dette doit passer avant celui des dépenses courantes des divers services publics. A l'Etat, comme aux particuliers, on doit appliquer le vieil axiome : *Bona non intelliguntur, nisi œre alieno deducto.* — Si l'on adoptait cette nouvelle classification des dépenses, le public verrait mieux que, dans le chiffre énorme des recettes, la plus petite partie seule est disponible ; ainsi, dans le projet de budget ordinaire de 1885, sur un total de recettes de 3,048,720,927 francs, les frais de régie, de perception et d'exploitation absorbent 339,140,911 francs, et le service de la dette 1,325,178,244 francs, ne laissant plus aux services généraux des ministères que 1,384,400,772 francs, c'est-à-dire bien moins de la moitié du total général, de laquelle il faut déduire encore une vingtaine de millions pour les remboursements, non valeurs, etc.... Nous avons vu qu'en Angleterre également, les frais de perception ne viennent qu'en dernier lieu.

Une amélioration non moins bonne que celle dont nous venons de parler consisterait à annexer au budget un tableau contenant le détail et la récapitulation des impositions extraordinaires et des emprunts qui pèsent sur les départements et les communes : ce tableau indiquant « les motifs qui ont rendu ces impositions et ces emprunts nécessaires, la date des lois ou décrets qui les ont autorisés, le montant des emprunts, le nombre des centimes, leur durée, leur produit et leur emploi (1) », aurait cet excellent résultat qu'il permettrait aux électeurs et aux députés d'embrasser d'un seul coup d'œil toutes les charges du pays, celles de l'Etat, comme celles des départements et des communes.

Ainsi préparé, le budget est déposé par le ministre des finances sur le bureau de la Chambre : ce dépôt a lieu généralement dans les deux ou trois premiers mois de l'année qui précède l'exercice auquel le budget doit s'appliquer : ainsi, le projet de budget de 1885 a été déposé à la séance du 28 février 1884. Ce délai, d'ailleurs, n'a rien d'impératif et peut varier suivant les circonstances. Le budget de 1876, par exemple, n'a été présenté que dans la séance du 11 mai 1875, tandis que celui de 1878 l'a été

---

(1) Ce sont les termes mêmes de l'article 15 d'une proposition de loi déposée à la Chambre le 26 juillet 1884, relative aux réformes à introduire dans le budget de l'Etat et la comptabilité publique. — V. *Journal officiel*, décembre 1884, *Documents parlementaires* (Chambre), annexe 3035.

le 11 janvier 1877. Mais un dépôt tardif, empêchant le vote avant la fin de l'année, oblige à avoir recours, comme cela a eu lieu en 1877 pour l'exercice suivant, et en 1884 pour 1885, au système des douzièmes provisoires. Voilà plusieurs années que ce système est appliqué sans réclamations en Autriche, où le budget est déposé dans les derniers mois de l'année qui précède celle aux besoins de laquelle il doit pourvoir et trop tard, par conséquent, pour que les Chambres puissent le voter avant l'ouverture de l'exercice. Ainsi le budget de 1882 ayant été déposé le 14 novembre 1881 sur le bureau de la Chambre des députés d'Autriche, n'a pu être discuté avant les mois de février et mars 1882 et a été voté seulement le 29 mars 1882 : une loi préalable du mois de décembre 1881 avait autorisé le Gouvernement austro-hongrois à faire les mêmes dépenses et à percevoir les mêmes recettes que durant l'année précédente, jusqu'à la fin de mars 1882 (1).

Dans quelques pays, au contraire, le dépôt du budget doit avoir lieu à époque déterminée : en Danemark et en Hollande, au mois de septembre ; en Italie, dans la première quinzaine de mars qui précède l'ouverture de l'exercice, pour le budget de première prévision, et dans la première quinzaine de mars de l'année courante pour le budget de prévision définitive, que nous appellerions budget rectificatif.

Le budget entre alors dans la seconde phase de son existence, celle du vote, ouverte au moment du dépôt des propositions ministérielles et qui ne se termine que par la transformation du *projet* en *loi*.

---

(1) *Annuaire de législation étrangère*, tome XII, p. 429.

CHAPITRE SECOND.

Vote du budget.

La première question que nous avons à examiner est celle de savoir comment les Chambres étudient le budget.

Nous venons de voir qu'elles en prennent connaissance par la lecture de l'*exposé des motifs* qui, généralement, en accompagne le dépôt : mais l'aperçu, très superficiel, qu'elles en ont alors, ne leur permettrait pas d'en approfondir les détails ni de le voter en connaissance de cause : aussi faut-il le soumettre à une étude sérieuse, soit de la Chambre entière, soit de ses délégués. Voyons comment on procède pour faire cette étude.

Il y a quatre méthodes principales pour étudier le budget : l'anglaise, l'américaine, la française et l'autrichienne.

En Angleterre, le budget est soumis à l'examen de la Chambre des communes réunie *en comité* : par là, on entend des séances publiques auxquelles tous les députés peuvent assister et prendre la parole, mais où l'on ne trouve, en fait, que ceux des membres du Parlement ayant une compétence reconnue, à quelque parti qu'ils appartiennent ; premier avantage : cette méthode n'exclut aucune capacité financière ; — second avantage : précisément parce qu'il ne reste que des hommes compétents, les longs discours sont superflus et l'on se borne à de simples observations émises et motivées sur le ton de la conversation, d'où, une grande économie de temps. L'examen des lois de finances est réparti entre deux comités : celui des recettes et celui des dépenses : chacun d'eux élit un président spécial chargé, la discussion en comité une fois close, de faire à la Chambre en séance publique un rapport sur le projet de loi qui lui a été soumis. — Nous avons déjà dit que la Chambre des lords ne peut introduire aucune modification au budget : le bill d'appropriation, seul, est soumis à sa sanction et elle n'a qu'un droit pur et simple de rejet ou d'adoption.

En Amérique, à côté des séances en comité, existent les *comités permanents* des voies et moyens et des dépenses publiques, composés chacun de neuf membres élus par leurs collègues. Ils ont à se prononcer, dans un délai de trente jours au début de la session, sur les propositions budgétaires, et durant le cours de la session, sans délai fixe, sur tous les projets de lois de finances qui leur sont soumis. Il leur est interdit de se réunir pendant les séances ordinaires des Chambres, et leur existence prend fin à la clôture de la session.

Le Sénat, comme la Chambre des députés, a ses comités permanents.

En France, la Chambre, divisée en un certain nombre de bureaux, renvoie le projet de budget, comme tout projet de loi, à la discussion préalable dans chacun de ces bureaux : cette discussion, très sommaire, ne dure que peu de temps, puisqu'il faut que le jour même où elle a commencé, chaque bureau ait nommé ses délégués. Ceux-ci, actuellement au nombre de trente-trois (1), se réunissent et constituent la *Commission du budget*, commission secrète, où se discutent, outre le projet de budget, tous les projets de lois offrant un intérêt financier, et dont les pouvoirs n'expirent que lors du vote intégral du budget par les deux Chambres.

Le Sénat a aussi sa *Commission des finances*, nommée et fonctionnant de la même manière que la Commission du budget. Mais, comme il lui serait matériellement impossible, si elle n'était constituée qu'au moment où la Chambre lui envoie le

---

(1) Article 21 du *Règlement de la Chambre des députés*.

budget, c'est-à-dire vers la fin de l'année, de l'étudier à fond, on la nomme au début de la session : de la sorte elle peut suivre officieusement les études et les débats de la Commission de la Chambre, et être prête pour les débats publics assez à temps pour que l'ensemble de la loi soit voté avant l'ouverture de l'exercice. — L'une et l'autre de ces deux commissions nomme un rapporteur général, chargé de prendre la parole sur l'ensemble du budget, et des rapporteurs partiels chargés de parler des dépenses de chacun des divers départements ministériels.

En Autriche, la méthode employée tient tout à la fois du système anglais des séances en comité et du système français des commissions. La Chambre basse nomme à l'élection une commission composée de trente-six députés, — le dixième de ses membres, — dont les séances sont publiques pour les autres membres du Parlement : cette commission des finances se dissout à l'expiration de la session.

On voit, en examinant ces quatre méthodes, qu'on peut facilement les ramener à deux principales : celle des séances en comité et celle des commissions. La première est celle des deux qui se rapproche le plus de l'idéal parlementaire et qui devrait être universellement adoptée s'il ne fallait tenir compte des différences de tempéraments des nations : très pratique chez des peuples expédidifs et peu phraseurs comme les Anglais et les Américains, elle n'a pas réussi chez les Italiens qui, après en avoir tenté l'essai, ont été obligés de revenir à la méthode des commissions.

Celle-ci, il faut en convenir, a de très grands inconvénients : toute commission close a une tendance marquée à grossir son importance : placée comme intermédiaire entre la Chambre, dont elle représente la majorité, et le Gouvernement, elle se sert à tour de rôle de l'un ou de l'autre pour faire prévaloir sa volonté, fait traîner les discussions en longueur et, jusqu'à présent du moins, n'a jamais introduit de sérieuses économies dans aucun budget. La raison d'être essentielle de ces commissions, basée sur un désir légitime d'exercer un contrôle efficace, dégénère le plus souvent en tracasseries. Comme le remarque fort justement M. P. Leroy-Beaulieu (1), en fait, ces commissions tendent à enlever au Gouvernement l'administration et à la Chambre même la liberté d'examen et de discussion,

Un autre sérieux inconvénient de cette méthode, c'est qu'elle n'admet pas la représentation de la minorité et qu'elle exclut forcément bon nombre d'hommes compétents. De deux choses l'une, en effet : ou la nomination de la commission du budget est faite au scrutin de liste, en séance publique, — alors la majorité étant libre de faire passer sa liste, n'y fait place pour aucun représentant de l'opposition ; ou elle a lieu dans les bureaux, — chacun d'eux élisant plusieurs délégués (aujourd'hui trois), pourrait à la rigueur en choisir un parmi les membres de la minorité : mais on aurait lieu de craindre, alors, que celle-ci n'ait une représentation trop sérieuse, et on l'exclut tout à fait de la commission : car, du moment que chaque bureau ne nomme pas un membre de la minorité, il n'y a pas de raison pour que ce soient tels ou tels d'entre eux, plutôt que tels ou tels autres, qui le fassent.

Il arrivera également que dans un ou plusieurs bureaux il se trouvera, même parmi les membres de la majorité, plus de trois capacités financières, et que dans d'autres, au contraire, il ne s'en rencontrera pas du tout. De la sorte, il y aura des hommes compétents qui ne pourront pas faire partie de la commission du budget où leur place serait tout indiquée, tandis que d'autres, qui n'ont aucun titre à faire valoir pour y entrer, y seront appelés.

Aussi, tout en plaçant en première ligne la méthode des séances en comité, je crois que dans les pays où sa mise en pratique rencontrerait des difficultés, — et la France est du

____

(1) *Op. cit.*, t. II, p. 50.

nombre, — on ferait bien d'adopter le système autrichien qui, en introduisant la publicité et la non permanence de la commission des finances, a trouvé un palliatif réel aux graves inconvénients qu'offre le système des commissions closes et permanentes.

Autour de ces modes principaux d'étude du budget, viennent se grouper plusieurs variantes que l'on rencontre dans les divers pays de l'Europe et dont nous devons dire quelques mots.

En Prusse, l'existence d'une commission du budget, quoique entrée dans les mœurs parlementaires, n'est pas une règle essentielle, et si la Chambre n'en nommait pas, son président désignerait quelques commissaires spéciaux, parmi les hommes compétents, et leur donnerait à chacun à étudier telle ou telle partie du budget, sur laquelle ils feraient un rapport oral ou écrit, suivant les difficultés qu'aurait soulevées leur étude. La commission, d'ailleurs, lorsqu'il y en a une, procède de la même manière : elle nomme des rapporteurs chargés de faire connaître devant la Chambre son opinion sur les diverses parties du budget que celle-ci a jugé utile de renvoyer à son examen ; car, actuellement, on ne lui soumet pas la totalité du budget, mais seulement celles de ses parties qui réclament une étude approfondie ou soulèveraient des divisions au sein de l'assemblée. — La commission ou les commissaires spéciaux, demandent, par écrit, des éclaircissements au gouvernement, qui les leur fait parvenir de même : demandes et réponses sont imprimées puis distribuées aux membres du Parlement. Le même usage se retrouve en Danemark.

En Belgique, en Hollande et en Danemark, la Chambre est, comme en France, divisée en plusieurs sections : chacune d'elles nomme un délégué, et la réunion de ceux-ci forme la section centrale, dont les travaux sont dirigés par le président ou par un des vice-présidents de la Chambre, et qui nomme un rapporteur général chargé de soutenir le budget en séance publique. —

On trouve en Hollande cette particularité que le Gouvernement répond par écrit au rapport de la commission.

En Suède, au lieu d'avoir deux commissions des finances, une pour chaque Chambre, comme en France et en Italie, ou une pour les recettes et une autre pour les dépenses, comme en Angleterre et aux Etats-Unis, il n'y a qu'une seule commission, appelée *comité choisi, (Stats Utskottet)*, et composée de vingt-quatre membres pris par moitié dans chacune des deux Chambres du Riksdag : ce comité est secret.

Après avoir ainsi passé en revue les divers modes entre lesquels on peut choisir pour l'étude du budget, arrivons au vote proprement dit et aux importantes questions qui s'y rattachent.

Le budget doit-il être annuel ou s'étendre à une période de deux ou de plusieurs années? En France et presque partout il est annuel : on assure ainsi le retour périodique et à courte échéance des représentants de la nation, dont, par conséquent, le contrôle est plus efficace. Dans quelques pays, cependant, la Bavière, la Saxe, le grand duché de Bade, le Wurtemberg, la Louisiane, etc... il est voté pour deux ans ; dans d'autres, même, comme le grand duché de Hesse, pour une période triennale (1). Cette règle peut se soutenir par la raison qu'en mettant moins souvent en discussion les dépenses de l'Etat, on a chance de les voir rester plus stationnaires et qu'en ne votant le budget que tous les deux ou trois ans, on le ferait plus attentivement et en tenant un plus grand compte des intérêts réels de l'Etat, que lorsque le vote est annuel : mais elle ne peut s'appliquer avec succès que dans de petits Etats où des changements de quelque importance dans les prévisions budgétaires sont, en général, peu fréquents et peu à redouter.

Même en Allemagne, où cependant le régime parlementaire

(1) Loi du 22 mars 1879. — V. *Annuaire de législation étrangère*, t. IX, p. 236.

n'existe que pour la forme, puisque les ministres ne dépendent que de l'Empereur, et que le Gouvernement peut ne pas tenir compte des décisions de la Chambre, le vote annuel du budget est considéré comme l'un des mécanismes essentiels de la constitution et la plus importante des prérogatives du Parlement. A deux reprises, — la dernière en 1881, — le Reichstag a rejeté un projet de loi, présenté par M. de Bismark, aux termes duquel cette assemblée ne se réunirait en session ordinaire que tous les deux ans et voterait le budget pour la durée de cette période. Les députés comprirent quelle grave atteinte cette modification de la loi constitutionnelle porterait aux droits du Reichstag, combien, par là, serait rendu difficile son contrôle sur les affaires publiques et quelle émotion profonde causerait sa convocation extraordinaire, si, dans ce long intervalle de deux années, les circonstances politiques ou un simple événement financier la rendaient nécessaire (1).

Que le budget ait été voté pour deux ou trois ans, ou qu'il ne l'ait été que pour un, lorsque la période à laquelle il s'applique est écoulée, tous les services sont de droit suspendus et l'administration cesse de fonctionner si l'on n'a de nouveau voté des subsides pour l'exercice qui commence, ou si des dispositions spéciales n'ont pas prévu ce cas. Nous avons vu que si le vote du budget n'est pas intervenu à temps, on a généralement recours aux douzièmes provisoires ; mais ce n'est là qu'un expédient. Qu'arriverait-il au cas où aucun budget n'aurait été et ne pourrait être voté ?

Une seule constitution a répondu à cette question, celle de la Turquie, et il faut convenir qu'elle a été prévoyante, car elle s'applique à un des rares pays où les troubles intérieurs pourraient être assez graves pour empêcher de voter et même d'élaborer le budget. L'article 102 de la Constitution ottomane, promulguée le 7 Zilhidjé 1293 (23 décembre 1876) porte : « Le

____

(1) V. *Annuaire de législation étrangère*, t. XI, p. 133.

budget est voté pour un an : il n'a force de loi que pour l'année à laquelle il se rapporte. Toutefois, si, par suite de circonstances exceptionnelles, la Chambre des députés est dissoute avant le vote du budget, les ministres peuvent, par un arrêté pris en vertu d'un iradèh impérial, appliquer le budget de l'année précédente jusqu'à la session prochaine, sans que l'application provisoire de ce budget puisse dépasser le terme d'une année (1). » C'est le seul exemple connu d'un pays où un simple décret suffise pour remédier aux inconvénients d'une telle situation : partout ailleurs, une loi est nécessaire.

Récemment, à la suite d'un conflit survenu entre la Chambre et le Sénat, conflit qui avait pris un caractère aigu, le congrès américain s'est séparé sans avoir voté le budget de la guerre : aussi, comme le faisait remarquer le président des Etats-Unis à l'ouverture de la session extraordinaire du congrès de 1877, réuni pour donner une solution à cet état de choses : « l'armée « existe en vertu de statuts qui prescrivent sa composition « numérique, règlent son organisation et son emploi, fixent la « solde des officiers et celle des hommes et déterminent les « périodes auxquelles ils ont droit de la recevoir.... Nous avons, « en conséquence, une armée en service, autorisée par la loi et « ayant droit d'être payée, mais sans fonds disponibles pour cet « objet...., puisque... la constitution a sagement disposé qu'il « ne sera point extrait d'argent du Trésor, si ce n'est en consé- « quence de crédits ouverts par une loi (2). »

Un fait plus grave encore s'est produit, tout dernièrement (3), en Danemark. Le Folketing, malgré les tentatives de conciliation de la commission du budget et l'abaissement à 3 millions de rigsdalers du crédit provisoire demandé par elle pour assurer le

---

(1) V. dans l'*Annuaire de législation étrangère*, t. VI, p. 707 et suiv. le texte de cette constitution célèbre qui a soumis la Turquie au régime parlementaire.

(2) Cité par M. P. Leroy-Beaulieu ; *op. cit.*, t. II, p. 70, à la note.

(3) Au mois d'avril 1885.

fonctionnement des services publics, s'est refusé à continuer la discussion, et la séance a dû être levée. Le dernier exercice budgétaire étant clos, il n'y avait par conséquent pas de budget pour l'année ; et le roi a dû promulguer une loi de finances provisoire autorisant le Gouvernement à faire toutes les dépenses nécessaires au fonctionnement de l'administration de l'Etat.

Mais, en même temps que la promulgation de cette loi avait lieu, comme on sentait fort bien l'illégalité d'une pareille mesure, on prit les précautions nécessaires pour réprimer par la force les troubles qui pourraient se produire. L'attente du cabinet ne s'est point réalisée : le peuple est resté calme ; mais, dans de nombreuses réunions tenues dans diverses parties du royaume, on a décidé de refuser le paiement des impôts. Cette situation peut être justement qualifiée d'anarchie légale passée à l'état chronique ; et l'année s'est terminée sans qu'un budget régulier ait été voté.

On voit, par ces exemples tout récents, que le vote annuel du budget, tout en étant en complète harmonie avec le régime parlementaire, peut, à certaines heures, susciter d'énormes complications, en soumettant chaque année à la sanction des députés les rouages essentiels du gouvernement. Aussi, doit-on se demander s'il ne vaudrait pas mieux assurer d'avance pour plusieurs années, ou pour un laps de temps indéterminé, le sort de certaines dépenses — la dette publique, la liste civile dans les pays monarchiques, l'entretien de la force armée, par exemple, — qui, par leur caractère obligatoire et pour ainsi dire sacré, devraient être à l'abri de toute discussion.

La question, fort importante en elle-même, souvent posée en France et à l'étranger, a reçu diverses solutions.

Nous avons vu qu'en Angleterre les dépenses du fonds consolidé ne sont pas remises en question tous les ans, et que leur nature est telle, qu'on ne pourrait en refuser le payement sans porter atteinte à l'honneur et au crédit du pays, ou aux bases organiques de son régime politique. « Mais il ne faut pas croire que, par cette absence de vote annuel, la Chambre des com-

munes abandonne tout droit sur les dépenses consolidées et sur
le fonds consolidé lui-même. La véritable conséquence de cette
autorisation permanente accordée par une loi au Gouvernement
de consacrer la plus grande partie des recettes annuelles de
l'Etat à un emploi déterminé, est uniquement de priver la
Chambre des communes du droit de réduire, *par un acte émané
d'elle seule*, des dépenses dont le payement constitue aux yeux
de la nation un devoir sacré. Dès lors, toute question relative,
-tant à la composition du fonds consolidé, qu'aux dépenses
auxquelles il est affecté, n'est plus simplement une question de
subside et d'impôt, et toute décision de la Chambre des communes à ce sujet ne devient valable que par la ratification de la
Chambre des lords et la sanction royale (1). » En dehors des
sérieuses garanties que comporte cette méthode, il faut constater
aussi qu'elle a le grand avantage de réduire beaucoup la longueur des débats soit dans les commissions, soit en séance
publique, et que, par suite, elle permet d'abréger autant que
possible le laps de temps qui s'écoule entre le dépôt et le vote du
budget. C'est en partie grâce à elle, en partie grâce à l'excellence
du système des séances en comité, que nos voisins arrivent à
voter si rapidement et si sérieusement à la fois, un budget non
moins important que le nôtre (2).

Malgré ses évidentes qualités, le système adopté en Angleterre
est resté, jusqu'à ces derniers temps, sans aucun imitateur dans
les pays étrangers.

Dans le grand duché de Finlande, cependant, depuis que fonc-
tionne sa nouvelle Constitution (1867), une grande partie des
chapitres du budget n'est pas soumise à la votation périodique
de la Diète, soit parce que les lois en vertu desquelles les revenus
sont prélevés ont été votées pour un temps indéterminé, comme
l'impôt foncier, soit parce qu'une interprétation nouvelle de cer-

(1) M. Desmousseaux de Givré. — *Op. cit.*, n° 3.
(2) V. p. 105.

taine disposition de la constitution a donné au souverain le droit de les régler, comme pour les douanes (1). Le motif, ici, n'est plus le même que dans la législation anglaise.

Dans un troisième ordre d'idées, depuis 1874 (2), le Gouvernement prussien a fait introduire dans son budget une clause en vertu de laquelle les sommes nécessaires à l'effectif de l'armée seront dorénavant votées pour une période de sept années. Toutefois, si la stabilité des institutions militaires et la sécurité du pays ont été les motifs *avoués* d'une pareille demande, on peut supposer, en présence des charges écrasantes qu'impose à ce pays une armée trop considérable pour lui, — charges qu'il ne supporte pas sans murmurer, — que le Gouvernement a craint de se voir refuser un jour ou l'autre une partie des sommes qui lui sont indispensables pour maintenir les troupes sur un tel pied, et que, ne voulant pas s'exposer à l'éventualité d'un pareil refus, il a préféré restreindre les pouvoirs de la Chambre, en soustrayant le budget de la guerre à son vote annuel.

En Autriche également, mais dictée par un mobile différent est intervenue, il y a quelques années, une loi militaire réglant les dépenses de l'armée pour une période de dix ans.

En France, cette question fut agitée lors de la discussion de la constitution qu'élaborait l'Assemblée nationale, en 1789. Mirabeau, partisan du système anglais, déclarait que, « limiter à un « an la durée des impôts sur lesquels sera assurée la dette pu- « blique, c'est donner au Corps législatif le droit de mettre « chaque année la nation en banqueroute. » Puis, faisant allusion à la liste civile, il ajoutait : « Qu'on se figure ce que serait « un roi obligé chaque année de demander à ses peuples les « sommes nécessaires pour sa subsistance, pour son entretien et « comme particulier et comme roi.... Si les fonds de la liste « civile ne sont pas fixés, le métier de roi est trop dange-

(1) V. *Annuaire de législation étrangère*, t. IX, p. 740.
(2) Loi du 2 mai 1874.

« reux (1). » Malgré ce qu'elle avait de sensé, l'opinion de Mirabeau ne prévalut pas : elle fut combattue par de nombreux
orateurs qui, chacun à leur tour, proposèrent des amendements
différents. Pétion de Villeneuve disait : « Pouvons-nous soup-
« çonner que les législateurs soient tentés de refuser la liste
« civile, ou les intérêts de la dette ? Il serait impossible de faire
« ce refus, sans refuser tous les subsides, et la nécessité ne s'en
« présentera jamais que dans une de ces crises violentes qu'on
« ne peut ni prévenir ni prévoir. Etablissons simplement le prin-
« cipe ; nous arrêterons par la suite les fonds nécessaires pour la
« dette et la liste civile : nous annoncerons que nous avons
« entendu qu'ils soient fournis, et nous donnerons toute la
« France pour assignat aux créanciers. Un autre assignat pour-
« rait toujours être suspendu ou retiré dans une crise violente -
« il est donc inutile et ne tendrait qu'à établir des impôts perpé-
« tuels (2). » « Il s'agit donc seulement, — ajoutait M. de Beau-
« metz, — de donner un assignat ou annuel ou immuable ; mais
« la dette est sujette à une mobilité progressive : l'assignat de-
« viendrait progressivement trop fort. La liste civile peut
« s'accroître, et l'assignat qui y serait affecté deviendrait alors
« trop faible. Si une législature imprudente voulait refuser le
« paiement de l'une et de l'autre, elle reprendrait aussi facile-
« ment l'assignat qu'elle refuserait l'impôt (3). »

Mais la question n'aboutit pas, et on laissa chaque législature libre de voter, « de la manière qui lui paraîtrait la plus
« convenable, les sommes destinées soit à l'acquittement des
« intérêts de la dette, soit au paiement de la liste civile (4). »

Depuis, aucun nouvel essai n'a été tenté chez nous, pour *con-*

---

(1) Séance du 7 octobre 1789 ; *Archives parlementaires*, 1re série, t. IX,
p. 380 et 381.
(2) Idem., ibid., id., p. 382.
(3) Idem., ibid., id.
(4) Idem, ibidem, idem.

solider, comme en Angleterre, une partie des recettes et des dépenses du budget.

Je crois, du reste, que les arguments donnés par Pétion de Villeneuve et M. de Beaumetz sont décisifs, et suffisent à empêcher d'adopter l'opinion contraire. Mirabeau proposait d'établir qu' « aucun impôt ne sera accordé pour plus d'un an, à l'excep-
« tion de ceux qui seront particulièrement affectés à la liste
« civile du roi et au payement successif des intérêts et du capi-
« tal de la dette nationale (1). » Cette motion, inutile et insuffisante en temps de trouble et de révolution, doit être avantageusement remplacée par celle-ci, que soutenait M. de Beaumetz :
« Il faut seulement décider, ce qui l'est déjà par la raison,
« qu'aucune législature ne pourra arrêter ni le payement de la
« dette, ni celui de la liste civile (2). » Introduite dans notre constitution, cette motion serait parfaite, si l'on y ajoutait qu'en cas de refus, par les députés ou les sénateurs, de pourvoir au payement de ces dépenses, le pouvoir exécutif serait autorisé à maintenir et à percevoir les anciens impôts, jusqu'à concurrence de la somme nécessaire à l'acquittement de ces dépenses obligatoires, et si l'on comprenait aussi parmi ces dépenses obligatoires, celles destinées au fonctionnement des services indispensables.

Dans l'état actuel de notre législation, en cas de conflit entre les deux Chambres relativement à l'établissement, au maintien, ou à la suppression d'un crédit, à laquelle des deux appartient le dernier mot ? Aucun texte de loi ne le dit, et comme les pouvoirs des deux Chambres sont égaux, si l'on ne voulait céder ni d'un côté ni de l'autre, on arriverait fatalement à se trouver en pleine crise : tout récemment encore, nous avons vu le fait se produire. Heureusement, le bon esprit et la prudence du Sénat

(1) Idem, ibidem, idem, p. 381.
(2) Idem, ibidem, idem, p. 382.

ont suppléé à ce défaut de texte précis, en attribuant, dans la pratique, à la Chambre des députés le dernier mot, après deux délibérations, quant aux crédits supprimés par elle. Cette jurisprudence si sage, est d'ailleurs conforme à l'esprit de la loi qui est que la Chambre des députés doit posséder seule, concurremment avec le Gouvernement, l'initiative en matière de lois d'impôt, et que la Chambre haute, en matière de dépenses, comme en matière d'impôts, ne doit avoir qu'un droit de contrôle. Pour n'être pas dans le texte même des lois constitutionnelles, cette interprétation de l'article 8 de la Constitution du 24 février 1875 n'en reste pas moins la seule qui soit en accord avec l'existence du régime parlementaire. Il est néanmoins regrettable que la législation française ne se soit pas formellement expliquée sur ce point, tandis que, dans toutes les Constitutions d'Europe, on trouve établi en toutes lettres et avec une écrasante unanimité, le principe en vertu duquel la Chambre basse, de quelque nom qu'elle soit désignée, a toujours le premier et le dernier mot en matière de finances et en matière d'impôts (1).

Lesquelles des deux doit-on voter d'abord, des recettes ou des dépenses ? — Contrairement à ce que peut faire un particulier qui est libre d'absorber par ses dépenses le montant de ses revenus, et qui, par conséquent, peut dépenser au-delà du nécessaire, l'Etat doit régler ses recettes d'après ses dépenses, et ses dépenses, d'après ses besoins : les recettes, en effet, ne sont légitimes qu'autant qu'elles sont la conséquence de dépenses nécessaires. Donc on devrait procéder au vote des premières, avant de s'occuper de celui des secondes. En pratique, c'est le contraire qui a lieu, et, il faut en convenir, sans que ce mode d'agir présente de grands inconvénients, car, dans la préparation du budget on a d'abord établi le chiffre des dépenses avant de fixer celui des recettes : dès lors, il importe peu que l'ordre du vote soit ou non interverti.

_____

(1) V. *Recueil des Constitutions,* de MM. Bathie et Laferrière.

L'opposition, cependant, sous tous les régimes et dans tous les pays, a toujours réclamé que le vote des dépenses ait lieu le premier, afin que l'on puisse constater si des réductions sont possibles et si l'on peut diminuer l'impôt. Pour le budget de 1883, le Gouvernement de Grèce a cédé à cette demande ; mais cette épreuve n'ayant produit aucun des résultats que l'on se croyait en droit d'en attendre, on est revenu à l'ancienne méthode (1).

Le budget, comme les lois de finances, n'est soumis, en France, qu'à un vote unique, tandis que toutes les autres lois doivent donner lieu à deux délibérations pour être valables : on a donné comme raison de cette règle que la période de temps à laquelle s'applique la loi du budget, — une année, — est si courte, que l'on n'a pas besoin d'autant de précautions que lorsqu'il s'agit d'une loi destinée à rester. Acceptable, peut-être, pour la loi du budget, cette règle ne devrait pas s'étendre aux autres lois de finances.

Doit-on, pour le vote du budget des dépenses, préférer le système de l'abonnement à celui de la spécialité, ou réciproquement ? en d'autres termes, faut-il voter ce budget en bloc, ou par ministères : par grandes sections, ou par chapitres ?

A plusieurs reprises, mais très brièvement, nous avons déjà dit un mot de la question, et laissé entendre que le système de la spécialité, de tous le plus en harmonie avec le régime parlementaire, est aussi celui qui répond le mieux aux intérêts des contribuables (2). C'est ici le lieu de justifier cette affirmation.

Ecartons tout d'abord, et sans discussion, le système du vote en bloc du budget des dépenses : c'est celui du pouvoir absolu qui n'admet aucun contrôle ; il met la fortune publique entre les mains du chef de l'Etat, sans laisser de garanties au pays. Il n'a

(1) V. *Annuaire de législation étrangère*, t. XII, p. 961.
(2) V. pages 69 et 73.

guère été employé en France que sous le premier Empire, alors
que la représentation nationale n'avait, du parlementarisme, que
la forme. Nous verrons qu'il n'est même plus usité en Russie,
le seul pays d'Europe, cependant, qui soit encore soumis à un
gouvernement absolu.

Soutenu et demandé sous la Restauration, d'abord, par le
parti ultra-royaliste, plus tard, au commencement du second
Empire, par MM. Troplong et Bineau, le système du vote en bloc
ou de l'abonnement a été vivement combattu les deux fois, par
les partisans du système opposé, celui de la spécialité. L'un ou
l'autre, cependant, s'il était rigoureusement mis en pratique,
aurait de déplorables résultats. « Que serait-ce, si les ministres
arrivant tous les ans devant la Chambre lui présentaient une
espèce de *tohu-bohu* et lui disaient, par exemple : Il nous faut
un milliard. Le vote serait dérisoire, car il arriverait que quand
on voudrait abuser de la force armée, on laisserait en souffrance un autre service et qu'on porterait tout l'argent sur
l'armée.... Les Chambres n'auraient jamais le moyen de voir
clair dans les affaires du pays. Or, l'importance du vote de
l'impôt c'est sans doute la protection de la bourse des contribuables, mais c'est surtout le droit d'investigation dans les
affaires du pays. Or, si l'on suppose un vote en bloc, cela n'a
plus aucune espèce d'importance. — Si, au contraire, chaque
ministre devait venir devant la Chambre et lui disait : Non seulement je ne vous demande pas de vote en bloc, mais je vous
demande de voter tant de mille francs pour le papier dont on
fera usage dans mon ministère, tant pour les plumes, etc.... ; si
le ministre de la guerre devait venir demander, non 50,000 francs
pour réparer une forteresse, mais 1,000 francs pour telle chose,
1,000 francs pour telle autre chose, il arriverait d'abord qu'on
n'en finirait pas, puis que la Chambre ne porterait aucune attention au vote, qu'elle administrerait le pays à livres, sous et
deniers, et que les ministres n'auraient plus aucune action, ni
aucune responsabilité. — Ainsi, voter les impôts en masse, c'est

une dérision ; faire descendre la Chambre dans les détails, c'est déplacer complètement la responsabilité ministérielle et faire de la Chambre un mauvais corps administratif. Il y a donc là un problème à résoudre, un moyen à chercher pour que le vote de l'impôt ne soit ni dérisoire pour la Chambre, ni sans protection pour le pays, pour qu'il y ait sauvegarde pour le pouvoir administratif, et en même temps sauvegarde pour le pays (1). »

Aujourd'hui, heureusement, le problème est résolu, le moyen est trouvé : et, depuis le Sénatus-Consulte du 8 septembre 1869, confirmé par l'article 30 de la loi de finances du 16 septembre 1871, le vote du budget par chapitres est entré d'une façon définitive, nous l'espérons, dans les mœurs parlementaires de notre pays.

Le vote en bloc, avons-nous dit, donne au Gouvernement la liberté complète de dépenser, comme bon lui semble, la fortune de l'Etat : il pourra la gaspiller ; il pourra doter tel ou tel service d'une manière surabondante, au détriment de tel ou tel autre, aussi utile. Le vote par ministère, bien qu'étant un acheminement vers le système de la spécialité, peut être presque aussi funeste que le vote en bloc : il ne limite en rien l'arbitraire des ministres qui peuvent se mouvoir à leur gré dans leur département, sans avoir à craindre le contrôle parlementaire. — L'un et l'autre, suivant une parole célèbre, placent le pouvoir législatif entre l'impuissance et la folie (2), puisqu'il ne peut s'opposer à aucune dépense sans être obligé de rejeter en entier, ou le budget de l'Etat, ou celui d'un ministère, extrémité rigoureuse à laquelle il n'a jamais su se résoudre.

Avec le vote par grandes sections, la division n'est pas encore suffisante pour empêcher les ministres de favoriser tel service au détriment de tel autre, et pour que les Chambres puissent

---

(1) *Cours de droit constitutionnel*, par Rossi : t. IV, p. 168 et 169.

(2) Paroles du comte de Ségur-d'Aguesseau à la séance du Sénat du 23 décembre 1852.

faire exécuter leurs volontés. Lorsque ce système fut introduit par l'ordonnauce de 1827, la spécialité qu'il établissait était la plupart du temps illusoire, grâce à la mauvaise conformation de ses grandes sections, dont plusieurs étaient presque aussi considérables qu'un ministère tout entier ; sans quoi, ce système a beaucoup de bon, et c'est avec raison que M. Thiers (1) s'en déclarait partisan.

La spécialité par chapitres est excellente, si l'on applique rigoureusement la définition donnée par l'article 11 de la loi du 29 janvier 1831 qui déclare que chaque chapitre ne doit contenir que « des services corrélatifs ou de même nature. » Ainsi entendue, elle suffit à empêcher le pouvoir de se soustraire à l'impulsion et au contrôle des Chambres, en même temps qu'elle laisse aux ministres la liberté d'action dont ils ont besoin. Si le chapitre contenait *plus* que ce que prescrit la loi de 1831, on reviendrait à la division en grandes sections : s'il contenait *moins*, c'est-à-dire s'il ne contenait qu'*une seule* nature de services, comme le voulait le texte primitif de cette loi, on tomberait dans l'infiniment petit, et l'on enlèverait aux ministres, à la fois toute initiative et toute responsabilité, en même temps que l'administration passerait aux mains des Chambres, ce qui serait absolument funeste.

L'importance des chapitres varie beaucoup : au ministère des finances, nous trouvons celui de la rente 4 1/2 0/0 (nouveau fonds) qui s'élève à plus de 305 millions, et celui de la rente 3 0/0 qui dépasse 362 millions et demi ; au ministère de la guerre, le seul chapitre de la solde des troupes dépasse 220 millions. A côté de cela, nous en trouvons beaucoup qui n'atteignent pas un million, et d'autres même qui sont inférieurs à 100 et à 50,000 francs. Ces différences entre eux ne sont d'aucun préjudice, et sont inévitables ; de même que l'on ne pourrait pas réduire l'importance des chapitres que nous venons de citer,

(1) V. p. 73.

puisque les services auxquels ils correspondent sont *uns*, il serait impossible de réunir en un seul plusieurs des petits chapitres, afin de grossir leur total, parce que la nature des services contenus dans ce nouveau chapitre serait *multiple*.

Là, au contraire, où l'on peut trouver à la fois un abus et un danger, c'est dans le nombre trop élevé et toujours croissant des chapitres. De cent-soixante-quatre qu'ils étaient en 1831, ils s'élevèrent à trois cent soixante, en 1848 ; le budget de 1883 en contenait quatre cent quatre-vingt-un : il y en a sept cent quarante-trois, dans celui de 1885. C'est là le seul, mais très gros inconvénient du système de vote par chapitres. On peut dire, il est vrai, qu'un budget de 3 milliards et demi, comme celui de 1885, comporte nécessairement beaucoup plus de divisions qu'un budget de 1 milliard, comme celui de 1831 : malgré cela, il faut convenir qu'un pareil développement dans la division des dépenses devient excessif et enlève au gouvernement, comme nous l'avons déjà dit, jusqu'à l'ombre de l'initiative et de la responsabilité qui lui sont nécessaires pour agir.

Cet écueil, M. Thiers l'avait prédit lorsqu'il disait à la Chambre des députés (1) : « Il est un détail dans lequel vous ne « pouvez pas entrer, parce que le détail devient de l'action et « que l'action vous est étrangère. Vous ne le pourriez pas, d'ail « leurs, quand vous le voudriez, car si vous pouvez voter cent « quinze spécialités, comme aujourd'hui (2), ou cent trente ou « cent cinquante, comme il arrivera au prochain budget, vous « ne pourriez pas en voter trois ou quatre cents de plus... Il y a « donc une certaine spécialité qui vous est possible, et une autre « qui n'est possible qu'au ministère. Reste à fixer le degré de « chacune. » Le seul moyen d'éviter cet écueil serait d'arriver à

(1) Séance du 23 novembre 1830. — *Discours parlementaires*, édit. Calmon, t. Ier, p. 7 et 8.

(2) On était encore sous l'empire de l'ordonnance de 1827 qui avait établi le vote par grandes sections.

établir une sage entente entre le Gouvernement et les Chambres ; mais la chose, facile en théorie, ne l'est pas en pratique, surtout avec le fonctionnement actuel de la commission du budget qui tend à prendre, sous la forme d'un comité permanent, la direction absolue des finances du pays. Néanmoins, inconvénient pour inconvénient, mieux vaut avoir un contrôle trop minutieux et peut-être tracassier, que pas de contrôle du tout, ou qu'un contrôle insuffisant, ce qui serait le cas, si l'on revenait à l'un des trois systèmes du vote en bloc, du vote par ministère, ou du vote par grandes sections.

Avant de passer à l'étude des questions relatives à l'exécution du budget, disons un mot de l'organisation financière en Russie, dont il nous a été impossible de parler jusqu'à présent, puisque nous ne nous sommes occupés de la législation budgétaire que dans les pays constitutionnels.

Le temps n'est plus où l'on pouvait dire avec raison qu'en Russie, un budget serait une révolution (1). Depuis 1862, la publicité a été introduite dans les finances de ce grand empire ; et, grâce à des améliorations intelligentes et continues, depuis 1871, les déficits, qui jusqu'alors étaient la règle, ont fait place aux excédents. Aussi, doit-on reconnaître que la Russie a résolu, aussi bien que peut le faire un gouvernement absolu, le difficile problème d'avoir des finances régulières et un budget contrôlé dans un pays où il n'y a point de parlement pour voter les fonds et en vérifier l'emploi. Voyons donc quels sont les moyens dont on a usé pour atteindre ce but si désirable devant lequel l'ancienne Monarchie française a toujours échoué.

Tous les ans, au Conseil de l'empire, est présenté un budget de prévision, dans lequel sont déterminés les crédits alloués à

____

(1) Léon Faucher, *Les finances de la Guerre : Revue des Deux Mondes* du 15 août 1854.

chaque ministère : le Conseil se prononce et les ministres sont liés par le chiffre des fonds accordés à leur département : ils en sont responsables. Il n'y a d'exception à la présentation annuelle que pour les budgets de la guerre et de la marine. Depuis 1873, le montant des subsides accordés à ces deux départements est fixé pour cinq ans : ce procédé a été emprunté à la Russie par la Prusse d'abord, ensuite par l'Autriche, comme nous l'avons vu (1) : mais tandis que ces pays adoptaient ce système dans le dessein de soustraire les dépenses militaires aux discussions et aux réductions des Chambres, et d'apporter plus de stabilité dans ces institutions, la Russie avait de toutes autres raisons pour agir de la sorte : la fixation des budgets de la guerre et de la marine russes pour une période quinquennale a eu pour but de dresser une barrière contre les allocations extra-budgétaires jadis réclamées à tout propos par l'armée et la flotte. Le nouveau règlement leur interdit, en effet, de solliciter aucun crédit supplémentaire, en dehors de cas strictement déterminés. En revanche, — et cette particularité est propre à la Russie, — ces deux départements gardent à leur disposition pour les exercices suivants, les économies faites annuellement dans leur ressort. Ce règlement semble devoir être favorable aux économies, si l'on en juge par les résultats : de 1873, commencement du nouvel état de choses, à 1876, ces deux ministères avaient mis à eux deux, de côté, plus de 55 millions de roubles d'excédent (2).

Le contrôle, ayant à sa tête un haut fonctionnaire portant le titre de *contrôleur de l'empire*, est une institution indépendante et ne relevant d'aucun département ministériel : ce qui lui donne une grande supériorité sur notre *Cour des comptes* et notre

____

(1) V. p. 139.

(2) Le rouble, au pair, vaut 4 francs : mais, à cause du cours forcé du papier monnaie, sa valeur commerciale flotte entre 2 fr. 50 et 2 fr. 60 : la guerre d'Orient de 1855 et la récente guerre turco-russe l'ont même fait tomber momentanément à 2 francs et au-dessous.

Inspection des finances qui, toutes deux, ressortent du ministère des finances. Ce contrôle a sa chancellerie, ses archives, ses agents propres, son budget particulier. C'est, à côté du ministère des finances, un ministère accessoire chargé de vérifier et de réviser les opérations du premier, de constater la régularité des rentrées et des sorties, de contrôler la légalité des dépenses conformément aux allocations et d'en rendre compte chaque année au Conseil de l'empire (1).

Grâce à cette organisation ingénieuse et simple, la Russie possède aujourd'hui, dans ses finances, un ordre et une clarté qui, sous ce rapport, la mettent au niveau des Etats constitutionnels de l'Europe. Ajoutons encore un renseignement qui a bien sa valeur et qui est tout à l'honneur de ce pays : depuis la fin du siècle dernier, époque à laquelle remonte la création de sa dette, la Russie s'est, jusqu'ici, heureusement distinguée de ses modèles étrangers, en faisant constamment honneur à ses engagements : *jamais* elle n'a fait subir à ses créanciers, même aux époques de guerre, ni faillite, ni réductions, ni retenues d'aucune sorte. Quel pays constitutionnel pourrait en dire autant ?

Dans un discours qui a obtenu et qui méritait un grand retentissement (2), M. Donoso Cortès, tirant l'horoscope des gouvernements constitutionnels, prédisait qu'ils périraient par la banqueroute. A en juger par la situation financière des pays d'Europe soumis au parlementarisme, opposée à celle de la Russie, on serait malheureusement porté à croire au bien-fondé de cette lugubre prédiction.

---

(1) V. sur les finances russes, deux articles fort intéressants que M. Anatole Leroy-Beaulieu a publiés dans la *Revue des Deux Mondes* des 15 décembre 1876 et 1ᵉʳ janvier 1877, et qu'il n'a pas encore réunis à son intéressant ouvrage sur *l'Empire des Tsars et les Russes.* C'est à eux que nous avons emprunté la plupart des renseignements sus-donnés.

(2) Séance du 30 janvier 1850, à la Chambre des députés, à Madrid.

CHAPITRE TROISIÈME.

Exécution du budget.

Une fois le budget voté et promulgué, il semblerait que l'on ne devrait plus avoir à s'en occuper jusqu'au jour de l'apuration et de la vérification des comptes auxquels il a donné lieu : ce serait là, du moins, l'idéal en théorie et en pratique ; mais, ni dans la théorie, ni dans la pratique, la chose n'est réalisable, et pour deux raisons : la première, c'est qu'il est absolument impossible, au moment où l'on établit le budget, de prévoir d'une façon définitive à combien s'élèveront exactement tant les recettes que les dépenses : en cours d'exercice il arrivera toujours, par la force même des choses, que tel crédit affecté à telle dépense sera insuffisant, ou que le rendement de tel impôt sera inférieur à ce que l'on en attendait ; — la seconde, c'est qu'à côté des dépenses prévues, et en supposant même que de leur chef il n'y ait aucun mécompte, surgiront toujours des dépenses sur lesquelles on ne comptait pas et auxquelles il y aura, néanmoins, absolue nécessité de pourvoir.

On se trouve alors en présence de quatre solutions différentes : ou ne pas faire face à ces obligations, mais alors on s'expose à désorganiser des services essentiels et à jeter le trouble dans le pays ; — ou laisser au pouvoir la latitude complète de payer les sommes dont il aura besoin en dehors du budget, mais alors le contrôle parlementaire devient dérisoire ou superflu ; — ou, dans le budget même, inscrire un crédit pour les dépenses imprévues et autoriser les virements pour faire face aux insuffisances de fonds qui peuvent se présenter dans telles ou telles parties du budget ; — ou, enfin, s'adresser aux Chambres et leur demander, en cours d'exercice, de voter les fonds nécessaires.

Les deux premiers de ces systèmes sont absolument condamnables et ne méritent même pas d'être examinés, puisque l'un est la négation du régime parlementaire, et l'autre, la destruction de toute bonne administration. Les deux derniers, au contraire, vont appeler notre attention. Mais, auparavant, demandons-nous comment on procède à l'évaluation des recettes et des dépenses pour l'établissement du budget et pourquoi les chiffres de cette évaluation, non seulement ne sont jamais d'accord avec ceux du résultat final de l'exercice, mais même ne sont déjà plus exacts au moment de l'ouverture de cet exercice.

L'estimation des recettes d'une année à venir est toujours chose en soi assez hypothétique ; on sait d'avance, quel que soit le parti que l'on adopte, que certaines d'entre elles donneront plus et d'autres moins qu'on espère : aussi, le meilleur système est-il celui dans lequel la moyenne de ces évaluations se rapprochera le plus de la réalité. Mais, si parfait qu'il soit, ce système deviendrait détestable si l'on faussait d'avance la moyenne, en escomptant d'une part, toutes les chances favorables et en ne laissant, d'autre part, subsister aucune des éventualités fâcheuses qui peuvent se produire. On voue ainsi un budget à un déficit certain et un parlement à des mécomptes dont il assume la responsabilité par ses votes. Il faut une règle, une règle fixe, s'appliquant à toutes les recettes et s'appuyant sur la bonne foi et l'honnêteté.

Un principe très sage, observé depuis 1823 jusqu'à ces derniers temps (excepté, cependant, à diverses reprises sous la République de 1848 et le second Empire), consistait à adopter, comme base d'évaluation des recettes, les derniers résultats connus, ceux de l'exercice antérieur à la préparation du budget :

dès lors, les prévisions de recettes de 1885 auraient dû être fournies par les résultats des recouvrements effectués pendant l'exercice 1883. Sous l'Empire, l'opposition trouvait cette règle trop large encore parce que, disait-elle, si l'avant-dernier exercice se trouve avoir été une année exceptionnellement bonne, on sera exposé à des mécomptes : elle proposait de lui substituer la moyenne des résultats des cinq dernières années. Avec la méthode de 1823, étant donné que les contributions indirectes forment la plus grande partie de nos ressources, et que leur produit augmente progressivement avec la richesse publique, pendant plusieurs années, de 1876 à 1881 notamment, les excédents des réalisations sur les prévisions furent énormes : leur moyenne annuelle fut de près de 175 millions (1). Nous aurons, plus tard, à examiner si l'on doit se réjouir d'avoir de pareils excédents, ce que l'on devrait en faire quand ils se présentent, et ce que l'on en a fait : quoiqu'il en soit, et pour diverses causes que nous n'avons pas à rechercher ici, le budget de 1883, malgré la prospérité de ses devanciers, se trouva très difficile à équilibrer : le ministre des finances d'alors, M. Léon Say, convint que si l'on établissait les prévisions pour 1883 d'après l'exercice 1881, le budget serait en déficit : il imagina alors d'évaluer les recettes de 1883 d'après les chiffres de 1882 qui, à ce moment, n'étaient connus de personne et, pour arriver empiriquement à déterminer ces chiffres de 1882, il se servit des résultats obtenus en 1881 en y ajoutant la plus-value d'une année, calculée sur la moyenne des plus-values des cinq années précédentes : c'est ce qu'on a appelé le système des majorations.

Si, — et avec une certaine apparence de raison, — l'on reprochait à la méthode de 1823, en attribuant aux recettes une valeur toujours inférieure à la réalité, d'obliger à apprécier les dépenses à un taux que l'on savait être également de beaucoup au dessous

______

(1) 174,459,567 francs : chiffre donné par M. P. Leroy-Beaulieu, *op. cit.*, t. II, p. 43.

de la vérité au moment où le budget s'établissait (1), ce qui plus tard forçait à avoir recours aux demandes de crédits supplémentaires ; si, disons-nous, on faisait ce reproche à la méthode de 1823, on peut en adresser un autre, et bien plus sérieux, à celle des majorations. Avec elle, en effet, on augmente bien, on majore les *recettes*, sous le prétexte que les évaluations ainsi rectifiées se rapprocheront davantage des résultats obtenus ; mais on oublie de majorer les *dépenses* qui augmentent cependant, et c'est un fait constant, dans la proportion où croissent les recettes ; cette façon d'avoir deux poids et deux mesures conduit à de déplorables résultats et a justement mérité le nom qu'on lui a déjà donné de *système du déficit*.

En Angleterre, on établit les prévisions budgétaires d'une manière toute différente : on calcule les recettes et l'on évalue les dépenses, au moment même où l'exercice va s'ouvrir, d'après les derniers résultats connus que l'on modifie en tenant compte des plus-values et des augmentations probables ainsi que des moins-values et des diminutions à prévoir. Ce procédé, excellent sous tous rapports, est celui qui se rapproche le plus de la perfection : malheureusement, tant que nous conserverons notre système de préparation si prématurée des budgets, il ne sera pas applicable chez nous, et, nous contentant de la méthode de 1823, nous devrons avoir la prudence de baser les recettes sur les résultats de l'avant-dernier exercice, afin que les plus-values permettent de compenser les inévitables dépenses supplémentaires.

Quant à la méthode des majorations, telle qu'on vient de l'employer en France, elle est en tout défectueuse et condamnable. Elle constitue un système bâtard dont le moindre inconvénient est de ne laisser aucun fonds disponible pour les crédits supplémentaires et les dépenses imprévues : aussi s'est-on vu forcer d'y renoncer, après l'avoir subie, d'ailleurs, plutôt qu'acceptée : « Il

(1) V. le *Rapport sur le budget de 1854*.

« est trop tard, disait le rapporteur du budget de 1883 (1), pour
« repousser le mode d'évaluation proposé par M. Léon Say ; on
« a tellement enflé les dépenses depuis quelques années, que,
« même avec ce relèvement de recettes, c'est à peine si l'excé-
« dant primitif du budget de 1883 est de deux millions et demi
« sur un total de plus de trois milliards (2). » Dans l'exposé des
motifs du projet de 1885 (3), le ministre des finances convient
que « la méthode des majorations a donné dans son ensemble
« des résultats trop peu satisfaisants pour qu'on puisse conti-
« nuer de l'appliquer. » Puis il ajoute que « d'un autre côté, il
« est impossible de revenir dès à présent à l'ancien système,
« puisque les recettes réalisées en 1883 sont inférieures à l'éva-
« luation des dépenses de 1884. *A fortiori*, le seraient-elles aux
« dépenses de 1885. » Malgré ces deux déclarations si catégo-
riques, le ministre néglige d'indiquer quelle méthode il va
employer pour équilibrer le budget de 1885, et cela, pour la
bonne raison qu'il n'en adopte aucune : « Tantôt il revient au
système des majorations (4) ; tantôt il prend pour bases les évaluations du budget de 1884, ou bien il les majore quand il le
juge utile : il revient même parfois à notre vieux système des
recettes réalisées de l'avant-dernier exercice, quand il suppose
que ce système enflera les prévisions. En un mot, il a le pire des
systèmes, celui de n'en pas avoir (5). »

Pour conclure sur ce point, disons que les défauts que l'on
reproche aux deux modes d'évaluation successivement employés
chez nous sont un argument de plus à l'appui de la thèse que

(1) M. Ribot.

(2) Pour un total de 3 milliards et demi, il ne se trouve plus être en
1885, que de 176,000 francs. V. *Exposé des motifs du budget de 1885*,
p. 119.

(3) P. 9.

(4) Projet de budget de 1885, p. 350 et 351.

(5) *Journal officiel*, décembre 1884 ; *Documents parlementaires* (Chambre)
p. 1142.

nous avons déjà soutenue en faveur d'une préparation du budget aussi prompte et aussi rapprochée que possible de l'ouverture de l'exercice financier : ce qui permettrait de leur substituer l'excellente méthode en vigueur chez nos voisins d'outre-Manche.

Après avoir démontré combien il est difficile d'équilibrer le budget, étudions la manière dont on peut utiliser les fonds qui restent disponibles sur tel ou tel chapitre, et faire face aux demandes relatives soit à des crédits nouveaux, soit à des services insuffisamment dotés : nous avons déjà écarté deux des quatre solutions qui se présentent et il nous reste à parler des deux autres.

On peut, avons-nous dit, inscrire dans le budget même un crédit pour les dépenses imprévues et autoriser les virements de chapitre à chapitre, ou s'adresser aux Chambres et leur demander, en cours d'exercice, de voter les fonds nécessaires. Le premier de ces deux moyens est usité en Italie où, depuis 1869, on trouve inscrites dans chaque budget deux réserves de 4 millions chacune, l'une de réserve proprement dite pour parer à l'insuffisance éventuelle des crédits de certains services, l'autre pour les dépenses imprévues. Il a contre lui plusieurs torts très sérieux : le premier, c'est qu'il détruit dans une certaine mesure le pouvoir d'ingérence et de contrôle du parlement ; le second, c'est qu'un crédit une fois voté, alors même qu'il est trop considérable, a bien des chances d'être entièrement dépensé, ce qui pousse au gaspillage ou au favoritisme les ministres créditeurs ; le troisième, c'est qu'il permet au Gouvernement de faire des dépenses que les Chambres n'auraient peut-être pas autorisées, ou de doter très largement des services qu'elles avaient eu l'intention de réduire. Pour toutes ces raisons on doit le rejeter.

Reste alors la question des crédits extraordinaires et supplémentaires, question dont la solution a été soumise à bien des vicissitudes et dont nous avons eu déjà l'occasion de parler à plusieurs reprises au point de vue historique : envisageons-la maintenant au point de vue théorique.

Les crédits extraordinaires sont ceux qui sont demandés par des circonstances urgentes et imprévues, et qui ont pour objet ou la création d'un service nouveau, ou l'extension d'un service inscrit dans la loi de finances au-delà des bornes déterminées par cette loi.

Les crédits supplémentaires sont ceux qui doivent pourvoir à l'insuffisance, dûment justifiée, d'un service porté au budget, et qui ont pour objet l'exécution d'un service déjà voté, sans modification dans la nature de ce service.

Il résulte de ces deux définitions, données par la loi elle-même (1), que les crédits extraordinaires devraient être très rares, car il faut que les choses qui les nécessiteront soient réellement exceptionnelles et inattendues pour n'avoir pas été inscrites au budget. Les autres, au contraire, se présenteront plus souvent par cela même, comme nous l'avons prouvé, que les évaluations sont très difficiles à établir d'une manière précise, et que des circonstances indépendantes du législateur peuvent rendre insuffisants, en cours d'exercice, des crédits qui, au début de l'année, étaient tout-à-fait raisonnables. Ici encore, — et ce n'est que l'application de la règle générale qui devrait présider à toutes les opérations du budget, — il serait à désirer que la bonne foi la plus absolue fût le seul mobile de ces demandes de crédits extra-budgétaires, puisque toutes ont pour effet de déranger d'abord, puis, presque toujours, de détruire l'équilibre du budget.

Ce n'est, d'ailleurs, que par une sorte de respect humain que les ministres des finances, ont été portés, jusqu'à présent, à présenter aux Chambres des budgets en équilibre, puisqu'ils se réservent le droit de détruire, dès le lendemain, cet équilibre factice et de proposer des crédits supplémentaires que le Parle-

(1) Loi du 14 décembre 1879, art. 2.

ment est obligé de voter : il est obligé de le faire, parce que, toujours pour ménager ce fameux équilibre, les ministres ont insuffisammènt pourvu des services essentiels, sachant bien qu'on ne pourra pas leur refuser les crédits nécessaires au rétablissement d'un état de choses normal. On a même été plus loin, et nous voulons citer l'exemple le plus étrange des résultats auxquels aboutit un semblable système. C'était au commencement de la séance du 15 décembre 1883 : on discutait le budget de 1884 à la Chambre des députés et l'ensemble n'en était pas encore voté ; le président du Conseil monta à la tribune et déposa un projet de crédit supplémentaire de 20 millions pour l'expédition du Tonkin, à imputer sur les ressources ordinaires de ce même budget de 1884. Il eût été naturel d'ajouter cette nouvelle dépense au total d'un budget qui n'était pas encore voté, mais c'eût été en détruire l'équilibre et, à la fin de la séance, la Chambre des députés vote le budget de 1884 *en équilibre*, sachant très bien qu'elle n'y avait pas inscrit les 20 millions qu'on venait de lui demander et qu'elle était décidée à accorder. Puis, les renvois successifs du budget du Sénat à la Chambre firent que les 20 millions furent définitivement votés (1) avant que le budget ait pu l'être lui-même (2) ; de telle sorte que le crédit supplémentaire était voté avant le budget, et l'équilibre apparent, si laborieusement obtenu, détruit avant d'avoir existé (3).

Dans la première partie de ce travail, en parcourant les phases successives de la législation budgétaire depuis le commencement du siècle, nous avons vu que tous les efforts des législateurs ont été impuissants à lutter contre le flot envahisseur des crédits supplémentaires : nous avons vu que, sous le premier Empire, bien qu'il n'existât aucun moyen régulier de dépenser au-delà

(1) Le 22 décembre 1883.
(2) Il ne le fut que le 29 décembre.
(3) V. *Journal officiel* du 16 décembre 1883.

du budget voté, les fixations primitives n'étaient cependant pas respectées ; car, lorsqu'elles devenaient insuffisantes, les ministres ordonnateurs les dépassaient de leur propre autorité, n'ayant à craindre ni les refus de payement des comptables, ni les observations du Corps législatif ou de la Cour des comptes ; — que, sous la Restauration, malgré la faculté de virement qui permettait aux ministres de parer, avec les excédants de tels chapitres, aux insuffisances de tels autres chapitres, les crédits supplémentaires et extraordinaires s'élevèrent de 1815 à 1829 inclusivement, à 736 millions (1) ; — que, sous la Monarchie de juillet, malgré la stricte application d'une étroite spécialité budgétaire et malgré les mesures législatives édictées à trois reprises différentes, ils s'élevèrent à plus de 2 milliards (2) ; — que, de 1848 à 1869, malgré la suppression de la spécialité budgétaire et le rétablissement de la faculté de virement, leur moyenne annuelle fut de 135 millions (3).

Depuis 1870, trois nouvelles lois ont été promulguées pour essayer d'étreindre dans des limites plus rigoureuses encore, ces fameux crédits extra-budgétaires. L'une, celle du 16 septembre 1871, après avoir, dans son article 30, rétabli le vote du budget par chapitres et supprimé la faculté de virement, décide (4) que les suppléments de crédits nécessaires pour subvenir à l'insuffisance dûment justifiée des fonds affectés à un service porté au budget ne pourront être accordés que par une loi, sauf le cas de prorogation des Chambres. La même disposition est applicable aux crédits extraordinaires. Ces derniers ne peuvent être demandés que pour des services qui ne pouvaient pas être prévus et réglés par le budget. Dans le cas de prorogation des

____

(1) 735,966,000 francs : V. *Rapport à la Chambre des pairs*, du 15 avril 1833.

(2) *Les finances de l'Empire*, par M. Casimir Périer, p. 131.

- (3) *L'abus des crédits supplémentaires*, par M. René Stourm : *L'Economiste français*, du 20 mai 1882.

(4) Articles 31 et 32.

Chambres, les crédits supplémentaires et extraordinaires ne pourront être ouverts que par des décrets rendus en Conseil d'Etat, après avoir été délibérés et approuvés en Conseil des ministres. Ces décrets devront être soumis à la sanction des Chambres dans la première quinzaine de la plus prochaine réunion. — C'est, à peu de chose près, le retour pur et simple à la législation de la Monarchie de juillet. L'Assemblée nationale l'avouait, du reste ; lorsque cette question des crédits extra-budgétaires fut posée devant elle, elle reconnut que prétendre les supprimer absolument était une chimère, et que les meilleures garanties à prendre contre eux se trouvaient dans la législation de 1831 à 1851 (1).

La seconde loi, votée le 12 avril 1876, ne contient qu'un seul article ainsi conçu : « Le ministre des finances réunit en un seul projet de loi toutes les demandes de crédits supplémentaires et extraordinaires dont le besoin s'est fait sentir dans les divers services pendant l'intervalle d'un mois au moins. — Il ne procède par projets de lois spéciaux que dans les cas d'urgence. » La pensée qui avait dicté cette loi est excellente : partant de ce fait que les crédits examinés isolément et en dehors de toute préoccupation d'ensemble, sont plus facilement acceptés que s'ils avaient été présentés dans la loi de finances, le député sur l'initiative duquel cette mesure a été prise (2), espérait que la réunion mois par mois des demandes de crédits formerait un total qui impressionnerait suffisamment les Chambres, pour les empêcher de le voter à la légère : elle s'inspirait du même ordre d'idées que la loi du 13 novembre 1849, mais, comme elle, elle n'a jamais été appliquée.

La troisième loi, celle du 14 décembre 1879, renchérissant sur celle de 1871, restreint encore les pouvoirs du Gouvernement, en décidant que les crédits extraordinaires ne pourront jamais être

---

(1) *Rapport* de M. Casimir Périer, du 31 août 1871.
(2) M. Guichard.

ouverts par décrets (art. 1) ; que l'on ne pourra pas ouvrir de crédits supplémentaires en cas de dissolution des Chambres et que la permission accordée au pouvoir d'ouvrir par décrets des crédits supplémentaires, en cas de prorogation des Chambres et conformément aux règles édictées par la loi du 16 septembre 1871, devra être rappelée chaque année dans la loi de finances (art. 4).

Ainsi que leurs devancières, qu'elles n'abrogent pas toutes, du reste, ces trois lois sont demeurées impuissantes : de 1871 à 1881 inclusivement, le total des crédits supplémentaires et extraordinaires, *déduction faite des annulations opérées en fin d'exercice*, s'élève à 2,149,238,890 francs, chiffre officiel fourni par le rapporteur du budget de 1883 (1). En 1882, on en constate pour une somme de 227,159,056 francs, et encore ce chiffre n'est-il que provisoire (2) ; en 1883, ils s'élèvent à 101,533,212 francs (3), et le ministre a bien soin de faire remarquer (4) qu'il ne s'agit là que d'un chiffre *essentiellement* provisoire.

En présence d'une progression à la fois si constante et si rapide, deux questions viennent immédiatement à l'esprit : En est-il ainsi dans les autres pays ; — N'y a-t-il donc vraiment pas de remède à ce mal qu'aucune loi ne parvient à atténuer ? — A l'une et à l'autre, il faut répondre négativement.

Et, d'abord, il n'en est pas ainsi dans tous les autres pays : en Angleterre, notamment, durant les dix dernières années, la moyenne des excédents des dépenses réellement effectuées, sur les évaluations primitives, ne s'est élevée qu'à 19,000 livres sterling, soit environ 47 millions de francs, tandis que chez nous, pendant la même période, elle a presque atteint 200 millions.

(1) *Rapport sur le budget général des dépenses et des recettes de l'exercice 1883*, par M. Ribot, p. 24.
(2) V. *Exposé des motifs du budget de 1885*, p. 44.
(3) *Idem*, p. 60.
(4) *Idem*, p. 66.

Pourquoi donc cette différence entre deux pays où les besoins, comme les charges, sont également considérables ?

Il y a, à cela, trois causes principales : En premier lieu, en Angleterre le budget est préparé et voté beaucoup plus près de l'ouverture de l'exercice qu'en France, ce qui permet aux évaluations d'être bien plus exactes. Cette première cause a des effets très importants : nous avons déjà essayé, à plusieurs reprises, de montrer à combien d'inconvénients expose notre mode actuel de préparation et de vote du budget, avec ses opérations si prématurées et si lentes ; il est donc inutile de s'appesantir de nouveau sur ce point et, cependant, l'on ne saurait trop insister pour demander que le commencement de l'année financière soit transporté du 1ᵉʳ janvier au 1ᵉʳ juillet.

En second lieu, il ne faudrait jamais perdre de vue qu'il ne suffit pas qu'un crédit soit utile pour qu'il doive être voté : il faut aussi que les ressources du budget soient suffisantes pour y faire face. Or, c'est précisément la question des voies et moyens qui est rarement étudiée, en France, dans l'examen des demandes de crédits supplémentaires. Au lieu de déterminer les ressources affectées aux dépenses nouvelles, ainsi que l'exigent les dispositions formelles de plusieurs lois non encore abrogées on se borne à déclarer qu'il y sera pourvu « sur les fonds généraux du budget », formule bien vague et bien élastique, dont on ne devrait tolérer l'emploi sous aucun prétexte. Que l'on considère, en effet, à quel point l'équilibre du budget est difficile à obtenir ! C'est à peine, avons-nous vu, si, sur un total colossal, l'on arrive à créer un excédent *purement nominal* de quelques centaines de mille francs : et c'est cet excédent si minime, auquel on ajoute les quelques millions résultant d'annulations de crédits en fin d'exercice, que l'on appelle « les fonds généraux du budget. » Mais, la plupart du temps, avant l'ouverture de l'exercice, on a déjà déposé des demandes de crédits dont le total, au su de tout le monde, est supérieur à celui qu'atteindront les annulations futures : ce qui n'empêche pas, pendant tout le cours de l'année, de continuer à voter des crédits extra-budgétaires, auxquels, suivant la formule, « il sera pourvu sur les fonds généraux du budget. » Il en est tout différemment, en Angleterre : « Trois « choses sont nécessaires pour avoir une bonne situation finan- « cière, disait dernièrement M. Gladstone à la Chambre des « communes (1) : 1°, ne pas engager de dépenses sans avoir de « quoi y faire face et même davantage ; 2°, en temps de paix, « amortir la dette nationale ; 3°, réduire les dépenses autant « qu'on le peut. » Le célèbre homme d'Etat anglais a eu soin de placer ces trois principes suivant leur importance et l'ordre dans lequel ils doivent être appliqués : il est certain que les deux der- niers ne peuvent être exécutés que selon les circonstances, tandis que le premier doit toujours être en vigueur. Et, mettant lui- même sa théorie en pratique, quelques mois après, lorsqu'il s'agit de préparer l'expédition d'Egypte, il demanda un crédit pour augmenter les forces de l'Angleterre dans la Méditerranée et proposa, en même temps, une modification aux impôts pour sub- venir à cette dépense. — Chez nous, au contraire, on vote pour les expéditions de Tunisie, du Tonkin et de la Chine des sommes fort considérables, sans préciser en aucune manière avec quoi on les paiera : ce qui nous conduit au déficit et à l'emprunt, alors que nos voisins d'outre-Manche voient la plupart de leurs budgets se solder par des excédents.

En troisième lieu, tandis qu'en Angleterre l'initiative en matière de lois de finances est exclusivement réservée au Gou- vernement, en France chaque député a le droit de proposer des augmentations de crédits.

Voici quelles sont, exactement, les dispositions de la constitu- tion anglaise à ce sujet : « La Couronne, conseillée par ses « ministres responsables, constituant le pouvoir exécutif, est « chargée de gérer tous les revenus de l'Etat et d'opérer tous les « payements pour les services publics. C'est, en conséquence, la

(1) Exposé du budget de 1883-1884.

« Couronne qui fait connaître à la Chambre des communes les
« besoins financiers du gouvernement. C'est la Chambre qui
« accorde les fonds ou les subsides nécessaires pour faire face à
« ces demandes et qui pourvoit aux dépenses qu'elle a autori-
« sées, soit par l'impôt, soit par l'affectation de telle ou telle
« autre source de revenu public. Ainsi, la Couronne demande
« des subsides, la Chambre des communes les accorde et la
« Chambre des lords donne son assentiment ; mais *les Com-*
« *munes ne votent aucun crédit s'il n'a été demandé par la*
« *Couronne, elles ne peuvent créer ou augmenter aucune*
« *taxe* en dehors de ce qui est indispensable pour constituer les
« crédits votés ou à voter et pour suppléer à l'insuffisance des
« recettes. La Couronne n'a pas à s'inquiéter de la nature et de
« la répartition des impôts ; mais le fondement de toute taxe
« votée par le Parlement est la nécessité de pourvoir aux besoins
« des services publics tels que la Couronne les a établis par l'or-
« gane de ses conseillers constitutionnels.

« .... Ce principe, que l'initiative des demandes de subsides
« appartient exclusivement à la Couronne et que la Chambre ne
« peut voter d'autres crédits que ceux que la Couronne a préala-
« blement réclamés, n'est pas seulement applicable aux alloca-
« tions budgétaires annuelles. Un ordre du jour, du 20 mars
« 1866, décide que la Chambre n'admettra aucune proposition
« tendant à l'obtention d'un crédit quelconque pour les services
« publics, et qu'elle ne donnera suite à aucune motion impli-
« quant une dépense à imputer sur le revenu de l'Etat, soit sur
« les fonds constitués en dotation, soit sur les fonds préparés par
« le Parlement, en dehors des demandes formulées par la Cou-
« ronne. Et la pratique constante du Parlement étend cette
« interdiction à toute motion qui, sans constituer une demande
« formelle de crédit ou imputation sur le revenu de l'Etat, im-
« plique cependant une dépense pour le Trésor.

« .... Un crédit demandé par un message de la Couronne ou
« compris dans les prévisions générales de dépenses présentées

« par la reine, ne peut être augmenté par la Chambre des com-
« munes (1). »

Combien sont sages ces dispositions de la loi anglaise, et combien, surtout, elles sont logiques ! — Quel est, en effet, le rôle naturel des Chambres, sinon de mettre un frein aux entraînements du pouvoir exécutif, de modérer ses dépenses et de contrôler ses actes ? C'est là leur raison d'être principale et le régime parlementaire n'a été imaginé que pour tempérer le pouvoir absolu. Mais si l'on vient à renverser les rôles en ôtant l'action et l'initiative au Gouvernement pour les donner aux Chambres et lui attribuer le contrôle dont celles-ci se dessaisissent, le mécanisme de l'Etat sera détraqué. C'est le Gouvernement, mieux que personne, qui est juge de ses besoins, ainsi que de l'opportunité et de la quantité des demandes qu'il a à faire au Parlement, pour y subvenir : c'est donc à lui seul que devrait appartenir le droit de proposer des augmentations de crédits, de même qu'au Parlement seul appartient le droit de les accorder ou de les refuser.

Si les choses se passent ainsi en Angleterre, il en est tout différemment en France. Au lieu que ce soit la Chambre qui ait à repousser les demandes exagérées, inutiles et trop nombreuses du Gouvernement, c'est celui-ci qui se voit dans l'obligation de lutter contre les demandes envahissantes de la Chambre. Chaque député ayant le droit d'initiative en matière de crédits, ne se fait aucun scrupule d'en user, car ce n'est pas lui qui est chargé de garder l'équilibre du budget. « Comme s'il était le Gouvernement, comme s'il avait à lui seul le secret, l'intelligence et la

(1) *Traité sur les lois, les privilèges, la procédure et les usages du Parlement*, par Sir Thomas Erskine May B. K. C. B., clerc adjoint de la Chambre des communes, p. 546 et 556. — Ce texte a été traduit sur les ordres de M. Léon Say, lors de son dernier passage au ministère des finances et a été distribué aux membres des deux Chambres et à la commission du budget. M. P. Leroy-Beaulieu le cite en entier (*op. cit.*, t. II, p. 112) et c'est à lui que nous l'empruntons.

responsabilité des besoins publics, il propose de son chef, et par amendements, non pas des réductions, mais des accroissements de crédits, des dépenses nouvelles. *Le contrôleur se fait dépensier.* Qu'en résulte-t-il ? C'est qu'en pleine paix, on tombe en plein déficit (1). » Heureux doit se trouver le contribuable, quand le mobile qui fait agir son représentant, est louable et désintéressé, et quand il ne cache pas, ou quelque vain désir d'amour-propre, ou la recherche de la popularité, ou une manœuvre électorale.

Les crédits extra-budgétaires étant une *plaie*, comme le disait M. Dupin, quels sont donc les moyens propres, non pas à les faire disparaître, ce qui est irréalisable, mais à les restreindre dans les limites du possible ? Nous avons vu que toutes les lois faites dans ce but, depuis plus de cinquante ans, ou demeuraient impuissantes quand on les appliquait, ou sont tombées en désuétude et qu'en somme, leurs résultats ont été nuls. A quoi cela tient-il, sinon à ce qu'aucune d'elles n'a frappé le mal dans sa racine et que toutes, respectant l'ordre de choses établi, n'étaient et ne pouvaient être que de vains palliatifs ? Il faudrait les remplacer par une loi unique prescrivant formellement :

1° Que l'ouverture de l'exercice financier aurait lieu désormais au 1er juillet.

2° Qu'aucune demande de crédits supplémentaires ou extraordinaires ne pourrait être accordée, sans qu'en même temps, il n'y soit pourvu par un vote de fonds nominativement désignés.

3° Que le droit d'initiative, pour ces crédits, serait exclusivement réservé au Gouvernement.

Certes ce serait un grand pas de fait dans la voie de l'amélioration des finances, que le vote d'une pareille loi : mais ce ne serait pas encore assez. Au-dessus des lois, et plus fortes qu'elles, se trouvent deux choses contre lesquelles la législation

---

(1) Dupin; *Plaidoyers*, t. XI, p. 217. — *Réflexions aux électeurs de Clamecy.*

ne peut pas lutter, les mœurs du pays et les abus de l'administration. Or, en France, il est entré dans les mœurs, — et on considère cela comme tout naturel, — que l'Etat doit tout faire et tout payer, qu'il doit tout entreprendre et se charger de toutes les améliorations ; et même, quand ses ressources sont notoirement débordées, c'est encore à lui qu'on vient demander de se charger de nouvelles dépenses. A l'étranger, et en Angleterre spécialement, on exige moins de l'Etat et avec raison, mais on fait plus d'appels à l'initiative intellectuelle et pécuniaire des individus : qu'en résulte-t-il ? c'est que, tandis que le budget de la France est, de tous les budgets du monde, celui qui subit la proportion ascensionnelle la plus forte, le budget de l'Angleterre est celui dont le total s'accroît le moins rapidement.

Quant aux abus, quels qu'ils soient, « une fois introduits dans l'administration publique, ils sont une puissance qui croît à mesure que leur masse devient plus considérable, car plus ils augmentent, plus il y a de gens intéressés à les maintenir. Si on ne les arrête à temps, ils deviennent bientôt capables de résister à toutes les attaques régulières qu'on cherche à diriger contre eux ; ils renversent toutes les barrières légales qu'on leur oppose et ils finissent par s'engloutir dans les convulsions politiques qu'eux seuls ont produites (1). »

Bien plus, en supposant même que l'on arrivât à réformer nos mœurs, il y aurait encore quelque chose à faire : le droit que le Gouvernement serait seul à avoir de proposer l'augmentation d'anciens ou la création de nouveaux crédits, devrait être restreint à un très petit nombre de cas, absolument exceptionnels. En parcourant actuellement le détail des projets de crédits supplémentaires, combien peu de propositions seraient en mesure de supporter victorieusement cette question ; « Pourquoi la dépense n'a-t-elle pas été prévue au moment du budget ? », ou

(1) *Rapport* fait à la Chambre des pairs, sur le projet de budget de 1817 par le comte Dessoles ; *Archives parlementaires,* 2ᵉ série, t. XIX, p. 460.

bien celle-ci : « Ne peut-on absolument retarder l'augmentation demandée jusqu'au prochain budget? » Ces deux questions, quel que soit l'état de la législation, devraient être le critérium de l'admissibilité des demandes de crédits. Tant que l'on n'aura pas adopté des mesures aussi rigoureuses et aussi énergiques que celles que nous proposons, les crédits supplémentaires continueront leur œuvre de destruction, en éludant les lois édictées, en rendant inutiles les prévisions budgétaires et en absorbant les excédents dont la destination naturelle est cependant toute autre que celle qu'on leur donne aujourd'hui en France.

Est-il bon d'avoir des excédents? Est-il bon qu'ils soient très considérables ? Quel est leur emploi naturel? Qu'en fait-on en France? Qu'en fait-on à l'Etranger? autant de points que nous allons avoir à examiner, puisque nous arrivons, par une transition toute naturelle, à nous occuper de cette question des excédents.

Certes, c'est une excellente chose que d'avoir des excédents, surtout lorsqu'ils ont pour cause l'augmentation du rendement des impôts résultant d'un accroissement dans la richesse et dans la consommation publiques : mais, comme ils peuvent n'être que temporaires, il serait prudent de ne pas les escompter dans les budgets des années futures et de ne pas se permettre une augmentation correspondante dans les dépenses : car il est bien plus difficile de retrancher une dépense, même peu utile, une fois qu'elle est inscrite, que de la retarder, alors même qu'elle serait urgente. Si l'excédent vient à disparaître, les dépenses restent à solder et l'on se trouve sans ressources : la situation change alors du tout au tout, l'abondance fait place à la détresse et l'excédent au déficit. Nous en trouvons la preuve en France : pendant trente ans, de 1840 à 1869 inclusivement, tous nos budgets, à l'exception de cinq (1), se sont soldés en déficit.

______

(1) Ceux de 1855, 1858, 1865, 1868, 1869. — V. *Compte général de l'administration des finances, pour 1869*, p. 519.

Depuis la guerre de 1870, ou mieux de 1875 à 1881, c'est le contraire qui a eu lieu : les budgets se sont soldés par des excédents, et des excédents très considérables. En présence de cet accroissement subit des recettes, on s'est cru permis un accroissement proportionnel des dépenses ; qu'en est-il résulté ? c'est qu'aujourd'hui que les plus-values ont cessé, les dépenses sont restées, et que l'on se trouve aux prises avec le déficit. On peut donc dire que ce qui crée l'appétit pour les dépenses, ce sont les plus-values : qu'on les supprime ou qu'on les réduise, et il ne sera plus question de dépenses nouvelles, du moins dans des proportions déraisonnables. Un homme d'Etat qui a toujours passé pour être un maître en fait de finances, M. Gladstone, disait qu'un budget avec un gros excédent est une invitation au gaspillage. Et il avait cent fois raison.

Mais alors, dirait-on, que faire des excédents lorsqu'ils se présentent ; car on ne peut pas empêcher, dans les années de prospérité, que les impôts rapportent au-delà de ce que l'on en attendait.

Ces excédents ont un emploi tout indiqué : la diminution de la dette flottante. Comme c'est elle qui s'accroît de tous les déficits, il est juste que, par contre, elle profite de tous les excédents. — A côté d'elle, se trouve aussi la dette consolidée, ayant pour cause, ou l'emprunt direct, ou l'emprunt indirect, je veux dire la consolidation de tout ou partie de la dette flottante, lorsque celle-ci devient trop lourde. L'Etat, comme les particuliers, quoique avec de moindres inconvénients, ne peut pas emprunter toujours sans jamais rembourser, sans quoi arriverait forcément un jour où, sa dette étant devenue trop forte, il ne pourrait plus en payer ni intérêts, ni capital et où il faudrait faire banqueroute. Il y a un vieux proverbe qui dit qu'on s'enrichit en payant ses dettes ; il est applicable aux nations comme aux individus. Une somme, plus ou moins considérable, employée chaque année à se libérer d'engagements antérieurs, a des résultats énormes : ce ne sont pas seulement ces engagements qui diminuent jusqu'à due concurrence, c'est le crédit de l'Etat qui s'en ressent d'une façon extraordinaire. Nous avons vu (1) quelle somme colossale, — plus de la moitié, — le paiement des intérêts de la dette de l'Etat absorbe annuellement dans les recettes du budget. Il est certain que si, à chaque exercice, on faisait une large part à l'amortissement et que l'on joignît à cette part les sommes provenant d'excédents *réels,* peu à peu capital et intérêts de la dette diminueraient, ce qui permettrait, au fur et à mesure des bénéfices réalisés de ce chef, ou de réduire les impôts ou d'améliorer les services ; mais il faudrait pour cela que, pendant que l'on rembourserait d'un côté, on n'empruntât, ni on ne dégrevât de l'autre, sans quoi ce serait reprendre de la main gauche ce que l'on aurait donné de la main droite : et c'est malheureusement la méthode que l'on suit en France depuis quelques années. De 1877 à 1884, les augmentations de dépenses dans nos budgets se sont élevées à 454,867,493 francs ; et les dégrèvement votés depuis la même époque forment un total de 251,720,204 francs ; de telle sorte que, depuis 1877, tant en augmentation de dépenses qu'en diminution de recettes, nos budgets ont subi une surcharge totale de 706,587,697 francs (2). Nous avons vu d'autre part (3), que les emprunts que l'on a fait contracter à la France dans le même laps de temps, dépassent 3 milliards. A côté de cela, c'est à peine si l'on consacre, bon an, mal an, 200 millions à l'amortissement : aussi, en présence d'une situation aussi lourde et aussi obérée, le déficit a succédé aux excédents, et la confiance diminue.

Toute autre est la conduite du Gouvernement américain : après la guerre de Sécession, la dette des Etats-Unis montait à 15 ou 16 milliards et avait été contractée à des taux d'intérêt

(1) V. page 127.

(2) Chiffres fournis par le ministre des finances lui-même, dans l'*Exposé des motifs du budget de 1885,* p. 6.

(3) V. page 119, note 2.

variables, dont le moindre était de 6 pour cent ; elle est déjà réduite de près de moitié et le taux de l'intérêt n'est plus guère que de 3 1/2 pour cent. Jamais on n'a vu pareil effort couronné d'un pareil succès. L'effort a été de maintenir des impôts qui ont donné chaque année 5 à 600 millions d'excédents et d'appliquer tous ces excédents, non pas comme chez nous, à des dépenses nouvelles, mais à la réduction de la dette. Maintenant le succès a dépassé encore les espérances, car la dette a diminué non seulement de toutes les sommes qui ont été consacrées à la racheter, mais, plus encore par suite des conversions successives que l'amélioration du crédit a rendues faciles et qui ont permis de substituer un intérêt plus bas à un autre plus élevé. Les Américains n'ont pas commis, comme nous, la faute d'emprunter en rentes perpétuelles, ce qui rend le rachat onéreux et le remboursement difficile : ils avaient émis des bons à échéances rapprochées et à intérêts variables. Aujourd'hui, à mesure que ces bons arrivent à échéance, ou ils les remboursent avec les économies qu'ils ont de disponibles, ou ils les convertissent en d'autres bons portant un intérêt moindre ; et la différence n'est pas seulement, comme dans nos pays d'Europe, de 1/2, et au minimum de 1 pour cent : elle est quelquefois de 2 pour cent ; de sorte que l'intérêt de la dette qui reste encore à payer a baissé dans une proportion plus forte que le capital lui-même. Mais, capital et intérêts ne tarderont pas à disparaître ; chaque année, les espérances que l'on a formées à cet égard sont dépassées : il y a cinq ans, le président Hayes évaluait à trente-sept ans le délai après lequel il n'y aurait plus de dette fédérale aux Etats-Unis : aujourd'hui, en présence des résultats des derniers exercices qui donnent une moyenne d'excédents annuels de plus de 600 millions, on déclare hautement que le siècle ne se passera pas avant que toute la dette soit éteinte. Et voilà comment, tandis qu'en France, les excédents nous ont entraînés à faire des dépenses exagérées d'où le déficit est sorti, nos voisins tirent de ces mêmes excédents des résultats superbes qui améliorent de jour en jour leur situation financière.

Un autre très grand avantage résultant du rachat de la dette par les excédents, c'est, avons-nous dit, l'affermissement du crédit de l'Etat. Les 5 à 600 millions que les Etats-Unis affectent chaque année à l'amortissement sont immédiatement en quête d'un nouveau placement, et, comme ils n'en trouvent pas de plus solides que sur l'Etat, ils sont disposés à faire à celui-ci des conditions très favorables : ce qui lui permet et lui facilite les conversions successives. Or, le crédit de l'Etat est dans tous les pays, et particulièrement en France, le remorqueur des autres crédits : plus il s'élève, plus montent avec lui ceux des diverses entreprises industrielles et commerciales, et plus il en résulte d'activité pour les affaires.

Donc, le premier emploi et le plus naturel des excédents est d'amortir la dette. Ce n'est qu'en second lieu qu'on peut parler de les consacrer à des dégrèvements. Il est facile, en effet, de comprendre que la diminution des impôts réduit d'autant les recettes et les excédents futurs, et qu'au bout de peu de temps que l'on ferait des dégrèvements successifs, il ne serait plus du tout question d'excédents.

Mais ces deux emplois sont les seuls que l'on puisse adopter. Aussi faut-il absolument blâmer la pratique qui s'est introduite en France depuis une dizaine d'années et qui consiste à inscrire dans les recettes ordinaires du budget qu'on établit, afin d'arriver à l'équilibrer, tout ou partie des excédents laissés par les budgets antérieurs. En principe, le budget ordinaire ne doit profiter d'aucune ressource qui ne soit propre à l'exercice auquel il s'applique ; sans quoi le report d'une année à l'autre des excédents de recettes jette une confusion énorme dans les comptes et dissimule au public la vraie situation des budgets en grossissant à tort le chiffre des recettes *réellement* réalisées. Ainsi, de 1878 jusqu'à 1883 inclusivement, nos budgets, de l'aveu même du ministre des finances (1), ont bénéficié de plus

(1) *Exposé des motifs du budget de 1885*, p. 80.

de 416 millions provenant des exercices antérieurs : celui de 1884 reçoit de ses devanciers plus de 63 millions (1), et celui de 1885, près de 17 millions (2) ; s'il n'en reçoit pas davantage, c'est qu'il ne restait plus rien à lui donner. C'est donc un total de près d'un demi-milliard (3) de recettes provenant d'exercices antérieurs, que l'on a fait figurer, à tort, parmi les recettes ordinaires des exercices qu'il s'agissait d'équilibrer. Qu'en est-il résulté ? C'est qu'alors que les exercices 1878, 1879, 1880 et 1881, déduction faite des dégrèvements, paraissaient se solder pour le public par un excédent de recettes de 260 millions (4), dont il faut déjà retrancher 76 millions et demi, chiffre avoué provenant des déficits des exercices 1882 et 1883 (5) ; plus, 30 millions et demi, chiffre provisoire et qui grossira certainement, de déficit au budget ordinaire de 1884 (6), ce qui réduit à 153 les 260 millions d'excédents de recettes, — si l'on retranche ce chiffre du demi-milliard de recettes reportées, on se trouve en face, non plus d'un excédent fictif de 153 millions, mais d'un déficit réel de 350 millions. Nous avons vu, d'autre part (7), que dans ces dernières années, on avait fait figurer à tort, au budget extraordinaire, bien des dépenses purement ordinaires : si elles avaient été inscrites où elles devaient l'être, le déficit serait encore bien plus considérable que celui que nous signalons.

(1) Id., p. 310.
(2) Idem, p. 8.
(3) Voici les chiffres exacts, tous empruntés à l'*Exposé des motifs du budget de 1885*, et, par conséquent, fournis par le ministre des finances. (V. p. 8, 80 et 91) :

Report des exercices 1875, 1876, 1877, 1878, 1879, 1880,
    1881, sur les exercices 1878, 1879, 1880, 1881, 1882, 1883.   416,691,780 fr. 11.
Report des exercices 1879, 1880, 1881 sur l'exercice 1884.   63.294,666 fr. 67.
Report de l'exercice 1881 sur l'exercice 1885 . . . .   16.628.000 fr. 00.

            Total des reports . . . . 496.614.446 fr. 78.

(4) 259,590,463 fr. 03. — V. *Exposé des motifs du budget de 1885*, p. 83.
(5) 76,539,190 fr. 33. — V. Idem, id.
(6) 30,624,317 fr. 46. — V. Idem, p. 91.
(7) V. p. 118 et suiv.

De. tout cela il faut conclure que l'on a tort de vouloir, à tout prix et en se servant de procédés blâmables, présenter le budget en équilibre quand, en réalité, il est en déficit : cela induit le pays et les Chambres en erreur. On vit d'illusions et d'insouciance pendant un certain temps ; puis, le jour où la situation devient tellement tendue qu'elle éclate, le pays apprend avec stupeur que la prospérité fictive à laquelle il croyait, était mensongère et que l'on se trouve en pleine crise, d'où facilement peuvent naître des troubles ou même sortir une révolution. — Pourquoi donc ne pas imiter ces pays d'Europe, moins riches sans doute que la France, mais certainement plus honnêtes où l'on ne craint pas d'avouer la situation réelle des finances, même quand elle est mauvaise, et où l'on ne cherche à tromper personne ? L'Autriche, par exemple, dont le budget pour 1884 se solde par un déficit de 40,363,674 florins (1) ; la Hongrie, dont le budget, pour le même exercice, présente un déficit de 20,336,050 florins (2) ; la Belgique, qui, pour 1883, avoue un déficit de 23,299,056 francs ; et, pour 1884, un autre déficit de 10,734,014 francs (3) ; l'Angleterre, dont le compte de l'exercice finissant le 31 mars 1884 se solde par 138,445 livres sterling de déficit, et dont le projet de budget pour 1885-86 a été présenté à la Chambre des communes avec un déficit de 93 millions 300 francs (4) ; les Pays-Bas, dont le budget de 1885 accuse un déficit de 29,414,700 florins de Hollande (5) ; le Portugal, où l'exercice 1884-1885 se solde par un déficit de 7,011,639 milreïs (6) ; etc., etc.

Il faut avoir soin de ne pas confondre les *excédents* avec les

---

(1) Almanach de Gotha, 1885 ; p. 578.
(2)   Idem,   ibid. ; p. 580.
(3)   Idem,   ibid. ; p. 601 et 602.
(4)   Idem,   ibid. ; p. 765 et 767.
(5)   Idem,   ibid. ; p. 886 et 887.
(6)   Idem,   ibid. ; p. 913 et 914. — Le milreis vaut 5 francs 60 centimes.

annulations de crédits en fin d'exercice : les premiers se composent d'abord du surplus du chiffre des recettes sur celui des dépenses au moment de la fixation du budget. Ainsi le budget de 1885 a été présenté à la Chambre des députés avec un excédent de recettes de 176,183 francs, comme il est facile de s'en rendre compte en déduisant le montant des dépenses, — 3,048,544,744 francs, — de celui des recettes, — 3,048,720,927 francs ; — ensuite de la plus-value que peuvent produire, en cours d'exercice, les divers impôts, au-delà des prévisions budgétaires.

Les annulations de crédits, au contraire, constituent, en fin d'exercice, une certaine somme provenant ou de ce que telles dépenses prévues et obligatoires n'ont pu être faites, et par conséquent acquittées, en tout ou en partie, avant la fin de l'année, — ou de ce que certains crédits se sont trouvés trop considérables et n'ont pas été entièrement dépensés.

Les excédents, dont le caractère est essentiellement éventuel et incertain, doivent être employés à l'amortissement de la dette et au dégrèvement des impôts, tandis que les annulations de crédits, qui se représentent régulièrement et à peu près pour la même somme chaque année, sont destinés à faire face aux demandes de crédits extra-budgétaires.

Mais cette destination toute naturelle des annulations de crédits n'est pas toujours respectée. Il arrive parfois, et cela est très fâcheux, que, par une disposition expresse, la loi décide que le crédit qu'elle ouvre pour une dépense déterminée, pourra, s'il n'est pas épuisé dans l'exercice, être *reporté* au suivant : c'est ce que l'on appelle la *faculté de report*. Il est certain qu'une disposition de ce genre peut se justifier dans quelques cas exceptionnels ; mais on ne doit pas la généraliser, sous peine de voir se former de petits comptes spéciaux, propres à diminuer la clarté des comptes et dans lesquelles il sera très difficile de se reconnaître, à cause de l'enchevêtrement des exercices les uns sur les autres.

CHAPITRE QUATRIÈME

Contrôle et règlement du budget.

Le règlement du budget ne peut avoir lieu qu'après l'expiration de l'exercice. Quant à son contrôle, qui est de trois sortes, comme nous le verrons, il s'exerce, partie au cours de l'exercice, partie après. Il nous faut donc, avant d'étudier les questions qui s'y trouvent, déterminer exactement à quel moment expire l'exercice financier.

Nous avons déjà dit que le budget, en France, est annuel, que le laps de temps auquel il s'applique s'appelle *exercice*, et que c'est pendant cette période que sont censées devoir se réaliser les recettes et les dépenses prévues. Mais si, en théorie, la durée fictive de l'exercice est d'une année, en pratique, sa durée réelle doit se prolonger au-delà de ce terme : c'est là une nécessité à laquelle on ne peut se soustraire. Ainsi, « quand le contribuable est en retard d'une année à l'autre, on applique les sommes qu'il paye, non à l'année pendant laquelle il effectue son payment, mais à celle dans laquelle il aurait dû l'effectuer. Il y a même des cas dans lesquels ce retard est un droit ; le dernier douzième des contributions directes n'échéant que le 31 décembre, c'est seulement à partir du 1er janvier que le payement peut en être requis. Pour les contributions indirectes et les revenus des domaines, l'administration a la faculté d'accorder des délais en vertu desquels le contribuable ou l'acquéreur peut ne se libérer qu'après la fin de l'année à laquelle ces ressources sont applicables. — D'autre part, des ordonnances délivrées avant le 31 décembre peuvent n'être présentées au payement qu'après cette date ; des sommes dues peuvent n'être ordonnancées qu'après un délai variable, et même des travaux engagés peuvent, dans certaines circonstances, n'être terminés qu'après le 31 décembre. Toutes ces dépenses doivent, cependant, s'appliquer à la période pendant laquelle elles ont été ordonnancées mais non payées, effectuées mais non ordonnancées, ou entreprises mais non parachevées. C'est ainsi que l'on a été amené, bien que l'exercice soit annuel, à fixer, pour l'accomplissement des questions relatives à chaque exercice, des délais qui dépassent l'année (1). »

Ces délais sont de deux sortes : les uns concernent les faits de recettes et de dépenses de l'exercice et sont de courte durée ; les autres concernent l'ensemble de l'exercice lui-même et sont plus considérables. Tous ont eu pour but de mettre un terme à l'arriéré des opérations budgétaires, arriéré qui, sous l'ancien régime, atteignait des proportions inouïes (2), et qui, dans la première moitié de ce siècle, se présentait encore trop fréquemment. Ça n'a pas été du premier coup que l'on est arrivé à l'état actuel de la législation et il a fallu plusieurs lois et ordonnances pour restreindre, autant qu'ils le sont aujourd'hui, les délais extrêmes entre lesquels se doivent mouvoir toutes les opérations budgétaires (3).

L'on a, en prenant pour exemple le budget de 1885, jusqu'au 1ᵉʳ février 1886 pour achever, dans la limite des crédits ouverts, les services du matériel dont l'exécution commencée n'aurait pu être terminée avant le 31 décembre 1885 pour des causes de force majeure ou d'intérêt public, qui doivent être énoncées dans une

(1) *Mécanisme du budget de l'Etat*, par Gaston Bergeret, p. 106.
(2) V. p. 37, note 2.
(3) Ordonnance du 14 septembre 1822 ; loi du 29 janvier 1831 ; loi du 9 juillet 1836 ; décret du 11 août 1850 ; décret du 31 mai 1862.

déclaration de l'ordonnateur jointe à l'ordonnance ou au mandat.

Jusqu'au 31 juillet 1886, pour la liquidation et l'ordonnancement des sommes dues aux créanciers ;

Jnsqu'au 31 août 1886, pour compléter les opérations relatives au recouvrement des produits et au payement des dépenses (1).

Telles sont les différentes périodes pendant lesquelles doivent régulièrement se faire les diverses opérations budgétaires.

A partir du 31 août de l'année qui suit celle à laquelle s'applique le budget, c'est-à-dire à partir du 31 août 1886 pour le budget de 1885, l'exercice est déclaré *clos*. A dater de ce jour et sous aucun prétexte, nulle opération, tant en recettes qu'en dépenses, ne peut plus figurer au compte de cet exercice (2) ; mais les droits des créanciers de l'Etat ne sont pas anéantis pour cela. On leur accorde un nouveau délai qui compte, cette fois, du jour de l'ouverture de l'exercice, — dans l'espèce, du 1er janvier 1885, et qui est de cinq ans pour les créanciers domiciliés en Europe, de six, pour ceux résidant hors de l'Europe (3). Pendant ce nouveau sursis qu'on leur accorde, ils peuvent, une fois leurs créances renouvelées, se faire payer ; toutefois, ces payements ne figureront pas au budget de 1885 qui est définitivement *clos* et arrêté, mais à celui de l'exercice pendant lequel ils auront été effectués : (1886, 1887, 1888 ou 1889, pour les créanciers d'Europe ; — les mêmes années, plus 1890, pour les autres.) Passé ces dates extrêmes, toutes les créances non acquittées sont déclarées déchues de plein droit, et prescrites au profit de l'Etat. A ce moment, l'exercice pendant lequel elles

(1) Décret du 11 août 1850 ; — décret du 31 mai 1862, art. 33.

(2) Toutefois, les percepteurs ont jusqu'au 30 novembre pour effectuer la solde do leurs versements.

(3) Loi du 29 janvier 1831, art. 9, § 1.— L'exercice est *toujours* périmé an bout de la cinquième année ; c'est la créance qui, exceptionnellement n'est périmée qu'après la sixième année pour les créanciers résidant hors d'Europe.

ont pris naissance est *périmé*. On ne fait exception à cette règle
que dans des cas tout à fait particuliers et fort rares, ou que si
les créanciers justifient qu'ils ont été dans l'impossibilité de faire
valoir leurs droits en temps voulu, soit par cas de force majeure,
soit qu'il y ait eu du fait de l'administration. On ferait droit
alors à leur réclamation, et ces créances seraient payées à titre
de dépenses d'*exercices périmés*, et seulement en vertu de crédits extraordinaires spéciaux, lesquels ne peuvent être ouverts
que par la loi (1).

« Il faut bien comprendre ces termes : un exercice est *clos* le
31 août qui suit l'année à laquelle le budget s'applique : l'exercice 1885 est clos le 31 août 1886, c'est-à-dire que toutes les
ordonnances et tous les mandats de payement non payés alors
doivent être renouvelés et sont imputables, non plus sur les fonds
de l'exercice 1885, mais sur ceux des exercices courants, soit de
l'exercice 1886, 1887, 1888 ou 1889 (quelquefois même 1890) :
ces dépenses de l'exercice 1885 non acquittées avant le 31 août
1886 figurent dans les budgets suivants, sur les fonds de ces
budgets, à un compte spécial appelé *dépenses des exercices
clos* : d'un autre côté, un budget est *périmé* à l'expiration de la
cinquième année à partir de l'ouverture de l'exercice : ainsi,
l'exercice 1885 est périmé le soir du 31 décembre 1889, et l'on
entend par ce terme de *périmé* que toutes les dépenses de
l'exercice 1885 non soldées le 31 décembre 1889 sont déchues,
sont prescrites au profit de l'Etat ; et ce n'est que dans des cas
fort rares, pour des créances particulièrement intéressantes, que
le payement peut être fait postérieurement à l'expiration de cette
période quinquennale : alors ces payements exceptionnels ne
peuvent avoir lieu qu'en vertu de crédits extraordinaires, ils
s'imputent sur l'exercice courant, mais à un compte particulier
dit *dépenses des exercices périmés* (2). »

(1) Lois du 29 janvier 1831, art. 9, § 1ᵉʳ ; — du 10 mai 1838, art. 8 ; — et
décret du 31 mai 1862, art. 137, 139 et 140.

(2) M. Leroy-Beaulieu, *op. cit.*, t. II, p. 125. — Il n'a été fait qu'un léger

Le règlement et le contrôle financiers n'attendent pas pour s'exercer l'expiration des délais que nous venons d'étudier. Dès le début de l'exercice, une partie du contrôle commence : le règlement et le reste du contrôle suivent, — ou devraient suivre de très près, — l'expiration dn budget : et il est absolument utile qu'il en soit ainsi. « La loi qui vote chaque année les recettes et les Jépenses à faire dans l'Etat est sans doute une précaution salutaire et nécessaire. Mais la vérification de l'emploi des fonds conformément aux crédits accordés, celle des recettes et des dépenses réellement faites, est d'une importance bien plus grande encore. La premiere, sans la seconde, ne serait qu'une trompeuse illusion. Cette vérification doit être à la fois le moyen de régler définitivement les recettes et les dépenses de l'année qui va s'ouvrir, celui enfin de prévenir les dépenses abusives (1). »

Aujourd'hui, l'exécution du budget est soumise à trois contrôles successifs qui ont pour objet d'en assurer la conformité aux règlements, aux lois et à la volonté parlementaire : le contrôle administratif, le contrôle judiciaire et le contrôle législatif.

Le contrôle administratif s'opère de différentes manières ; il est à la fois incessant et périodique : incessant de la part des principaux comptables, les trésoriers-payeurs généraux, et les receveurs particuliers qui ont la responsabilité des opérations effectuées par eux, tant en recette qu'en dépense, et dont, à cause de cela même, la mission ne se borne pas à l'acte matériel de l'encaissement ou du paiement, mais consiste principalement à s'assurer de la régularité des ordonnancements et de la justi-

changement dans la citation : le point de départ des calculs de M. Leroy-Beaulieu est l'exercice 1883 ; nous lui avons substitué l'exercice 1885.

(1) *Rapport* de M. Roy sur les dépenses du budget de 1817 ; séance de la Chambre des députés du 21 et *premier supplément du Moniteur* des 23 et 24 mars 1818.

fication complète des dépenses. D'où un droit et un devoir de contrôle et d'inspection continuels envers leurs subordonnés (1).

A ce premier échelon du contrôle administratif, il faut ajouter les mesures ayant pour objet: 1° de permettre aux ministres ordonnateurs et au ministre des finances de suivre la consommation des crédits, l'état des recettes et des dépenses, la situation des caisses, et de former le compte de leur administration ; 2° d'empêcher le détournement frauduleux des deniers de l'Etat par les comptables qui en ont le maniement ; 3° d'assurer la sincérité des comptes que rendent les ministres au pouvoir législatif et par lesquels ils doivent établir qu'ils se sont scrupuleusement conformés aux dispositions du budget et des lois de finances. Ces mesures consistent dans la tenue des écritures en partie double pour les opérations de comptable à comptable et pour les ordonnancements des dépenses ; dans la communication régulière des faits de recette et de dépense par les agents subordonnés, aux supérieurs hiérarchiques ; dans la centralisation à la Direction de la comptabilité de chaque ministère des renseignements de toute nature émanant des ordonnateurs secondaires, et dans la centralisation à la Direction générale de la comptabilité publique du ministère des finances des documents envoyés par la Direction de la comptabilité de chacun des autres ministères, et de ceux directement envoyés par les comptables. Ces diverses communications doivent avoir lieu mensuellement, et c'est grâce à elles que le ministre des finances peut publier chaque année le *compte général de l'administration des finances*, document fondamental qui résume toutes les opérations de l'année : dont les résultats sont conformes, d'une part, au compte définitif des recettes de l'exercice expiré et, d'autre part, aux comptes des dépenses des ministres, et qui présente,

(1) Décret du 31 mai 1862, art. 336, 337 et 338.

en conséquence, tous les éléments du règlement définitif du budget (1).

A côté de ce contrôle permanent résultant de la centralisation et de la vérification des écritures opérées à la Direction générale de la comptabilité publique, l'administration financière exerce encore sa surveillance, mais alors d'une manière intermittente ou périodique, par des inspections, soit spéciales par services, soit générales de tous les services. Chacune des branches du service financier, en effet, est dotée d'inspections, spéciales à chacune d'elles, et exercées dans les régies soit par des contrôleurs, soit par des vérificateurs, soit par des inspecteurs, soit enfin par les directeurs eux-mêmes en ce qui touche leurs services respectifs. En outre de cela, tous les agents et comptables ressortissant directement ou indirectement au ministère des finances, sont également contrôlés chaque année par l'inspection générale des finances, dont les membres (un inspecteur général et plusieurs inspecteurs pour chaque région) sont chargés de surveiller la marche des différents services financiers, d'éclairer le ministre par des rapports prompts et directs, de le renseigner sur des points précis ou sur les améliorations dont peuvent être susceptibles les diverses dispositions réglementaires, enfin d'apporter partout et en toutes circonstances l'appui de leur expérience.

Ajoutons, pour terminer, que les comptes des ministres, pour l'exercice expiré, sont soumis chaque année au contrôle de la commission spéciale instituée par l'ordonnance du 10 décembre 1823, et qui est chargée de constater la concordance des comptes ministériels avec les résultats des écritures centrales des finances : il est dressé procès-verbal de cette opération à la suite de laquelle un rapport est rédigé par la commission qui le remet, ainsi que

(1) Le *compte général de l'administration des finances*, a été fondé par l'art. 3 de la loi du 19 nivôse an IX (9 janvier 1800). — V. Décret du 31 mai 1862, art. 158.

le procès-verbal, au ministre des finances pour que celui-ci les communique aux Chambres (1).

Tels sont les différents modes d'action du contrôle administratif. Leur existence n'est pas indispensable, et ils pourraient être remplacés par d'autres, équivalents ou meilleurs. Comme le ministre des finances est seul responsable de la direction de son administration, pourvu qu'il arrive au résultat demandé, peu importe de quels moyens il se sera servi : d'où la faculté pour lui de modifier l'organisation ou même de demander la suppression des moyens actuels, s'il se croyait en mesure d'assurer autrement le contrôle qu'il a le droit et le devoir d'exercer sur ses agents.

Le second contrôle financier est le contrôle judiciaire exercé par la Cour des comptes.

« S'il est nécessaire que le ministre contrôle les actes de ses agents et en assure la conformité aux règlements, il faut aussi que l'action ministérielle soit elle-même contrôlée et maintenue dans l'observation des lois. C'est le rôle de la Cour des comptes de veiller à ce que le ministre, dans les instructions qu'il donne à ses subordonnés, respecte les lois qui régissent la gestion des finances publiques (2). »

La Cour des comptes est à la fois une cour de justice chargée de vérifier et d'arrêter en dernier ressort les opérations faites par les comptables, dont elle examine minutieusement la gestion, avec pièces à l'appui ; — et une sorte de magistrature indépendante, placée entre le pouvoir législatif et le pouvoir exécutif, et chargée de certifier au premier la sincérité des comptes du second, ainsi que de provoquer les améliorations qui lui semblent désirables pour la prospérité des finances.

(1) Ordonnance du 10 décembre 1823, titre III et notamment l'article 7 ; — ordonnance du 8 décembre 1830, art. 1 ; — décret du 31 mai 1862, art. 191, 192, 193, 194 et 195.

(2) Gaston Bergeret, *op. cit.*, p. 110.

Dans ces deux rôles, la Cour des comptes est une institution de contrôle : mais il ne faut pas croire que, comme telle, elle rende tous les services que l'on serait en droit d'en attendre.

D'abord, tandis que, Cour de justice, elle exerce sur les comptables une juridiction très étendue, elle ne peut s'en attribuer aucune sur les ordonnateurs (1). Lors de son organisation, on agita la question de savoir si elle aurait à juger les comptables et les ordonnateurs, ou les comptables seuls : la seconde opinion prévalut et les comptables seuls furent déclarés justiciables de la Cour des comptes. Le motif de cette décision fut la crainte qu'on avait de voir des magistrats *inamovibles*, et par conséquent indépendants, entraver la marche du gouvernement le jour où il leur serait permis de s'élever du jugement des comptes au jugement des agents suprêmes, dépositaires du pouvoir. Dans tous les cas, il ne s'agissait que des ordonnateurs principaux, les ordonnateurs secondaires, hiérarchiquement couverts par leurs chefs immédiats, ne pouvant dans aucune hypothèse relever de la Cour des comptes. Cette restriction dans l'étendue des pouvoirs de la Cour est évidemment très regrettable. Le motif qui l'a fait établir en 1807 n'est pas suffisant : le fait même de l'inamovibilité et de l'indépendance de ses membres serait une garantie de plus de leur impartialité, en même temps que l'extension de leur juridiction à tous les actes financiers, quels qu'en soient les auteurs, empêcherait, dans bien des cas, des dépenses irrégulières de se produire.

On a fait remarquer (2), cependant, que la Cour des comptes n'a peut-être pas en fait toute l'indépendance désirable : que d'une part, elle est sous les ordres immédiats du ministre des finances, et que ses membres, nommés par le chef de l'Etat, ne le sont que sur la proposition de ce même ministre, dont, une fois nommés, ils auront à contrôler l'administration ; — et que,

---

(1) Loi du 16 septembre 1807, art. 18 ; — décret du 31 mai 1862, art. 426.
(2) M. Leroy-Beaulieu, *op. cit.*, t. II, p. 141.

d'autre part, l'habitude s'est enracinée que lorsqu'un conseiller maître demande sa retraite, il fasse nommer son fils ou son neveu référendaire : d'où, si les membres de la Cour n'ont rien à redouter du ministre, parce qu'ils sont inamovibles, ils devraient le ménager, parce qu'ils en ont quelque chose à attendre. Ces remarques, fort justes en théorie, n'ont heureusement, en France, aucune portée dans la pratique, mais elles en pourraient avoir le jour où la gestion des ordonnateurs principaux, c'est-à-dire des ministres, serait soumise à la juridiction de la Cour.

Le seul moyen de remédier à ces deux défauts et de rendre la Cour des comptes entièrement indépendante, en même temps qu'on lui accorderait contrôle et pouvoir sur les ordonnateurs principaux, serait d'imiter ce que l'on a fait dans plusieurs pays étrangers. En Autriche, la Cour des comptes, dont les membres sont inamovibles, ne relève que de l'Empereur, sous les ordres duquel elle est immédiatement placée ; — il en est de même en Allemagne, où la *Chambre supérieure des comptes* est également subordonnée à l'empereur et indépendante des ministres : ce qui est une complète garantie d'impartialité et d'indépendance pour leurs membres. En Belgique, au contraire, la Cour des comptes est nommée par la Chambre des représentants : ses membres, révocables, n'exercent leurs fonctions que pendant six ans, mais ils peuvent être réélus. Le même mode d'investiture est en usage en Hollande, avec cette différence que les magistrats son inamovibles. En Danemark, les *réviseurs de la comptabilité de l'Etat* sont directement nommés par le Rigsdag (la diète). Tels sont les principaux pays où l'indépendance de cette juridiction soit peut-être plus complète qu'en France. Le système de l'Italie se rapproche entièrement du nôtre : le premier président, les présidents de chambre et des conseillers de la *Corte dei conti* y sont nommés par le roi en conseil des ministres (1). Seule, l'Angleterre a un système encore plus défectueux : la Cour

(1) Loi italienne du 14 août 1862, art. 3.

des comptes (*Commissioners of audit*) y est subordonnée au Trésorier de l'Etat (*treasury*).

Sans demander pour les membres de notre Cour des comptes un investiture législative, ce qui ne serait pas sans danger avec nos mœurs et dans notre pays, on pourrait désirer que ces mêmes magistrats ne relèvent que du chef de l'Etat, ce qui serait en parfait accord avec la conception idéale que l'on doit se faire du rôle de cette Cour qui devrait être une sorte de Conseil de surveillance placé auprès des ministres des finances. Nous imiterions en cela la Russie qui, ainsi que nous l'avons vu (1), possède, à côté du ministère des finances, un ministère accessoire et indépendant, dit « du contrôle de l'empire », chargé de vérifier et de réviser les opérations du premier.

Comme tribunal indépendant, la Cour des comptes fait sur la comptabilité générale de l'Etat des déclarations, dans lesquelles l'ordonnance du 9 juillet 1826 l'a mise à même de résumer et de compléter chaque année ses travaux judiciaires.

Ces déclarations *solennelles* sont au nombre de deux : déclaration générale sur les opérations de l'année, et déclaration générale sur les opérations de l'exercice expiré (2).

Dans la première, la Cour prononce : 1° l'accord du compte annuel des finances avec les arrêtés prononcés sur les comptes individuels des comptables (3) ; — 2° l'accord existant entre les résultats des mêmes arrêts et les résultats corrélatifs du bilan de l'administration des finances, tel qu'il est porté au *Compte général* (4).

Dans la seconde, la Cour prononce : 1° l'accord entre les comptes définitifs des ministres, tant pour les services ordinaires que pour les services spéciaux, avec les arrêts antérieurement

---

(1) Page 149.
(2) Décret du 31 mai 1862, art. 436.
(3) Idem, art. 440 ; — ordonnance du 9 juillet 1826, art. 6.
(4) Idem, art. 441.

prononcés par elle (1) sur les comptes individuels des comptables (2) ; — 2° la situation définitive, telle qu'elle résulte uniformément de l'ensemble de ces arrêts et des résultats des comptes des ministres (3).

Ces deux déclarations générales sont prononcées en audience solennelle par le premier président (4) qui, avant le 1ᵉʳ septembre de l'année qui suit celle de la clôture de l'exercice expiré, c'est-à-dire avant le 1ᵉʳ septembre 1887 pour exercice 1885, doit les transmettre au ministre des finances pour être imprimées et communiquées au Sénat ainsi qu'à la Chambre des députés (5).

Les déclarations sont suivies d'un rapport au chef de l'Etat, dit *rapport annuel*, dans lequel la cour consigne ouvertement ses observations et ses vœux, et qui doit arriver à destination dans le même délai (6) ; ce rapport sst distribué aux deux Chambres en même temps que les déclarations, avec les éclaircissements fournis par les divers ministres (7) ; le ministre des finances et ses collègues font, s'il y a lieu leurs observations, ou une réponse à ce rapport (8).

Ces documents, fort importants pour le règlement définitif du budget, ne sont pas, cependant, d'une aussi grande utilité qu'on pourrait le croire. D'abord, dans la pratique, jamais les délais ne sont observés et c'est là une des nombreuses causes du retard excessif que l'on met à liquider les opérations des exercices passés ; mais on pourrait l'empêcher de se reproduire en faisant pour les comptes ce que l'on fit en 1822 pour les douxièmes pro-

---

(1) Décret du 31 mai 1862, art. 415 et 419 ; — Loi du 16 décembre 1807, art. 13.

(2) Idem, art. 444.

(3) Idem, art. 442, 444 ; — ordonnance du 9 juillet 1826, art. 3.

(4) Idem, art. 444.

(5) Idem, art. 445.

(6) Idem, art. 446. — Lois des 29 septembre 1791 et 28 pluviôse an III ; — sénatus-consulte du 26 mai 1804, art. 42.

(7) Idem, art. 447. — Loi du 21 avril 1832, art. 15.

(8) Décret du 31 mai 1862, art. 447.

visoires : M. de Villèle, en obtenant pour cette année-là deux sessions législatives, fit voter d'avance le budget de 1823 et mit fin, de la sorte, à cet illégal et incommode expédient des douzièmes provisoires, dont on n'était pas parvenu jusqu'alors à se débarrasser (1). Il suffirait, pour faire rentrer la cour des comptes dans la légalité, de l'obliger à fournir dans la même année ses déclarations et ses rapports sur deux exercices.

Mais, et surtout, les déclarations et le rapport annuel de la cour manquent d'efficacité en ce que les Chambres ne sont pas obligées d'en tenir compte, pas plus qu'elles ne sont obligées de faire droit aux observations et aux vœux qui y sont renfermés : ce qui fait qu' « alors même que la cour serait résolue à poursuivre une réforme, elle n'y pourrait travailler qu'en répétant à satiété des observations stériles qu'elle n'a aucun moyen effectif de faire prendre en sérieuse considération (2). »

Tels sont les deux premiers contrôles financiers, chacun insuffisant en lui-même, mais se complétant utilement l'un par l'autre : « L'administration, sans le témoignage d'un tribunal indépendant qui vérifie l'exécution des lois de finances, ne pourrait établir sa bonne foi devant le pays. Mais aussi, sans les contrôles de l'administration elle-même, sans la surveillance journalière qu'elle exerce sur ses propres actes, sans une inspection des finances si laborieuse et si active, sans une comptabilité générale chargée de diriger la marche de tous les comptables des deniers publics, de les rappeler à l'observation des règles, de centraliser les écritures du Trésor, de dresser le compte des finances et de préparer les éléments des vérifications judiciaires, la cour des comptes, placée devant des documents informes et qu'aucune sanction préalable n'aurait garantis à son examen, succomberait sous un travail impossible (3). »

(1) *Les finances françaises sous la Restauration*, par le baron de Nervo, t. IV, p. 138.
(2) Gaston Bergeret, *op. cit.*, p. 112.
(3) *Discours* de M. le procureur général Petitjean, à la rentrée de la cour

A côté et, pour ainsi dire, au-dessus d'eux, parce qu'il en est la sanction suprême, se trouve le troisième et dernier contrôle, le contrôle législatif.

Quand le ministre des finances s'est assuré que ses agents ont observé les prescriptions réglementaires ; quand la cour des comptes s'est assurée que le ministre a observé les lois, il reste, en effet, au Parlement à s'assurer que l'administration des finances s'est maintenue dans l'esprit qu'il a entendu faire prévaloir en votant les prévisions budgétaires, avant l'ouverture de l'exercice, et en accordant des crédits supplémentaires, au cours de ce même exercice.

La vérification des Chambres doit donc porter sur deux points principaux : la constatation que les crédits légaux n'ont pas été dépassés, et la constatation qu'ils ont bien été employés aux destinations que la loi leur avait fixées ; et elle ne s'exerce que sur les opérations avouées par les ordonnateurs principaux, c'est-à-dire les ministres. — Elle se fait à l'occasion du règlement du budget, par le vote du budget définitif.

Le règlement définitif des budgets est l'objet d'une loi particulière dite *loi des comptes*, parce que les comptes des ministres sont joints à la proposition de cette loi (1). La présentation du projet de loi spécial pour le règlement définitif du dernier exercice clos et la production des comptes à l'appui doivent avoir lieu dans les deux premiers mois de l'année qui suit la clôture de l'exercice (2) (avant le 1er mars 1887, pour le budget de 1885). Mais ces délais, pas plus que ceux prescrits pour la Cour des comptes, ne sont jamais observés et il s'en faut en général de deux ans qu'ils le soient : de plus, la Chambre met un temps

des comptes, le 3 novembre 1871, cité par M. Leroy-Beaulieu, *op. cit.*, t. II p. 146.

(1) Lois du 15 mai 1818, art. 102, et du 24 avril 1833 ; — décret du 31 mai 1862, art. 107.

(2) Loi du 9 juillet 1836, art. 11 ; — décret du 31 mai 1862, art. 108.

énorme à examiner les comptes qui lui sont soumis : pour en donner une idée, disons que le règlement définitif de l'exercice 1871 n'a été voté qu'en 1885, quatorze ans après son expiration. De pareilles lenteurs sont déplorables : déjà, en 1861, M. Fould trouvait qu'un délai de dix-huit mois entre la dépense et le contrôle était trop considérable (1) ; que serait-ce donc aujourd'hui ?

La loi de règlement sanctionne dans leur ensemble les différents résultats des recettes et des dépenses qui ont été soumis aux Chambres. « Elle prononce l'annulation des crédits non employés ; et du rapprochement des recouvrements et des payements définitivement arrêtés, fait ressortir le résultat final du budget, dont elle détermine l'imputation, soit par application à l'allègement de la dette flottante, en cas d'excédent de recettes, soit par transport, au compte des découverts et avances du Trésor, en cas d'excédent de dépenses (2). »

Voilà, dans leur ensemble et rapidement résumés, le mécanisme et le fonctionnement des trois contrôles financiers: le contrôle administratif, s'exerçant à la fois sur les ordonnateurs et sur les comptables ; le contrôle judiciaire, ne s'exerçant que sur les comptables ; et le contrôle législatif ne portant que sur les ordonnateurs.

Ce dernier étant, pour ainsi dire, le complément et le couronnement des deux autres, doit avoir et a sa sanction dans la responsabilité ministérielle. Il est de toute justice en effet que si un ministre s'est engagé dans des dépenses qu'il n'était pas autorisé à faire, ou a dépassé illégalement les crédits qui lui étaient ouverts, il soit déclaré responsable de sa conduite. Le général Foy, dans un discours déjà cité (3), disait à la Chambre qu'après

(1) V. p. 91.
(2) M. Leroy-Beaulieu, *op. cit.*, t. II, p. 137.
(3) V. page 97.

avoir sévèrement examiné les comptes du règlement définitif, il fallait « livrer au blâme public le ministre qui aurait mal employé, ou diverti à son profit, la fortune publique. » Mais « un million de blâmes ne couvrent pas un sou de déficit (1) », et cette sanction, toute platonique, n'indemniserait pas l'Etat de la perte qu'on lui aurait fait faire.

C'est la loi du 25 mars 1817 qui, ainsi que nous l'avons vu, posa dans les articles 151 et 152 le principe de cette responsabilité, dont elle affirma le caractère réel, sans cependant indiquer aucun moyen de l'appliquer. Est-ce une responsabilité civile ? Est-ce une responsabilité criminelle ? En plusieurs circonstances on a été fort embarrassé lorsqu'il s'est agi de se prononcer et les poursuites demandées ou entamées contre d'anciens ministres n'ont jamais abouti, faute d'un texte de loi efficace sur la responsabilité ministérielle. C'est ainsi que, sans parler de la dépense célèbre, faite par M. de Peyronnet en 1828 pour sa salle à manger, dépense s'élevant à plus de 179,000 francs et qui fut soldée, on n'a jamais su par qui, ni comment, « le compte général de l'administration des finances présente à l'actif *actuel* du Trésor, quatre créances sans débiteurs, provenant de dépenses que les Chambres ont refusé d'approuver et qui ont été inscrites à la charge de la dette flottante, l'une sous la réserve d'une action qui n'a pas été intentée, les autres comme des souvenirs de blâmes infligés aux ministres ordonnateurs ou à leurs bureaux (2). »

A plusieurs reprises, ou a tenté de faire passer dans la loi des dispositions qui, dérogeant au principe de la division des pouvoirs administratif et judiciaire, auraient attribué compétence à la justice ordinaire (3) : ces essais n'ont jamais réussi et, jusqu'à

(1) *Discours* de M. Dupin à la Chambre des députés ; séance du 5 et *Moniteur* du 7 mai 1829.

(2) *Discours* de M. le procureur général Audibert, à la rentrée de la Cour des comptes, le 3 novembre 1885.

(3) La dernière de ces tentatives s'est présentée sous la forme d'un projet

la chute de la Monarchie de juillet, la loi de 1817 était la seule sur la matière. A cette époque, la Constitution de 1848, dans son article 98, modifia la législation sur la responsabilité civile des ministres : « Dans tous les cas de responsabilité des ministres, y est-il dit, l'Assemblée nationale peut, suivant les circonstances, renvoyer le ministre inculpé, soit devant la haute Cour de justice, soit devant les tribunaux ordinaires pour les réparations civiles. » La seule disposition qui subsiste des lois votées sous ce régime a été introduite, par voie d'amendement, dans l'article 9 de la loi du 15 mai 1850 ainsi conçu : « Toute dépense non créditée, ou portion de dépense dépassant le crédit, sera laissée à la charge du ministre contrevenant. » Cette disposition n'a fait qu'affirmer, une fois de plus, le caractère réel de la responsabilité des ministres dans les cas prévus par la loi de 1817, mais sans établir, plus que celle-ci, un nouveau mode d'exécution. Actuellement, ce point de législation est régi par les lois constitutionnelles de 1875, qui, toutes deux (3), reconnaissant le principe de la responsabilité ministérielle sans faire de distinction sur sa nature, déclarent que les ministres coupables doivent être mis en accusation par la Chambre des députés et jugés par le Sénat.

C'est le retour pur et simple aux principes des Chartes de 1814 et de 1830.

de loi dû à l'initiative de M. Guichard, député, et dont voici l'article unique : « Le ministre qui, dans la gestion des affaires de l'Etat, aura commis une faute lourde, conséquence de l'inexécution volontaire des « mesures prescrites par les lois, ordonnances ou règlements d'administration publique, pourra, à la suite d'une information parlementaire et « sur l'initiative de la Chambre des députés, être renvoyé devant les tribunaux ordinaires pour réparations civiles. » Déposée à la séance du 26 juin 1882 (V. *Journal officiel ; Documents parlementaires*, Chambre, année 1882, p. 1794) cette proposition, qui mettrait fin à l'insuffisance de la loi, attend encore qu'on veuille bien la prendre en considération.

(3) Art. 6 de la loi du 25 février et art. 12 de la loi du 16 juillet.

TABLE DES MATIÈRES.

—

Historique et théorie du budget de l'Etat.

PREMIÈRE PARTIE.

Historique du budget de l'Etat.

Les finances de la France jusqu'en 1870.

SECONDE PARTIE.

Théorie du budget de l'Etat.

POSITIONS

Droit romain.

I. — Lorsqu'une femme a donné tous ses biens en dot, le mari n'est pas obligé de subir toutes les charges, comme s'il était héritier.

II. — Pendant le mariage, quoique la dot soit dans les biens du mari, elle appartient cependant à la femme.

III. — Les mots « *in infinitum* », employés par Ulpien (VI, 4), signifient que, la femme étant morte dans le mariage, la dot qui est partie du père retourne au père, sous la déduction, au profit du mari, d'autant de cinquièmes qu'il y a d'enfants, sans limitation, c'est-à-dire sans autre limite que celle qui résulte de la nature des choses qui ne permet pas de prendre plus de cinq cinquièmes dans un entier.

IV. — Les mots « *si tamen exstant* » (L. 30, C., *De jure dotium*) doivent être ainsi entendus : « pourvu que ces choses *existent encore chez le mari.* »

Droit civil.

I. — La célébration postérieure du mariage peut confirmer un contrat de mariage annulable.

II. — La procuration d'assistance, donnée par l'ascendant ou le conseil de famille, doit être notariée.

III. — La nullité résultant de l'inaccomplissement des règles de capacité et d'assistance prescrites par l'article 1398, est relative.

IV. — Le contrat de mariage passé, même avec l'assistance des personnes désignées en l'art. 1398, par un mineur qui n'avait pas atteint l'âge requis pour se marier, reste sujet à annulation, encore que le mariage, célébré également avant cet âge, soit devenu inattaquable par suite de l'une des circonstances indiquées dans l'article 185.

Procédure civile.

I. — La déchéance de l'appel, prononcée en vertu de l'article 444 du Code de procédure à défaut de sa signification dans le délai de deux mois déterminé par l'article 443, est d'ordre public et doit, à ce titre, être appliquée d'office par le Tribunal ou par la Cour d'appel.

Droit criminel.

I. — Un agent a été condamné, pour un premier crime, au renvoi sous la surveillance de la haute police, dans un des cas d'excuse prévus par les art. 100, 108, 138 et 144 du Code pénal ; il commet ultérieurement un second crime : y aura-t-il lieu à aggravation en vertu de l'article 56 du même code ? — Non.

Droit commercial.

I. — L'hypothèque légale de la femme du failli ne frappe pas les constructions et les améliorations faites par le mari sur un terrain qui, auparavant, était acquis à celui-ci.

II. — Bien que le mari, co-propriétaire par indivis d'un immeuble, soit devenu acquéreur de la totalité par licitation, l'hypothèque de la femme ne continue cependant à frapper que la valeur de la portion indivise qui appartenait d'abord au mari.

Droit administratif.

I. L'érection d'une forteresse, ou le classement nouveau d'une ville au rang d'une place de guerre, ne peuvent pas autoriser les propriétaires des terrains grevés des servitudes militaires à réclamer une indemnité.

II. — Dans l'hypothèse où l'on admettrait qu'il est dû une indemnité pour la création ou l'extension des servitudes militaires, ce serait le ministre de la guerre, et non le conseil de préfecture, qui serait compétent pour statuer sur cette demande en indemnité.

VU PAR LE PRÉSIDENT DE LA THÈSE :

Nancy, le 31 décembre 1885,

JULES LIÉGEOIS.

VU PAR LE DOYEN :

Nancy, le 31 décembre 1885,

E. LEDERLIN.

Vu et permis d'imprimer :

Nancy, le 31 décembre 1885,

LE RECTEUR,

M. MOURIN.

www.ingramcontent.com/pod-product-compliance
Ingram Content Group UK Ltd.
Pitfield, Milton Keynes, MK11 3LW, UK
UKHW021918070726
13614UKWH00001B/98